Direito e Desenvolvimento na Prática

Direito e Desenvolvimento na Prática

NOVAS PERSPECTIVAS PARA A REFLEXÃO JURÍDICA

2020

Organização:
Flavia Portella Püschel

ALMEDINA

DIREITO E DESENVOLVIMENTO NA PRÁTICA
NOVAS PERSPECTIVAS PARA A REFLEXÃO JURÍDICA

ORGANIZAÇÃO: Flavia Portella Püschel

DIRETOR ALMEDINA BRASIL: Rodrigo Mentz
EDITORA JURÍDICA: Manuella Santos de Castro
EDITOR DE DESENVOLVIMENTO: Aurélio Cesar Nogueira
ASSISTENTES EDITORIAIS: Isabela Leite e Larissa Nogueira

PREPARAÇÃO E REVISÃO: Paula Brito Araújo, Tereza Gouveia e Lyvia Felix
TRADUÇÃO DO CAPÍTULO 4: José Ignácio Coelho Mendes Neto
DIAGRAMAÇÃO: Almedina
DESIGN DE CAPA: Roberta Bassanetto

ISBN: 9786556271507
Dezembro, 2020

Dados Internacionais de Catalogação na Publicação (CIP)
(Câmara Brasileira do Livro, SP, Brasil)

Direito e desenvolvimento na prática : novas
perspectivas para a reflexão jurídica /
organização Flavia Portella Püschel. -- 1. ed.
-- São Paulo : Almedina, 2020.

ISBN 978-65-5627-150-7

1. Direito 2. Direito - Brasil 3. Jurisdição 4.
Poder judiciário I. Püschel, Flavia Portella.

20-48034 CDU-34(81)

Índices para catálogo sistemático:

1. Direito : Brasil 34(81)

Aline Graziele Benitez - Bibliotecária - CRB-1/3129

Este livro segue as regras do novo Acordo Ortográfico da Língua Portuguesa (1990).

EDITORA: Almedina Brasil
Rua José Maria Lisboa, 860, Conj.131 e 132, Jardim Paulista | 01423-001 São Paulo | Brasil
editora@almedina.com.br
www.almedina.com.br

SOBRE A ORGANIZADORA

Flavia Portella Püschel
Doutora em Direito pela Universidade de São Paulo (USP). Professora Associada da Escola de Direito de São Paulo da Fundação Getulio Vargas (FGV DIREITO SP). Foi *fellow* e *visiting scholar* no Exzellenzcluster "Die Herausbildung normativer Ordnungen", da Goethe-Universität Frankfurt am Main, Alemanha.

SOBRE OS AUTORES

Ezequiel Fajreldines dos Santos
Bacharel em Ciências Jurídicas e Sociais pela Universidade Federal do Rio Grande do Sul. Mestre e doutorando em Direito e Desenvolvimento pela Escola de Direito de São Paulo da Fundação Getulio Vargas (FGV DIREITO SP).

Flavia Portella Püschel
Doutora em Direito pela Universidade de São Paulo (USP). Professora Associada da FGV DIREITO SP. Foi *fellow* e *visiting scholar* no Exzellenzcluster "Die Herausbildung normativer Ordnungen", da Goethe-Universität Frankfurt am Main, Alemanha.

João Guilherme Rache Gebran
Graduado em Direito pela Universidade Federal do Paraná (UFPR) e certificado em Direito pelo Institut d'Études Politiques de Paris (Sciences Po). Membro do Conselho de Jovens Empresários da Associação Comercial do Paraná (ACP). Atualmente é mestrando em Direitos dos Negócios e Desenvolvimento Econômico pela FGV DIREITO SP, onde também atua como pesquisador do Núcleo de Direito, Economia e Governança.

Marc Bujnicki Zablith
Advogado e assessor jurídico da prefeitura de São Paulo, bacharel em Direito pela USP e mestrando em Direito e Desenvolvimento pela FGV DIREITO SP.

Mariana Pargendler
Doutora e Bacharel em Direito pela Universidade Federal do Rio Grande do Sul. Doutora (J.S.D.) e Mestre (LL.M.) em Direito pela Yale Law School. Professora em tempo integral da Graduação em Direito, do Mestrado Acadêmico e do Mestrado Profissional em Direito da Escola de Direito de São Paulo da Fundação Getulio Vargas (FGV DIREITO SP). Global Associate Professor of Law da New York University (NYU) School of Law.

Nora Rachman
Professora no curso de Direito da Universidade Presbiteriana Mackenzie. Graduada em Direito pela USP. Mestre em Direito Comercial e doutora em Relações Internacionais pela USP. Fez pós-doutorado na FGV DIREITO SP.

Salem Nasser
Professor na FGV DIREITO SP. Doutor em Direito Internacional pela USP. Graduado em Direito pela Pontifícia Universidade Católica de São Paulo (PUC-SP), obteve um Diploma Superior da Universidade (DSU) em Direito Internacional Privado e um Diploma de Estudos Aprofundados (DEA) em Direito Internacional Público da Universidade de Paris II – Panthéon Sorbonne. Coordenador do Centro de Direito Global da FGV DIREITO SP. Foi pesquisador visitante do Lauterpacht Centre for International Law e do European University Institute.

Taís Penteado
Mestranda no Programa de Mestrado Acadêmico da FGV DIREITO SP, com bolsa Mario Henrique Simonsen e apoio financeiro da Fapesp. Pesquisadora permanente do Núcleo de Justiça e Constituição da FGV DIREITO SP. Bacharel em Direito pela FGV DIREITO SP.

Viviane Muller Prado
Professora Associada da FGV DIREITO SP. Coordenadora do Núcleo de Mercados e Investimentos da FGV DIREITO SP. Doutora em Direito Comercial pela Faculdade de Direito da USP.

APRESENTAÇÃO

Uma proposta metodológica

Os autores dos textos aqui reunidos são professores, pesquisadores de pós-doutoramento e alunos dos programas de mestrado e doutorado acadêmicos em Direito e Desenvolvimento da Escola de Direito de São Paulo da Fundação Getulio Vargas (FGV DIREITO SP). Seus trabalhos podem ser considerados interpretações diversas do que significa produzir conhecimento no campo do Direito e Desenvolvimento no nível não apenas teórico e abstrato, mas sobretudo voltado a questões jurídicas específicas e à prática.

As partes temáticas deste livro têm como objetivo apenas estabelecer alguma ordem para a sequência em que se apresentam os textos, pois o que os aproxima não são propriamente seus temas – embora existam afinidades temáticas –, mas uma afinidade metodológica, relacionada ao propósito subjacente de realizar pesquisa na área jurídica capaz de contribuir para o desenvolvimento econômico, político e social do país.

As abordagens propostas nos capítulos deste livro evidentemente não esgotam as possibilidades da pesquisa nesse campo, mas oferecem exemplos possíveis.

Entre os traços comuns a esses trabalhos tematicamente bastante diversos, destacam-se o olhar para a realidade da prática do direito, o foco em problemas (ao contrário do tradicional recorte de pesquisa com base em institutos jurídicos) e, relacionado a isso, o uso de métodos de pesquisa empíricos.

Voltar o olhar para a realidade não significa alinhar-se a um "realismo jurídico" ao estilo norte-americano, como este conjunto de artigos demonstra claramente. Focar o direito real, problemas reais e empregar métodos de pesquisa empírica não implica abandonar o trabalho jurídico-dogmático em favor de uma perspectiva simplesmente descritiva e preditiva das decisões jurisdicionais.

Pelo contrário, todos os capítulos desta obra cuidam de algum modo de categorias dogmáticas. O que fazem é abandonar o tipo de apego a tais categorias que tende a torná-las estáticas, naturalizá-las e afastar o trabalho acadêmico da realidade jurídica, o que, por sua vez, compromete sua utilidade como meio de compreensão do papel do direito na sociedade atual, bem como sua capacidade de crítica e transformação.

O foco em problemas contribui para a desnaturalização das categorias dogmáticas, na medida em que tais categorias deixam de orientar o próprio recorte temático. Os institutos jurídicos são olhados criticamente do ponto de vista de sua utilidade e de seus riscos em relação a objetivos sociais diversos.

Os textos da Parte 1 tratam de diferentes esferas de regulação jurídica e das relações entre elas. O primeiro capítulo, "Diferenças de avaliação entre o Poder Judiciário e a Agência Nacional de Saúde Suplementar sobre a necessidade de oferecimento de home care nos contratos de plano de saúde", de Ezequiel Fajreldines dos Santos, debruça-se sobre a (falta de) relação entre o modo como a Agência Nacional de Saúde Suplementar e o Poder Judiciário regulam a questão da oferta de serviço de *home care* pelos planos de saúde. O texto apresenta um minucioso estudo tanto da atividade regulatória da agência quanto das decisões do Superior Tribunal de Justiça, oferecendo análise interessante não apenas para as reflexões sobre planos de saúde, mas um estudo de caso sobre a interação entre o Poder Judiciário e as agências reguladoras no Brasil.

No segundo capítulo, "Do transnacional para o nacional: Iosco, o mercado de valores mobiliários brasileiro e *accountability*", de Salem Nasser, Nora Rachman e Viviane Muller Prado, os autores analisam o fenômeno das redes regulatórias transnacionais, as quais, embora não formalmente vinculantes, podem ter grande influência sobre a regulação nacional. Nele, estuda-se o caso da implementação das recomendações e diretrizes formuladas pela International Organization of Securities Commissions por parte da Comissão de Valores Mobiliários.

O terceiro capítulo, "*Project without Finance*? Análise crítica do custeio de Operações Urbanas Consorciadas", de Marc Bujnicki Zablith, trata de direito urbanístico, uma área que já incorpora em sua própria estrutura a superação de certas categorias jurídicas tradicionais, como a divisão dos campos em direito privado e direito público. Em seu texto, o autor propõe uma alteração no modo como se tem articulado a venda de certificados de potencial construtivo adicional nas Operações Urbanas Consorciadas (OUCs) e defende que estas poderiam cumprir melhor suas funções de captura de mais-valias urbanas e captação de recursos para investimentos, com vantagens de governança e potencialmente sem aumento do endividamento líquido dos municípios, se adotassem a modalidade de *project finance*. Trata-se de um exercício de criatividade institucional, a partir da experiência de OUCs já realizadas e de estruturas jurídicas existentes no ordenamento brasileiro.

Os capítulos da Parte 2 voltam-se à questão do modelo teórico das sociedades anônimas e às transformações que podem ser observadas na realidade jurídica brasileira em relação a certas características consideradas essenciais a esse tipo de sociedade.

O quarto capítulo, "o tipo de sociedade anônima é universal? Reflexões sobre a erosão dos atributos da sociedade anônima no Brasil", de autoria de Mariana Pargendler, confronta a teoria sobre as características das sociedades anônimas com a realidade do desenvolvimento recente desse tipo societário no Brasil e procura compreender o afastamento do direito brasileiro em relação ao modelo tradicional a partir das peculiaridades do contexto institucional do país.

O quinto capítulo, "A dissolução parcial de sociedade anônima funciona? Um estudo sobre os limites e as dificuldades da dissolução parcial da Cocelpa", de autoria de João Guilherme Rache Gebran, dedica-se a essa mesma questão, fazendo uma análise detalhada de como se deu a transformação do direito brasileiro em relação a uma característica específica das companhias, a partir do estudo de caso da dissolução parcial da Cocelpa.

O sexto capítulo, "Reescrita feminista do Habeas Corpus n. 503.125/SP: uma análise da adoção informal e o arrependimento materno a partir de perspectivas feministas", de autoria de Taís Penteado, consiste em trabalho de "reescrita" de uma decisão judicial real, no qual a autora faz uma crítica feminista a uma decisão do Superior Tribunal de Justiça por meio da elaboração de um "voto" dissidente, alternativo ao argumento consagrado pela corte. Trata-se de um método e uma forma de escrita bastante desenvolvidos em outras culturas jurídicas, mas praticamente inédito entre nós.

Finalmente, o sétimo e último capítulo, "Uma análise feminista do abandono afetivo no Superior Tribunal de Justiça", de minha autoria, critica o modo como o Superior Tribunal de Justiça desenvolveu o conceito de dano indenizável em casos de abandono afetivo, a partir dos efeitos discriminatórios derivados da posição do tribunal.

É importante destacar que os capítulos deste livro não limitam a ideia de desenvolvimento ao desenvolvimento econômico. Com maior ou menor ênfase, cada um considera, além do desenvolvimento econômico, também o desenvolvimento em sentido político e social. Nos capítulos da Parte 1, o foco principal é o desenvolvimento político, uma vez que tratam da relação entre Administração Pública, Poder Judiciário, entes privados e redes transnacionais, abordando questões de legitimidade. Porém, ao tratarem da regulação do mercado de planos de saúde privados e do mercado de capitais, evidentemente trazem também contribuições para a reflexão sobre o desenvolvimento econômico desses setores.

Os capítulos da Parte 2 estão voltados mais diretamente ao desenvolvimento econômico, mas oferecem também elementos para reflexão sobre o elo entre o exercício da atividade econômica e o ambiente institucional, o que implica uma relação com o desenvolvimento político.

Já os capítulos da Parte 3 voltam-se primordialmente ao desenvolvimento social, ao abordar a desigualdade entre homens e mulheres, e suas relações com desigualdades de raça e de classe. Embora não tratem do desenvolvimento econômico, a questão está implícita na própria desigualdade de gênero, a qual aloca às mulheres uma parcela desproporcional de trabalho não remunerado. Isso faz com que a compreensão sobre como se dá a discriminação de gênero contribua para a compreensão de muitos aspectos do desenvolvimento econômico.

Mais abstratamente, apresenta-se também nos capítulos da última parte, a partir da teoria feminista do direito, uma proposta de dogmática jurídica contextualizada, isto é, um trabalho de reflexão sobre as categorias jurídico-dogmáticas que leva em conta o potencial efeito das interpretações jurídicas em disputa sobre a sociedade, mais especificamente seus efeitos sobre grupos sociais menos privilegiados.

Em suma, para além da contribuição que cada um dos capítulos neste livro oferece ao debate em seus temas respectivos, o objetivo de publicá-los em conjunto é oferecer um panorama (ainda que não exaustivo) de possibilidades de pesquisa em Direito e Desenvolvimento.

Para encerrar esta breve apresentação, como organizadora da obra, gostaria de agradecer aos autores dos capítulos por suas contribuições e, sobretudo, pela disposição com que enfrentaram o desafio dos prazos curtíssimos.

Flavia Portella Püschel

PREFÁCIO

A dicotomia entre o direito dos livros e o direito na prática já se tornou canônica e é de se pensar que essa é a tensão mesma do direito: estar sempre em um ponto (quase nunca equidistante e altamente disputável) entre conservação e transformação.

A linguagem da dogmática jurídica serve como um amortecedor para as mudanças abruptas. Se a lei estabiliza comportamentos, o trabalho de interpretá-la e reconstruí-la a cada caso e a cada novo problema é o antídoto para o imobilismo. Estar à altura do seu tempo é o desafio constante do jurista, especialmente aos que produzem dogmática jurídica. Afinal, é mais fácil viver no circuito fechado de referências internas a textos e conceitos abstratos e aparentemente neutros. Não é por acaso que o rótulo de dogmata virou quase uma ofensa para uma nova geração de juristas que, após 1988, passou a pensar o campo do direito de maneira mais aberta às necessidades de implementação das políticas públicas, bem como às reivindicações da sociedade civil. No entanto tal acusação, a que remete o dogmata à condição de um pensador hermético e alienado de seu tempo, vale apenas para um tipo de trabalho – um trabalho que se pretende universal, generalista e que, assim sendo tanto pela linguagem como pelas ideias, afasta-se dos problemas concretos, dos conflitos materiais que reclamam as respostas do direito. Os problemas e os conflitos não deixaram de existir, os tribunais não deixaram de adjudicá-los. Foi a dogmática jurídica, ou um tipo de dogmática jurídica, autorreferenciada, universalista, excessivamente abstrata, insulada do contexto institucional e político, que foi perdendo a capacidade de oferecer respostas e de estabilizar o funcionamento do direito. Não podia ser outro o seu destino: perdeu a relevância e virou estigma.

Apontar e generalizar tais problemas para a dogmática jurídica como um todo é por óbvio injusto e inadequado. A dogmática, bem-feita, articulada e contextualizada, consistente e precisa, cumpre um papel indispensável para o direito e para a democracia. O campo do direito tem seus próprios protocolos, suas regras procedimentais, suas formas de argumentar. Isso garante que as mudanças tenham um ritmo próprio e as disputas ocorram em meio a premissas compartilhadas, entendimentos conjugados. A dogmática, como exercício de reconstrução da narrativa jurídica, a partir da lei, da Constituição, dos precedentes e de certos requisitos de forma, garante que a inovação e a criatividade ocorram em um ambiente de previsibilidade, com respeito às garantias do Estado de Direito. É o discurso que costura o novo ao já condensado. Atualiza e, ao mesmo tempo, legitima uma dada solução jurídica. Em suma, é o que garante a autonomia responsiva do direito em uma sociedade democrática. Evita, de um lado, que o direito seja apenas força, decisão, dominação. Evita, por outro, que o passado dirija eternamente o presente e o futuro.

Por isso, aceitar tal organização interna do direito não implica dizer que somos – os juristas – necessariamente insulados ou alienados. Muito ao contrário. A força e o potencial de uma formulação dogmática são justamente sua não indiferença aos demais campos da vida social.

Em um programa de pós-graduação em Direito e Desenvolvimento, discutir a capacidade e a atualidade das formulações jurídicas está no centro de nosso projeto. Se, de um lado, temos a preocupação de entender empiricamente como o direito funciona, seus impactos e os interesses que privilegia, temos também o objetivo de traduzir essas descobertas em nossa própria linguagem e oferecer ao campo jurídico interpretações sobre o direito enraizadas em seu contexto. Em outras palavras, se parte do nosso projeto é observar o funcionamento do direito e suas práticas, a outra parte é também alargar os horizontes das interpretações autorizadas ou legítimas dos textos e conceitos legais.

Este livro, organizado por Flávia Püschel – com textos de professores, alunas e alunos do Programa de Pós-Gradução em Direito da Escola de Direito de São Paulo da Fundação Getulio Vargas (FGV DIREITO SP) –, é um exemplo de nosso projeto de produzir dogmática jurídica enraizada nos problemas sociais. Não é por acaso que os capítulos desta obra estão, cada um a seu jeito, lidando com problemas concretos, buscando atualizar conceitos a partir da realidade ou refletindo sobre as consequências sociais de determinados arranjos normativo-interpretativos.

Os temas deste livro são diversos e lidam com questões que vão desde a eficiência de mercados à igualdade de gênero. Chamam a atenção para diferentes aspectos do conceito de desenvolvimento, mas têm em comum algo que nos é muito caro: a qualidade do direito como um dos objetivos em si do desenvolvimento. E, por qualidade – ou força do direito – entendemos aqui a sua capacidade de mediar as disputas sociais. Acreditar no direito e na forma jurídica como meio para solucionar ou disputar a solução de uma sociedade tão complexa como a brasileira não é uma empreitada trivial em um momento em que o Estado de Direito se vê tão ameaçado.

Boa leitura!

Marta Machado
Professora da Escola de Direito de São Paulo da Fundação Getulio Vargas (FGV DIREITO SP). Coordenadora do mestrado e do doutorado acadêmicos da FGV DIREITO SP.

Mario G. Schapiro
Professor associado da Escola de Direito de São Paulo da Fundação Getulio Vargas (FGV DIREITO SP). Ex-coordenador do mestrado e do doutorado acadêmicos (2014-2019) da FGV DIREITO SP.

SUMÁRIO

PARTE 1
Relações entre Diferentes Esferas de Regulação

Capítulo 1
Diferenças de Avaliação entre o Poder Judiciário e a Agência Nacional de Saúde Suplementar sobre a Necessidade e Oferecimento de *Home Care* nos Contratos de Plano de Saúde

Ezequiel Fajreldines dos Santos

Introdução

Este capítulo explora o posicionamento do Superior Tribunal de Justiça (STJ) e da Agência Nacional de Saúde Suplementar (ANS) sobre a obrigatoriedade de planos de saúde prestarem o serviço de *home care*, entendido aqui como um serviço médico prestado no âmbito domiciliar que serve como substituição à internação hospitalar.[1] O objetivo é descrever a diferença entre os posicionamentos, apontando as razões que cada órgão apresenta para justificá-los. O estudo se justifica em razão da importância que planos de saúde possuem na administração dos serviços de saúde, bem como do peso econômico do *home care* para as finanças de um plano. Ele inicia por breves explicações sobre planos de saúde e sua

[1] Este capítulo deriva da dissertação de mestrado apresentada no programa de mestrado acadêmico da FGV DIREITO SP. Para uma análise mais detalhada dos tópicos deste capítulo, *vide* Santos (2018).

regulação, seguidas da análise do posicionamento da ANS e do STJ. No final, a conclusão aponta as diferenças entre os posicionamentos.

1. O que é um plano de saúde e quais as dificuldades que ele impõe aos reguladores

A Lei n. 9.656/1998 é o diploma com as definições mais precisas sobre planos de saúde.[2] A maior parte dos problemas e das discussões gira em torno dos contratos com preço preestabelecido, que funcionam como um contrato de seguro: o valor pago pelos beneficiários é estabelecido em razão do risco de um evento que demande ação pela operadora e do custo dos tratamentos (ALVES, 2015, p. 42; VOGEL DE REZENDE, 2011, p. 70). Nessa modalidade, o plano de saúde protege o beneficiário do risco de sofrer danos acima da média e antes do tempo esperado (CALABRESI, 1970, p. 40). Para isso, o plano de saúde distribui os custos dos tratamentos ao longo do tempo e entre pessoas. A distribuição temporal ocorre porque o segurado realiza contribuições durante o contrato, independentemente de receber prestações materiais pela operadora. A distribuição entre pessoas se dá pelo *pooling* ou mutualismo: as contribuições de segurados com riscos semelhantes são reunidas em um fundo comum, que serve para financiar os tratamentos.

A contribuição dos beneficiários é baseada na média dos custos dos tratamentos que eles demandarão das operadoras. Isso significa que alguns segurados recebem, no decorrer do tempo, mais benefícios do que contribuem; e outros, menos. Apesar dessa disparidade, há um ganho geral de utilidade, dado que o valor gerado pela assistência a pessoas com problemas de saúde é maior do que o eventual prejuízo que elas sofrem em não ter usufruído benefícios no valor das contribuições. Além disso, operadoras de planos de saúde administram grandes volu-

[2] Lei n. 9.656/1998, "Art. 1º, I – Plano Privado de Assistência à Saúde: *prestação continuada de serviços ou cobertura de custos assistenciais a preço pré ou pós estabelecido*, por prazo indeterminado, *com a finalidade de garantir, sem limite financeiro, a assistência à saúde*, pela faculdade de acesso e atendimento por profissionais ou serviços de saúde, livremente escolhidos, integrantes ou não de rede credenciada, contratada ou referenciada, visando a assistência médica, hospitalar e odontológica, a ser paga integral ou parcialmente às expensas da operadora contratada, mediante reembolso ou pagamento direto ao prestador, por conta e ordem do consumidor" (grifo nosso).

mes de recursos, o que possibilita a realização de investimentos e acordos comerciais que resultam em ganhos de eficiência.

Contratos de planos de saúde apresentam problemas em seu funcionamento em razão das características dos contratantes e do objeto das prestações. A maior parte desses problemas que justificam a necessidade de regulação é econômica. A literatura aponta que indivíduos não possuem informações suficientes para determinar o risco de sofrerem problemas de saúde, tampouco agem com racionalidade plena diante dessas questões (Calabresi, 1970, p. 56). Parte desses problemas se deve à influência de preconceitos e de concepções individuais de moralidade que as pessoas possuem em relação a medidas de saúde (Henderson, 2013, p. 28-34). Há também problemas de seleção adversa: planos com coberturas abrangentes atraem pessoas com riscos mais graves do que a média da população, e planos modestos tendem a selecionar apenas as pessoas mais saudáveis (Arrow e Intriligator, 2000, p. 607). A seleção ocorre em razão das dificuldades em avaliar o risco individual oferecido pelos contratantes e os incentivos disso decorrentes.

Por outro lado, uma vez que o contrato retira do segurado ou diminui (nos casos de coparticipação ou franquia) o custo dos tratamentos, há o risco de uso em excesso. Isso acontece porque os beneficiários são incentivados a demandar serviços mais caros, já que não arcaram imediatamente com o custo deles (Viegas e Lisboa, 2009, p. 97). Os fornecedores de serviços médicos, se remunerados por tarefa, agravam esse risco ao induzirem a demanda pelos tratamentos (Viegas e Lisboa, 2009, p. 98).

Dito isso, parece claro que os contratos de plano de saúde devem encontrar o difícil ponto de equilíbrio entre o valor a ser cobrado dos consumidores e os benefícios que devem ser distribuídos. A cobrança em excesso é indesejável, mas os beneficiários contam com mecanismos de saída como a portabilidade de carências para outros planos, de modo que – em teoria – o mercado tende a coibir os exageros. O problema maior está em planos deficitários: como as operadoras não podem rescindir os contratos familiares ou individuais, planos podem chegar a um ponto em que as contribuições não são suficientes para administrar os benefícios. Essa situação é preocupante e deixa claro o cuidado necessário na revisão dos benefícios dos planos de saúde.

2. Como planos de saúde são regulados?

Além de dar parâmetros gerais para os contratos, a Lei dos Planos de Saúde instituiu o Conselho Superior da Saúde Suplementar (Consu). Esse órgão tinha como atribuição original regulamentar a atividade dos planos de saúde. A ANS, criada em dezembro de 1999 pela Medida Provisória (MP) n. 2012-2/99, assumiu boa parte das competências regulatórias do Consu. No desenho atual, as funções do Consu são estabelecer e supervisionar políticas e diretrizes gerais e aprovar o contrato de gestão da ANS (Lei dos Planos de Saúde, art. 35-A). Antes da existência desta, o Consu editou 23 resoluções, que, na maior parte, foram revogadas ou reeditadas pela ANS.

A competência da ANS é descrita nos 42 incisos do art. 4º da Lei n. 9.961/2000,[3] que conta com previsões como estabelecer as características gerais dos instrumentos contratuais utilizados na atividade das operadoras, elaborar o rol de procedimentos mínimos, definir a segmentação das operadoras, autorizar reajustes e revisões das contraprestações pecuniárias. Em menos de vinte anos de existência, a ANS editou centenas de atos normativos. As regras mais importantes são sobre o rol de procedimentos e o preço dos contratos, pois afetam diretamente as obrigações de operadoras e beneficiários.

As obrigações dos planos de saúde são definidas pela lista de eventos que autorizam o beneficiário a buscar atendimento e o rol de serviços. Em relação a tal lista, a legislação estabelece que planos de saúde devem cobrir as doenças listadas na Classificação Estatística Internacional de Doenças e Problemas Relacionados com a Saúde, da Organização Mundial de Saúde (OMS).[4] Há exceções, e a legislação permite que planos sejam oferecidos em segmentos. De toda sorte, a regra geral é de que

[3] A Lei n. 9.961/2000 substituiu a MP n. 2012-2/1999.

[4] Lei dos Planos de Saúde, "Art. 10. É instituído o plano-referência de assistência à saúde, com cobertura assistencial médico-ambulatorial e hospitalar, compreendendo partos e tratamentos, realizados exclusivamente no Brasil, com padrão de enfermaria, centro de terapia intensiva, ou similar, quando necessária a internação hospitalar, das doenças listadas na Classificação Estatística Internacional de Doenças e Problemas Relacionados com a Saúde, da Organização Mundial de Saúde, respeitadas as exigências mínimas estabelecidas no art. 12 desta Lei [...]".

a lista oferecida pela OMS serve como ponto de partida. Além disso, a ANS pode lançar definições sobre doenças e lesões preexistentes.[5]

A agência reguladora também deve elaborar a lista de procedimentos que devem ser oferecidos pelas operadoras.[6] A prática da ANS tem sido reeditar, a cada dois anos, uma Resolução Normativa (RN). No corpo da resolução, a agência fixa diretrizes gerais para os contratos. Nos anexos dessas resoluções são apresentadas as listas de procedimentos.[7]

As diretrizes para revisão do rol são mais claramente expostas na Nota n. 26, elaborada pela Gerência de Assistência à Saúde e pela Diretoria de Normas e Habilitação dos Produtos da ANS.[8] Esse documento esclarece que a ANS avalia a segurança, eficácia e efetividade dos tratamentos, excluindo procedimentos considerados obsoletos ou com qualidade insuficiente. Ela leva em consideração avaliações de outros órgãos, como a Associação Médica Brasileira e o Ministério da Saúde, considerando apenas tratamentos que já possuam registro na Agência Nacional de Vigilância Sanitária (Anvisa). O custo-benefício dos tratamentos também é analisado,[9] estudando-se o impacto econômico e a distribuição geográfica das novas inclusões. No relatório da consulta pública para a elaboração do rol de procedimentos em 2016, essas diretrizes são transformadas em critérios como existência de dados sobre as patologias e os tratamentos, de mão de obra especializada, de insumos, matéria-prima, rede de prestação de serviços (ANS, 2015a, p. 5). Apesar de apresentar os critérios, a ANS não disponibiliza acesso aos documentos

[5] Lei n. 9.961/2000, "Art. 4º Compete à ANS: [...] IX – normatizar os conceitos de doença e lesão preexistentes".

[6] Lei n. 9.961/2000, "Art. 4º Compete à ANS: [...] III – elaborar o rol de procedimentos e eventos em saúde, que constituirão referência básica para os fins do disposto na Lei nº 9.656, de 3 de junho de 1998, e suas excepcionalidades".

[7] A versão de 2016 foi editada na RN 387/2015 da ANS e está disponível em http://www.ans.gov.br/images/stories/Plano_de_saude_e_Operadoras/Area_do_consumidor/rol/ROL2016_listagem_procedimentos.pdf.

[8] O documento está disponível em http://www.ans.gov.br/images/stories/Plano_de_saude_e_Operadoras/Area_do_consumidor/nota_priorizacao.pdf. Acesso em: 25 mar. 2018.

[9] ANS (2013a, p. 3): "Outro Item bastante relevante é a análise de custo efetividade do procedimento em questão. Todos os países desenvolvidos já realizam esse tipo de análise econômica no momento prévio a incorporação no sistema de saúde. Ela garante que sejam incorporados procedimentos que realmente possam trazer benefícios à população".

que compõem o seu processo decisório interno. Assim, é incerto em que medida e como ela aplica os critérios que enuncia.

Por outro lado, a ANS conta com uma série de espaços e mecanismos auxiliares de discussão, cada um deles com metodologias, objetivos e públicos diferentes. As conclusões lançadas por esse espaço não vinculam a agência, que possui autonomia para editar as normas administrativas. É nesses espaços que são encontrados os elementos que presumidamente compuseram a decisão da agência. As discussões mais aprofundadas sobre a inclusão de tratamentos são realizadas nos Grupos Técnicos, e o principal mecanismo de participação são as consultas públicas. Grupos Técnicos são convocados pela Diretoria de Normas e Habilitação dos Produtos (Dipro) para questões que demandam aprofundamento. A ANS disponibiliza em seu portal itens como lista de presença, atas das reuniões, materiais apresentados e áudio dos encontros.[10] Desde 2008, a revisão do rol de procedimentos obrigatórios é precedida de grupos técnicos. Para isso, a ANS organiza grupos abrangendo segmentos do setor médico. As contribuições desses grupos, acompanhadas das sugestões colhidas na consulta pública, são encaminhadas a um Grupo Técnico que debate a minuta do texto da resolução que ditará o Rol de Tratamentos.

As normas da ANS sobre a precificação dos contratos são menos numerosas. Observando essas regras, nota-se que a agência concentra a sua atuação sobre o equilíbrio inicial dos contratos, prestando pouca atenção nas eventuais distorções que ocorram posteriormente. A agência não impõe teto para o preço inicial dos contratos, mas apenas limitações para a variação entre faixas etárias. Há dez faixas possíveis: a primeira abarca de 0 a 18 anos, e as faixas seguintes cobrem intervalos de cinco anos, de modo que a última faixa contém pessoas de 59 anos ou mais (ANS, RN 63/2003, art. 2º). Como limites, a regulação impõe que o valor fixado para a última faixa não deve ser superior a seis vezes o valor da primeira e que as variações entre a sétima e a décima faixas não podem ser superiores à variação acumulada entre a primeira e a sétima faixas (ANS, RN 63/2003, art. 3º). Como os gastos com a saúde em relação à idade sobem de forma mais acelerada do que esses limites, a regulação impõe um subsídio cruzado entre populações jovens e idosas.

[10] Os materiais estão disponíveis em http://www.ans.gov.br/participacao-da-sociedade/camaras-e-grupos-tecnicos. Acesso em: 25 mar. 2018.

Ao registrar um novo produto, as operadoras devem justificar os preços cobrados por meio da Nota Técnica de Registro de Produtos (NTRP). Esse documento deve ser elaborado pela operadora e por um profissional das ciências atuariais, que devem garantir a viabilidade econômica do plano.[11] Na Nota Técnica, as operadoras devem informar, para cada faixa etária, os valores esperados para a despesa assistencial e administrativa, bem como a contribuição dos segurados. O valor projetado da despesa assistencial é calculado pelo produto dos tratamentos disponibilizados e da probabilidade de uso pelo segurado. Os tratamentos devem respeitar o Rol de Procedimentos, podendo a operadora ofertar outros serviços. A probabilidade de uso é estimada com base em indivíduos saudáveis. Indivíduos com doenças preexistentes, o que aumenta a probabilidade de uso dos serviços, devem, se tiverem conhecimento, informar sua condição de saúde no momento da contratação.[12] Diante dessa circunstância, a operadora deve oferecer a cobertura parcial temporária, excluindo tratamentos necessários da doença preexistente. Ela também pode permitir ao contratante pagar um adicional na sua contribuição, chamado de agravo.[13] Ambas as condições podem durar por, no máximo, dois anos.[14]

[11] ANS, Resolução da Diretoria Colegiada n. 28/2000, "Art. 3º O representante legal da operadora e o atuário mencionado no artigo anterior deverão declarar em conjunto, na apresentação da Nota Técnica de Registro de Produto, que os valores estabelecidos para as contraprestações pecuniárias dos planos e produtos são suficientes, na respectiva data de registro, para cobrir os custos de assistência à saúde oferecidos e as despesas não assistenciais da operadora exclusivamente vinculadas ao plano ou produto".

[12] ANS, RN 162/2007, "Art. 5° Nos planos privados de assistência à saúde, individual ou familiar, ou coletivos, em que haja previsão de cláusula de agravo ou cobertura parcial temporária, contratados após a vigência da Lei nº 9.656, de 1998, o beneficiário deverá informar à contratada, quando expressamente solicitado na documentação contratual por meio da Declaração de Saúde, o conhecimento de DLP, à época da assinatura do contrato ou ingresso contratual, sob pena de caracterização de fraude, ficando sujeito à suspensão da cobertura ou rescisão unilateral do contrato, nos termos do inciso II do parágrafo único do art. 13 da Lei nº 9.656, de 1998".

[13] ANS, RN 162/2007, "Art. 6° Sendo constatada por perícia ou na entrevista qualificada ou através de declaração expressa do beneficiário, a existência de doença ou lesão que possa gerar necessidade de eventos cirúrgicos, de uso de leitos de alta tecnologia e de procedimentos de alta complexidade, a operadora poderá oferecer cobertura total no caso de doenças ou lesões preexistentes, sem qualquer ônus adicional para o beneficiário. § 1º Caso a operadora opte pelo não oferecimento de cobertura total, deverá neste momento, oferecer CPT. O ofe-

Depois do lançamento do plano, a ANS não fiscaliza diretamente o equilíbrio da modalidade. O controle exercido pela agência é sobre a saúde financeira da operadora como um todo. O controle dos reajustes dos planos de saúde também é competência expressa da ANS.[15] Via de regra, eles acontecem pela mudança de faixa etária do segurado e pela variação de custos (apurada anualmente) com despesas médicas das operadoras. A mudança de faixas etárias é estabelecida nos contratos e deve seguir as regras de proporcionalidade dos preços iniciais.

A variação dos custos com despesas médicas é livremente ajustada entre operadoras e empresas que contratam planos coletivos. Esses acertos devem ser comunicados à ANS, que os utiliza como base para definir o reajuste para planos individuais e familiares. A ideia da agência é utilizar o resultado das negociações entre empresas e operadoras como baliza para o reajuste dos contratos individuais (Cechin, Leal Alves e Almeida, 2016, p. 133-156).

A norma administrativa prevê, em regime excepcional, a revisão dos preços em situações de desequilíbrio contratual (ANS, RN 19/2002). Entretanto, não foram encontradas aplicações desse procedimento, que, segundo o *site* da agência, está suspenso.[16] Assim, não há exemplos de atuação da agência em relação à manutenção do equilíbrio desses planos ao longo do tempo: o único mecanismo disponível é a revisão de preços, mas ele não é aplicado. Desse modo, o incremento de obrigações pela operadora não encontra uma contrapartida direta de revisão das obrigações dos beneficiários. O reajuste com base na variação do custo hospitalar se dá em razão da média do setor, pensado com base

recimento de CPT neste caso é obrigatório, sendo facultado o oferecimento de Agravo como opção à CPT".

[14] Lei dos Planos de Saúde, "Art. 11. É vedada a exclusão de cobertura às doenças e lesões preexistentes à data de contratação dos produtos de que tratam o inciso I e o § 1º do art. 1º desta Lei após vinte e quatro meses de vigência do aludido instrumento contratual, cabendo à respectiva operadora o ônus da prova e da demonstração do conhecimento prévio do consumidor ou beneficiário".

[15] Lei dos Planos de Saúde, "Art. 4º [...] XVII – autorizar reajustes e revisões das contraprestações pecuniárias dos planos privados de assistência à saúde, ouvido o Ministério da Fazenda".

[16] A informação sobre a suspensão dos reajustes técnicos está disponível em: http://www.ans.gov.br/planos-de-saude-e-operadoras/espaco-do-consumidor/reajustes-de-mensalidade/reajustes-de-precos-de-planos-de-saude. Acesso em: 12 ago. 2020.

nas negociações coletivas, e não alcança solução para desequilíbrios mais acentuados em planos específicos.

Em resumo, tem-se que todas as doenças são consideradas eventos que podem dar início a uma prestação pelo plano de saúde. O controle que ocorre é pelo âmbito do tratamento – se hospitalar ou ambulatorial – e se ele está no rol elaborado pelo regulador. Em termos de quadro regulatório, a avaliação direta do equilíbrio do contrato ocorre do lançamento do plano. Essa prática administrativa também coloca em destaque o cuidado necessário para a revisão – especialmente para a inclusão – de benefícios inseridos ao longo da duração do contrato, na medida em que as despesas deles resultantes não serão necessariamente avaliadas para o reajuste das contribuições.

3. A regulação administrativa do serviço de *home care*

Em termos gerais, a regulação da ANS se encaixa na definição de que planos de saúde são contratos que permitem que beneficiários alcancem contribuição conforme o risco de utilizarem e o custo de tratamentos, ou seja, a agência admite que os contratos limitem os tratamentos a serem incluídos. Essa conclusão, todavia, nem sempre é colocada com clareza pela agência, uma vez que as decisões são acompanhadas de poucas justificativas.

De acordo com a legislação, operadoras devem oferecer o plano-referência, embora traga poucas definições sobre essa modalidade. O *caput* do art. 10 estabelece,[17] como regra geral, que ele deve incluir "cobertura médico-ambulatorial e hospitalar", deixando de incluir tratamentos domiciliares. A legislação também permite que operadoras forneçam planos menos completos do que o plano-referência. Segundo o art. 12 da Lei dos Planos de Saúde, esses planos podem oferecer serviços ambulatoriais, hospitalares, obstétricos ou qualquer combinação dos três.[18]

[17] Lei dos Planos de Saúde, "Art. 10. É instituído o plano-referência de assistência à saúde, com cobertura assistencial médico-ambulatorial e hospitalar, compreendendo partos e tratamentos, realizados exclusivamente no Brasil, com padrão de enfermaria, centro de terapia intensiva, ou similar, quando necessária a internação hospitalar, das doenças listadas na Classificação Estatística Internacional de Doenças e Problemas Relacionados com a Saúde, da Organização Mundial de Saúde, respeitadas as exigências mínimas estabelecidas no art. 12 desta Lei, exceto:".

[18] "Art. 12. São facultadas a oferta, a contratação e a vigência dos produtos de que tratam o inciso I e o § 1º do art. 1º desta Lei, nas segmentações previstas nos incisos I a IV deste artigo,

Planos ambulatoriais abrangem consultas e exames (Lei dos Planos de Saúde, art. 12, I). Não há, na legislação, previsão de internações – hospitalares ou domiciliares – em planos ambulatoriais. Excepcionalmente, a RN 13/1998 editada pelo Consu determina que planos ambulatoriais devem cobrir despesas de internação pelas primeiras doze horas em situações de urgência ou emergência. Findo esse período, o tratamento deve ser custeado pelo beneficiário,[19] e a remoção dele deverá ser custeada pela operadora.[20]

Essa exceção é importante porque é um caso em que a norma administrativa impõe à operadora obrigações em um âmbito diferente da delimitação da legislação. Apesar de editada pelo Consu há vinte anos, o conteúdo dessa disposição não foi alterado pela ANS. A necessidade de oferecer internações em casos de urgência é referida no portal da agência,[21] e a previsão de custeio da remoção foi incorporada a novas resoluções.[22]

respeitadas as respectivas amplitudes de cobertura definidas no plano-referência de que trata o art. 10, segundo as seguintes exigências mínimas: [...]."

[19] Consu, RN 13/1998, "Art. 2º O plano ambulatorial deverá garantir cobertura de urgência e emergência, limitada até as primeiras 12 (doze) horas do atendimento. Parágrafo único. Quando necessária, para a continuidade do atendimento de urgência e emergência, a realização de procedimentos exclusivos da cobertura hospitalar, ainda que na mesma unidade prestadora de serviços e em tempo menor que 12 (doze) horas, a cobertura cessará, sendo que a responsabilidade financeira, a partir da necessidade de internação, passará a ser do contratante, não cabendo ônus à operadora".

[20] Consu, RN 13/1998, "Art. 7° A operadora deverá garantir a cobertura de remoção, após realizados os atendimentos classificados como urgência e emergência, quando caracterizada, pelo médico assistente, a falta de recursos oferecidos pela unidade para continuidade de atenção ao paciente ou pela necessidade de internação para os usuários portadores de contrato de plano ambulatorial".

[21] O *site* da ANS, na página http://www.ans.gov.br/planos-de-saude-e-operadoras/contratacao-e-troca-de-plano/dicas-para-escolher-um-plano/segmentacao-assistencial, anuncia: "Os atendimentos de emergência estão limitados até as primeiras 12 horas do atendimento. A realização de procedimentos exclusivos da cobertura hospitalar fica sob responsabilidade do beneficiário, mesmo sendo feito na mesma unidade de prestação de serviços e em tempo menor que 12 horas". Acesso em: 25 mar. 2018.

[22] ANS, RN 428/2017, "Art. 21. O Plano Ambulatorial compreende os atendimentos realizados em consultório ou em ambulatório, definidos e listados no Rol de Procedimentos e Eventos em Saúde, não incluindo internação hospitalar ou procedimentos para fins de diagnóstico ou terapia que, embora prescindam de internação, demandem o apoio de estrutura hospitalar por período superior a 12 (doze) horas, ou serviços como unidade de terapia intensiva e unidades similares, observadas as seguintes exigências: [...] VIII – cobertura de

A segmentação hospitalar é aquela que abrange internações hospitalares. A legislação estabelece uma série de requisitos, como a impossibilidade de limitação de prazo e valor máximo para internação, despesas e exames que devem ser abrangidos. Por outro lado, a expressão empregada pelo texto legal é "internação hospitalar", o que não abrange a internação domiciliar.[23]

Como se vê, as determinações da legislação sobre as obrigações das operadoras dos planos de saúde são poucas. A Lei dos Planos de Saúde não define que operadoras devem assumir obrigações fora do âmbito ambulatorial ou hospitalar, salvo algumas exceções. Por outro lado, a legislação não proíbe a sua inclusão pelo regulador, o que torna possíveis normas como a RN 13/1998 do Consu, que estabelece a cobertura de internações em planos ambulatoriais.

Em relação ao *home care*, a discussão mais antiga encontrada está na "2ª Reunião do Grupo Técnico para Revisão do Rol de Procedimentos editado pela RN nº 167/08". Nessa ocasião, a representante do Procon de São Paulo suscitou a necessidade de regular o conteúdo do serviço.[24] Durante o debate, a ANS apresentou como posicionamento que o tratamento de *home care* é uma exclusão permitida.[25]

remoção, depois de realizados os atendimentos classificados como urgência ou emergência, quando caracterizada pelo médico assistente a falta de recursos oferecidos pela unidade para a continuidade da atenção ao paciente ou pela necessidade de internação".

[23] Lei dos Planos de Saúde, "Art. 12 [...] II – quando incluir internação hospitalar: a) cobertura de internações hospitalares, vedada a limitação de prazo, valor máximo e quantidade, em clínicas básicas e especializadas, reconhecidas pelo Conselho Federal de Medicina, admitindo-se a exclusão dos procedimentos obstétricos".

[24] ANS, s. d., transcrição literal da 2ª Reunião do Grupo Técnico para Revisão do Rol de Procedimentos editado pela RN 167/2008. p. 85-86: "Selma – Não... já é uma questão de... já que está cruzando com o home care, a gente tem várias situações do home care, como ele não é especificamente regulamentado, aliás é uma proposta que a gente pensa em fazer da regulamentação, mas isso não está claro na prática do home care as empresas colocam o home care como um benefício extracontratual, na verdade não é extracontratual, na verdade, ele é extra a regulamentação, ela está dando por uma liberalidade, dependendo da medicação usada em domicílio não é coberta, né. Então, medicamento que o paciente toma ali em casa que não tem uma administração assistida, ele pode ter o medicamento tanto de administração assistida mais junto com outra medicação, isso não é coberto, as empresas fazem uma distinção aí, né... ela vai cobrir aquele antibiótico que é dado via venosa ao resto todo da medicação, é o paciente quem banca, né... então, eu não sei até que ponto isso resolveria o home care, eu acho que não o home care merece um capítulo à parte".

[25] ANS, s. d., transcrição literal da 2ª Reunião do Grupo Técnico para Revisão do Rol de Procedimentos editado pela RN 167/2008. p. 82: "– Marta – ok, ok! É uma dúvida perti-

Fruto do debate iniciado nessa reunião, o art. 13 foi editado no corpo da RN 211/2010.

> Art. 13. Caso a operadora ofereça a internação domiciliar em substituição à internação hospitalar, com ou sem previsão contratual, deverá obedecer às exigências previstas nos normativos vigentes da Agência Nacional de Vigilância Sanitária – ANVISA e nas alíneas "c", "d" e "e" do inciso II do artigo 12 da Lei nº 9.656, de 1998.
> Parágrafo único. Nos casos em que a assistência domiciliar não se dê em substituição à internação hospitalar, esta deverá obedecer à previsão contratual ou à negociação entre as partes.

Essa previsão administrativa trabalha com duas hipóteses. O *caput* trabalha com casos de substituição à internação, que são aqueles em que o beneficiário deve ser atendido em uma internação hospitalar e, por um arranjo com a operadora prévio ou posterior à internação, substitui o serviço pela internação domiciliar. Nesse caso, a norma determina que o *home care* deve incluir honorários médicos, exames, taxas e materiais. O parágrafo único dispõe sobre casos em que o beneficiário não está em uma situação que demanda a internação hospitalar. Nesses casos, a regulação é flexível, e as partes são livres para negociar o conteúdo da prestação do serviço.

Esse dispositivo é renovado nas resoluções que atualizam o rol de procedimentos. A versão atual dele, contida na RN 428/2017, incluiu o fornecimento de medicamentos para tratamento do câncer,[26] seguindo as exigências das modificações na Lei dos Planos de Saúde provocadas pela Lei n. 12.880/2013.

nente, assim... a gente tem recebido esse tipo de dúvida e o que a gente tem dito, exatamente por isso, por esse item que está na lei que eu, a ANS, não consigo, por exemplo, colocar no 'rol' home care, porque dentro da home care tem os medicamentos, o que a gente tem dito é o seguinte: **Isso é uma exclusão permitida**, não quer dizer que você não possa dar né, por exemplo, a gente conhece algumas operadoras que dão vários medicamentos para uso domiciliar, principalmente, para doenças crônicas, porque eles sabem que a pessoa vai internar menos com aquilo, né!" (grifo nosso).

[26] ANS, RN 428/2017, "Art. 14. Caso a operadora ofereça a internação domiciliar em substituição à internação hospitalar, com ou sem previsão contratual, deverá obedecer às exigências previstas nos normativos vigentes da Agência Nacional de Vigilância Sanitária – ANVISA e nas alíneas 'c', 'd', 'e' e 'g' do inciso II do art. 12 da Lei nº 9.656, de 1998".

Em ambas as hipóteses, resta claro que a ANS entende que a prestação de serviços fora do âmbito hospitalar ou ambulatorial pode ser contratada pelas partes, mas não necessariamente integra o plano de saúde. Em outras palavras, a norma editada pela agência se restringe ao conteúdo do contrato, sem tornar obrigatória a sua inclusão.

Embora receba breves menções, o *home care* não foi assunto de debates em Grupos Técnicos após os procedimentos de revisão do rol editado pela RN 167/2008, bem como a ANS não editou outras disposições além da definição de um conteúdo mínimo do serviço. Nada obstante, a agência recebeu diversos pedidos para alterar as regras sobre o *home care*.

Em uma primeira linha, as sugestões enviadas à ANS buscam alterar a disposição que delimita o conteúdo dos serviços, presente no corpo das resoluções normativas que disciplinam o rol de procedimentos. A Nota Técnica 838/2013, que serve como relatório da consulta pública para a revisão do rol editado em 2011, registra o pedido de especificar o conteúdo do serviço, "dada a existência de beneficiários que exigem pagamento de contas de luz, água, lavagem de roupa de cama, despesas com alimentação de acompanhante, etc.". A resposta da ANS para esse pedido é a "manutenção da redação (ANS, 2013b, p. 34-35).

No relatório da consulta pública para a revisão do rol de 2013, há duas sugestões diretas para tornar o serviço obrigatório. A mais direta delas propõe que o art. 13 seja alterado para constar que: "Caso haja indicação clínica, a assistência domiciliar será obrigatória". Ambas foram rejeitadas sob a justificativa de que "Não há previsão na Lei nº 9.656, de 1998, para cobertura obrigatória de tratamento domiciliar" (ANS, 2015b).

Por outro lado, há diversas sugestões de incluir o *home care* no rol de tratamentos. Durante a revisão do rol de 2008, os documentos relativos ao grupo de trabalho registram que o pedido da Associação Brasileira de Esclerose Lateral Amiotrófica de inclusão do tratamento para casos de esclerose lateral amiotrófica foi rejeitado sem justificativa (ANS, 2009a, linha 113). Já na consulta pública realizada para a revisão desse rol, é registrado o pedido de inclusão de "Internação Domiciliar (Home Care)". Aqui, a rejeição é acompanhada da resposta "cobertura não obrigatória de acordo com a lei 9656/98" (ANS, 2009b, p. 9).

O grupo técnico para a revisão do rol de 2010 registra o pedido de inclusão de "Procedimentos de Home Care – Diferenciação por Níveis de Complexidade" (ANS, 2009c, linha 184). É possível concluir que o pedido não foi acatado porque ele não consta na lista de procedimentos incluídos. Entretanto, a ANS não apresentou uma relação com os pedidos não acatados e as justificativas. No relatório da consulta pública para revisão do rol de 2015, consta o pedido de *home care* ou atendimento domiciliar, que foi rejeitado sob a justificativa de "Exclusão Legal" (ANS, 2017a, p. 86).

É importante notar que as justificativas breves são dadas também para tratamentos que podem ser excluídos pela legislação. Em casos de tratamentos para os quais a legislação abre espaço para a inclusão, as respostas são mais elaboradas, embora padronizadas. Ainda na revisão do rol de 2015, há diversos tratamentos que são rejeitados porque

> [a]s informações enviadas via Consulta Pública para análise ou justificativa não foram suficientes para tomada de decisão de incorporação no que tange a demonstração de eficácia, resultados efetivos em desfechos clínicos, custo-efetividade, impacto financeiro e comparação com as tecnologias já incorporadas para o mesmo fim

ou porque

> [o]s dados apresentados na demanda não demonstram a existência de rede de prestação de serviços efetivamente instalada ou existência de profissional de saúde especializado para utilização/manuseio da tecnologia ou os insumos necessários para sua execução não possuem registro na Agência Nacional de Vigilância Sanitária (ANVISA). (ANS, 2015a, p. 5)

Por fim, recentemente a ANS lançou um parecer técnico sobre o tema (ANS, 2018). Esses pareceres são lançados em resposta a solicitações realizadas entre os procedimentos de revisão do rol e são elaborados apenas pela equipe técnica da agência, portanto sem a participação popular. Nele, a agência consigna que não há previsão administrativa que determine a realização de atendimentos no âmbito domiciliar. Segundo o parecer, caso exista recomendação médica, as operadoras podem oferecer o *home care* como alternativa à internação hospitalar. Entretanto, caso a operadora não queira prestar esse serviço, ela deve prestar a internação hospitalar até que o paciente receba alta.

Assim, tem-se que a legislação não determina que planos devem oferecer tratamentos domiciliares. Tanto a posição da agência de não incluir o *home care* no rol de tratamentos obrigatórios quanto a brevidade da regulamentação são respostas possíveis. O problema está em saber se, apesar de possíveis, essas respostas são as mais adequadas. A agência não divulga os documentos que carregam os pedidos pela inclusão ou alteração da regulação do serviço, sendo possível acessar apenas uma síntese deles nos relatórios de consultas públicas. Além disso, as decisões da ANS sobre o *home care* são pouco explicadas. Esse problema é presente na maior parte das decisões da agência no que toca à inclusão de tratamentos, pois a agência não disponibiliza os documentos relativos ao seu processo de decisão. Porém, na maior parte dos casos, o material concernente aos grupos técnicos é relativamente rico, o que permite inferir as razões para as decisões do regulador, e as respostas dadas pela agência contêm uma explicação satisfatória. Isso não ocorre nas decisões que envolvem *home care*, dado que há pouco debate nos grupos técnicos e as respostas da agência são muito breves.

O problema está na falta de oferecimento de razões. Há pedidos para a inclusão do *home care* em situações excepcionais, como no caso da esclerose lateral amiotrófica, em relação aos quais a agência não explicou por que recusou a sua inclusão. O oferecimento de razões pela ANS tornaria a sua postura mais defensável, bem como contribuiria para o debate sobre o tema e revelaria um pouco mais sobre a forma de decidir da agência.

Por fim, há um notável silêncio da agência em relação a decisões judiciais que vão de encontro às suas determinações. Essas decisões são apresentadas à agência durante discussões sobre o rol de tratamentos. Como exemplo disso, o Procon/SP e o Instituto de Defesa do Consumidor colocaram em pauta, durante a revisão do rol de procedimentos de 2013, decisões do STJ e a Súmula 102 do Tribunal de Justiça de São Paulo (TJSP) (ANS, 2013c, p. 4 e s.). Essa postura de evitar o enfrentamento é ecoada pelo Judiciário, que dificilmente analisa regras da ANS ou a Lei dos Planos de Saúde quando decide sobre a obrigatoriedade do *home care*.

4. Decisões do STJ sobre o *home care*

A necessidade de operadoras de planos de saúde oferecerem o serviço de *home care* é um tema recorrente no Poder Judiciário e encontra-se sumulada em alguns tribunais. O TJSP editou súmula prevendo a obrigatoriedade da cobertura.[27] O Tribunal de Justiça do Rio de Janeiro (TJRJ) tem duas. A primeira determina a obrigatoriedade de tratamentos domiciliares,[28] e a segunda afirma que a recusa de tratamentos gera dano moral, ressaltando que o *home care* está incluído.[29]

As primeiras decisões do STJ não elaboram muito sobre o tema, invocando outras decisões sobre temas mais gerais dos planos de saúde em sua fundamentação.[30] Esse cenário mudou um pouco em maio de 2015, quando a Terceira Turma proferiu o acórdão do Recurso Especial (REsp) 1.378.707 (STJ, 2015a), relatado pelo Ministro Paulo de Tarso Sanseverino. Nele, os julgadores se engajaram em uma discussão e lançaram considerações específicas sobre o *home care*.

De início, o relator destaca que a recorrente alegou que a condenação é indevida, "não constando o serviço de *home care* no rol de coberturas previstas no contrato de plano de saúde do recorrido". Como resposta a esse argumento, o relator inicialmente reafirma que operadoras podem limitar as doenças, mas não os tratamentos (STJ, 2015a, p. 5-6). Em sequência, afirma brevemente que o *home care* é um "desdobramento do atendimento hospitalar contratualmente previsto", e que "o serviço de *home care*, quando necessário, como no caso, mostra-se, a rigor, menos oneroso para o plano de saúde do que manter o paciente hospitalizado".

Tendo em vista que esses primeiros argumentos são breves, o relator elabora um argumento mais completo sobre a ausência de previsão contratual e suas consequências. Como base, é invocado o art. 47 do Código de Defesa do Consumidor (CDC).[31] Em seguida, o relator traz a dou-

[27] TJSP, Súmula 90: "Havendo expressa indicação médica para a utilização dos serviços de 'home care', revela-se abusiva a cláusula de exclusão inserida na avença, que não pode prevalecer".

[28] TJRJ, Súmula 338: "É abusiva a cláusula contratual que exclui tratamento domiciliar quando essencial para garantir a saúde e a vida do segurado".

[29] TJRJ, Súmula 209: "Enseja dano moral a indevida recusa de internação ou serviços hospitalares, inclusive 'home care', por parte do seguro saúde somente obtidos mediante decisão judicial".

[30] As decisões consideradas neste trabalho foram encontradas utilizando-se das palavras-chave "internação domiciliar" e "home care" na ferramenta de pesquisa do *site* do STJ.

[31] CDC, "Art. 47. As cláusulas contratuais serão interpretadas de maneira mais favorável ao consumidor".

trina dos autores Enzo Roppo, Alfred Rieg, Farnworth, Almeida Costa, Menezes Cordeiro e Sérgio Cavalieri Filho. O objetivo aqui é trazer posicionamentos que suportam o art. 47 do CDC, em razão da existência de relação de consumo e de um contrato de adesão. A tese central é de que a operadora poderia ter deixado clara a exclusão no contrato e, não fazendo isso, deve sofrer as consequências da indeterminação.[32]

Essa construção perde um pouco o sentido porque o próprio relator, citando as decisões anteriores do STJ, afirma que cláusulas que excluem o tratamento são abusivas.[33] Por fim, o voto prossegue para avaliar a condenação em danos morais.

Na sequência, foi proferido voto-vista pelo Ministro Ricardo Villas Bôas Cueva. Esse voto se destaca dos demais por ser o único que lança argumentos que restringem direitos dos beneficiários. Ele destaca que a legislação não inclui tratamentos no âmbito domiciliar, citando a norma administrativa que regula o conteúdo do serviço de *home care* (STJ, 2015a, p. 19-20). Em seguida, ele afirma a importância do tratamento domiciliar como alternativa ao tratamento hospitalar, podendo ser mais benéfico ao consumidor. Com base nisso, ele conclui que a vedação contratual constitui uma desvantagem exagerada ao consumidor, sendo vedada em razão do art. 51, IV, do CDC.[34]

Por outro lado, o julgador afirma que o *home care* "não pode ser concedido de forma automática, tampouco por livre disposição ou comodidade do paciente e de seus familiares" (STJ, 2015a, p. 23). Na sequência, o ministro elenca seis requisitos necessários para que o serviço possa ser exigido:

> Efetivamente, **na ausência de regras contratuais que disciplinem a utilização do serviço, a internação domiciliar pode ser obtida não como extensão da internação hospitalar, mas como conversão**

[32] "Como o predisponente teve a possibilidade de preestabelecer todo o conteúdo do contrato, as imprecisões, dúvidas e ambiguidades das cláusulas predispostas interpretam-se contrariamente aos seus interesses" (STJ, 2015a, p. 7).

[33] "Finalmente, mesmo nos casos de expressa exclusão da cobertura mediante o serviço de *home care*, tem sido reconhecida a abusividade dessa cláusula contratual" (STJ, 2015a, p. 13).

[34] CDC, "Art. 51. São nulas de pleno direito, entre outras, as cláusulas contratuais relativas ao fornecimento de produtos e serviços que: [...] IV – estabeleçam obrigações consideradas iníquas, abusivas, que coloquem o consumidor em desvantagem exagerada, ou sejam incompatíveis com a boa-fé ou a equidade".

> **desta.** Assim, para tanto, há a necessidade (i) de haver condições estruturais da residência, (ii) de real necessidade do atendimento domiciliar, com verificação do quadro clínico do paciente, (iii) da **indicação do médico assistente**, (iv) da solicitação da família, (v) da concordância do paciente **e (vi) da não afetação do equilíbrio contratual, como nas hipóteses em que o custo do atendimento domiciliar por dia não supera o custo diário em hospital.** (STJ, 2015a, p. 23, grifos do original)

O ministro justifica a observação do equilíbrio contratual em razão de os serviços de *home care* não serem "considerados no cálculo atuarial do fundo mútuo", de modo que a sua concessão indiscriminada "poderá causar, a longo prazo, desequilíbrio econômico-financeiro do plano de saúde, comprometendo a sustentabilidade das carteiras". Depois dessas considerações, o ministro analisa o caso concreto, concluindo que o recurso é improcedente.

Após o voto-vista, o relator oferece um esclarecimento reconhecendo a importância das ressalvas e afirmando que elas serão incluídas na ementa.[35] Como resultado, a certidão do julgamento registra que o julgamento foi unânime, "nos termos do voto do Sr. Ministro Relator".[36] Essa afirmação não é precisa, pois, embora tenham concordado com a improcedência do recurso, os fundamentos apresentados divergem.

A ementa tenta compatibilizar os votos. No item 2, ela registra o argumento de que o *home care* é um desdobramento da internação hospitalar e que não pode ser limitado pelas operadoras. Por outro lado, o item 4 contém as ressalvas do voto-vista. Entre elas, estão a atenção ao equilíbrio contratual e a necessidade de o *home care* custar menos do que a internação hospitalar.[37]

[35] "Sr. Presidente, na verdade, os acréscimos feitos por V. Exa. enriquecem o acórdão. Essas ressalvas são importantes. Realmente, pretendia colocá-las na ementa como item 3. É mais fácil a ressalva, aquela parte que consta no final do seu voto: a indicação de médico-assistente, concordando os pacientes, não afetação do equilíbrio contratual. Assim, temos o pensamento médio do Colegiado" (STJ, 2015a, p. 26).

[36] "Prosseguindo no julgamento, após o voto-vista do Sr. Ministro Ricardo Villas Bôas Cueva, a Terceira Turma, por unanimidade, negou provimento ao recurso especial, nos termos do voto do Sr. Ministro Relator. Os Srs. Ministros Ricardo Villas Bôas Cueva (Presidente) (voto-vista), Marco Aurélio Bellizze, Moura Ribeiro e João Otávio de Noronha votaram com o Sr. Ministro Relator" (STJ, 2015a, p. 27).

[37] "Recurso Especial. Plano de saúde. Serviço de *home care*. Cobertura pelo plano de saúde. Dano moral. 1 – Polêmica em torno da cobertura por plano de saúde do serviço de 'home

Uma boa parte dos acórdãos posteriores ao julgamento do REsp 1.378.707/RJ (STJ, 2015a) que envolvem o *home care* não enfrentou o mérito da obrigatoriedade do tratamento. Neles se entende que a necessidade do tratamento é uma questão de fato e, como tal, não pode ser analisada pelo STJ, levantando outras questões processuais ou avaliando a ocorrência de danos morais. Além disso, o acórdão não surtiu o efeito de unificar o entendimento do STJ.

Na Quarta Turma, há julgamentos que invocam a impossibilidade de operadoras negarem qualquer tipo de tratamento domiciliar.[38] Alguns acórdãos retomam a tese de que a operadora pode restringir doenças,[39] fundamento também utilizado em acórdãos da Terceira Turma.[40]

Mesmo quando citados, os critérios elaborados no REsp 1.378.707/RJ não são utilizados pelos julgadores. O acórdão do REsp 1.537.301/RJ (STJ, 2015b), apesar de ter como relator o Ministro Ricardo Villas Bôas Cueva e ser baseado em seu voto-vista no acórdão do REsp 1.378.707/RJ (STJ, 2015a), não avalia o equilíbrio contratual. Da mesma forma, outros acórdãos citam o precedente e seus critérios, que não são aplicados.[41]

care' para paciente portador de doença pulmonar obstrutiva crônica. 2 – O serviço de 'home care' (tratamento domiciliar) constitui desdobramento do tratamento hospitalar contratualmente previsto que não pode ser limitado pela operadora do plano de saúde. 3 – Na dúvida, a interpretação das cláusulas dos contratos de adesão deve ser feita da forma mais favorável ao consumidor. Inteligência do enunciado normativo do art. 47 do CDC. Doutrina e jurisprudência do STJ acerca do tema. 4 – Ressalva no sentido de que, nos contratos de plano de saúde sem contratação específica, o serviço de internação domiciliar ('home care') pode ser utilizado em substituição à internação hospitalar, desde que observados certos requisitos como a indicação do médico assistente, a concordância do paciente e a não afetação do equilíbrio contratual nas hipóteses em que o custo do atendimento domiciliar por dia supera o custo diário em hospital. 5 – Dano moral reconhecido pelas instâncias de origem. Súmula 07/STJ. 6 – RECURSO ESPECIAL A QUE SE NEGA PROVIMENTO" (STJ, 2015a, p.).

[38] AgRg nos EDcl no AREsp 584.019/SP, Rel. Min. Raul Araújo, Quarta Turma, julgado em 20.8.2015, *DJe* 11.9.2015; AgRg nos EDcl no AREsp 584.019/SP, AgInt no AREsp 622.630/PE, Rel. Min. Maria Isabel Gallotti, Quarta Turma, julgado em 12.12.2017, *DJe* 18.12.2017.

[39] AgRg no AREsp 734.111/DF, Rel. Min. Marco Buzzi, Quarta Turma, julgado em 17.12.2015, *DJe* 3.2.2016; AgInt no AREsp 987.203/RJ, Rel. Min. Luis Felipe Salomão, Quarta Turma, julgado em 15.12.2016, *DJe* 2.2.2017; AgInt no AREsp 622.630/PE, Rel. Min. Maria Isabel Gallotti, Quarta Turma, julgado em 12.12.2017, *DJe* 18.12.2017.

[40] AgRg no AREsp 725.203/RJ, Rel. Min. Moura Ribeiro, Terceira Turma, julgado em 15.9.2015, *DJe* 24.9.2015; AgInt no AREsp 881.278/RJ, Rel. Min. Luis Felipe Salomão, Quarta Turma, julgado em 28.6.2016, *DJe* 1º.8.2016.

[41] AgInt no AREsp 631.188/SP, Rel. Min. Lázaro Guimarães (Desembargador convocado do TRF 5ª Região), Quarta Turma, julgado em 28.11.2017, *DJe* 4.12.2017; AgInt no AREsp

Por outro lado, alguns acórdãos parecem iniciar um processo de esquecimento da avaliação posta no voto-vista do acórdão do REsp 1.378.707/RJ (STJ, 2015a). O acórdão do AgInt no AREsp 869.843/CE (STJ, 2016) reproduz os trechos com as ressalvas do voto-vista, mas a ementa gerada apresenta apenas a tese do Ministro Sanseverino de que o *home care* é um desdobramento da internação.[42] De forma semelhante, o acórdão no AgRg no AREsp 835.018/DF (STJ, 2017) cita em sua fundamentação a ementa completa do acórdão do REsp 1.378.707/RJ (STJ, 2015a), mas registra apenas a tese do desdobramento. Em outra decisão, o Ministro Sanseverino cita a ementa do REsp 1.378.707/RJ em conjunto com a tese de que planos podem restringir doenças, e não coberturas, argumentos que são incompatíveis.[43]

5. Avaliação das teses utilizadas no STJ

Apesar de todos os acórdãos convergirem para a obrigatoriedade do *home care*, não há um argumento central que unifique o pensamento dos julgadores. Era de se esperar que o REsp 1.378.707/RJ (STJ, 2015a, p. 26), o qual, nas palavras do relator, representa "o pensamento médio

1.071.680/MG, Rel. Min. Marco Aurélio Bellizze, Terceira Turma, julgado em 20.6.2017, *DJe* 26.6.2017.

[42] "Processual civil. Agravo Interno no Agravo em Recurso Especial. Plano de saúde. Tratamento home care. Cobertura contratual. Afronta ao art. 535 do CPC/73. Não ocorrência. Recusa injustificada de cobertura. Abusividade. Súmula nº 83 do STJ. Decisão mantida. 1. A operadora do plano de saúde não apresentou argumento novo capaz de modificar a conclusão adotada, que se apoiou em entendimento aqui consolidado para negar provimento ao agravo em recurso especial. 2. Não há que se falar em afronta ao art. 535 do CPC/73 quando o acórdão resolve fundamentadamente a questão pertinente à cobertura contratual para tratamento domiciliar da beneficiária, mostrando-se dispensável que venha examinar uma a uma as alegações e fundamentos expendidos pelas partes. 3. O serviço de home care (tratamento domiciliar) constitui desdobramento do tratamento hospitalar contratualmente previsto que não pode ser limitado pela operadora do plano de saúde e que, na dúvida, a interpretação das cláusulas dos contratos de adesão deve ser feita da forma mais favorável ao consumidor (REsp nº 1.378.707/RJ, Rel. Ministro Paulo de Tarso Sanseverino, Terceira Turma, *DJe* 15/6/2015). Aplicação da Súmula nº 83 do STJ. 4. Agravo interno não provido" (STJ, 2016, p. 1).

[43] AgInt no AREsp 1.114.380/SP, Rel. Min. Paulo de Tarso Sanseverino, Terceira Turma, julgado em 23.11.2017, *DJe* 4.12.2017. Isso também ocorre no REsp 1.662.103/SP, Rel. Min. Nancy Andrighi, Terceira Turma, julgado em 11.12.2018, *DJe* 13.12.2018.

do Colegiado", traçasse uma linha ao menos para a Terceira Turma, mas isso não ocorreu.

Assim, é necessário avaliar os argumentos individualmente. Uma nota geral é que nenhum deles recorre à Lei dos Planos de Saúde ou às normas da ANS, tendo como exceção o voto do Ministro Ricardo Villas Bôas Cueva no REsp 1.378.707/RJ (STJ, 2015a).

5.1. A função principal do contrato é garantir a saúde do beneficiário

O argumento sobre a função do contrato de plano de saúde é lançado na primeira decisão sobre o tratamento de *home care*. Ele é formulado indiretamente, por meio da citação da seguinte passagem do acórdão no REsp 183.719/SP (STJ, 2008): a exclusão de cobertura de determinado procedimento médico/hospitalar, quando essencial para garantir a saúde e, algumas vezes, a vida do segurado, vulnera a finalidade básica do contrato (STJ, 2014, p. 6). A decisão do REsp 183.719/SP (STJ, 2008), por sua vez, elabora pouco o argumento,[44] sustentando-se em decisões anteriores.

Levando em conta os acórdãos mais antigos, tem-se que esse argumento foi formulado em relação a contratos anteriores à Lei dos Planos de Saúde. Sustentar essa tese significa ir contra diversos comandos da Lei dos Planos de Saúde e da regulação, que colocam restrições a tratamentos dos beneficiários, tais como a possibilidade de segmentação e de filtro dos tratamentos pelo rol de procedimentos.

Isso não quer dizer que essa interpretação do quadro normativo seja impossível. Com efeito, caso exista uma norma que determine que planos de saúde devem fornecer todos os tratamentos necessários e que esteja em posição hierárquica superior à Lei dos Planos de Saúde e à regulação da ANS, essa interpretação é válida. O problema está em identificar qual é essa norma em nosso ordenamento. Os acórdãos que trazem essa interpretação e as decisões neles citadas não indicam qual seria essa norma.

[44] "A exclusão da cobertura, em princípio, de determinado procedimento médico/hospitalar, vulnera a finalidade básica do contrato se, como no caso concreto, este for justamente essencial para garantir a saúde e, algumas vezes, a vida do segurado, como a da esposa do recorrente, também beneficiária do contrato" (STJ, 2008, p. 8).

5.2. Operadoras podem restringir doenças, mas não tratamentos

A tese de que "o plano de saúde pode estabelecer as doenças que terão cobertura, mas não pode limitar o tipo de tratamento a ser utilizado pelo paciente" é bastante presente nas decisões sobre *home care*. Analisando a cadeia de citações nos acórdãos, tem-se que a primeira decisão do STJ que carrega essa tese é o acórdão no REsp 668.216/SP (STJ, 2007), julgado em 2 de abril de 2007.[45] O argumento central dessa decisão é que excluir tratamentos limitaria a ação de médicos.[46]

Ao que tudo indica, esse acórdão também versa sobre um contrato realizado anteriormente à Lei dos Planos de Saúde. Uma das teses da recorrente no processo no qual esse acórdão foi produzido é de que o beneficiário não realizou a migração do contrato, ou seja, de que não houve a conversão dele para um contrato regulado pela Lei dos Planos de Saúde.[47] Além disso, a apelação cível no TJSP foi recebida em 23 de maio de 2001 (TJSP, 2003), e, dado o tempo de tramitação do processo, é provável que o contrato discutido seja anterior a junho de 1998.[48] Isso quer dizer que o acórdão do REsp 668.216/SP (STJ, 2007) possivelmente versa sobre um contrato sobre o qual não incide a Lei dos Planos de Saúde.

[45] "Seguro saúde. Cobertura. Câncer de pulmão. Tratamento com quimioterapia. Cláusula abusiva. 1. O plano de saúde pode estabelecer quais doenças estão sendo cobertas, mas não que tipo de tratamento está alcançado para a respectiva cura. Se a patologia está coberta, no caso, o câncer, é inviável vedar a quimioterapia pelo simples fato de ser esta uma das alternativas possíveis para a cura da doença. A abusividade da cláusula reside exatamente nesse preciso aspecto, qual seja, não pode o paciente, em razão de cláusula limitativa, ser impedido de receber tratamento com o método mais moderno disponível no momento em que instalada a doença coberta. 2. Recurso especial conhecido e provido" (STJ, 2007, p. 1).

[46] "De fato, não se pode negar o direito do contrato de estabelecer que tipo de doença está ao alcance do plano oferecido. Todavia, entendo que deve haver uma distinção entre a patologia alcançada e a terapia. Não me parece razoável que se exclua determinada opção terapêutica se a doença está agasalhada no contrato. Isso quer dizer que se o plano está destinado a cobrir despesas relativas ao tratamento, o que o contrato pode dispor é sobre as patologias cobertas, não sobre o tipo de tratamento para cada patologia alcançada pelo contrato. Na verdade, se não fosse assim, estar-se-ia autorizando que a empresa se substituísse aos médicos na escolha da terapia adequada de acordo com o plano de cobertura do paciente" (STJ, 2007, p. 5-6).

[47] "O especial assinala, desde logo, a possibilidade de adaptação de seu plano aos termos da Lei n° 9.656, de 1998" (STJ, 2007, p. 5).

[48] O portal do TJSP não informa os dados do processo em primeiro grau, e a informação mais antiga registrada é o recebimento da apelação.

Assim como no caso do argumento anterior, essa proposição vai de encontro ao funcionamento proposto pela Lei dos Planos de Saúde. Considerando que ela foi formada para um caso anterior à entrada em vigor da Lei dos Planos de Saúde, o problema é aplicá-la sem considerar as modificações ocorridas no ordenamento jurídico. Um problema adicional é que permitir que operadoras excluam doenças é algo que pode ser mais prejudicial aos beneficiários do que admitir o controle dos tratamentos pelo regulador. Nada obstante, esse entendimento continua sendo utilizado em decisões do STJ.[49]

5.3. O *home care* é um desdobramento da internação hospitalar e ele é menos oneroso para as operadoras do que uma internação hospitalar

O argumento do REsp 1.378.707/RJ (STJ, 2015a) que ganhou maior tração nos julgamentos seguintes defende que "o serviço de *home care*, conforme corretamente indicado no acórdão recorrido, constitui 'desdobramento do atendimento hospitalar contratualmente previsto' (e-TJ, fl. 588)". Essa passagem é todo o texto dedicado ao argumento e oferece poucas razões para sustentá-lo. A decisão nela mencionada também é breve, e apenas qualifica a recusa como ilegal.[50]

É difícil conceber que o *home care* seja, por uma questão de direito, um desdobramento da internação hospitalar. O mais adequado é conce-

[49] AgInt no AREsp 1.204.136/PE, Rel. Min. Lázaro Guimarães (Desembargador convocado do TRF 5ª Região), Quarta Turma, julgado em 22.3.2018, *DJe* 2.4.2018; AgInt no AREsp 1.049.408/RJ, Rel. Min. Antonio Carlos Ferreira, Quarta Turma, julgado em 22.3.2018, *DJe* 2.4.2018; AgInt no AREsp 1.181.543/SP, Rel. Min. Maria Isabel Gallotti, Quarta Turma, julgado em 19.6.2018, *DJe* 1º.8.2018; AgInt no AREsp 1.306.108/DF, Rel. Min. Marco Aurélio Bellizze, Terceira Turma, julgado em 1º.10.2018, *DJe* 5.10.2018; AgInt no AREsp 1.306.108/DF, Rel. Min. Marco Aurélio Bellizze, Terceira Turma, julgado em 1º.10.2018, *DJe* 5.10.2018; AgInt no AREsp 1.338.481/DF, Rel. Min. Antonio Carlos Ferreira, Quarta Turma, julgado em 13.12.2018, *DJe* 18.12.2018; AgInt no REsp 1.756.556/CE, Rel. Min. Raul Araújo, Quarta Turma, julgado em 12.2.2019, *REPDJe* 26.2.2019, *DJe* 25.2.2019; AgInt no AREsp 1.263.533/SP, Rel. Min. Antonio Carlos Ferreira, Quarta Turma, julgado em 16.5.2019, *DJe* 23.5.2019; AgInt no AREsp 1.431.717/SP, Rel. Min. Maria Isabel Gallotti, Quarta Turma, julgado em 17.9.2019, *DJe* 24.9.2019.

[50] "Nesse sentido, impende considerar o posicionamento assente deste Tribunal de Justiça de que o tratamento domiciliar, conhecido como *home care*, é desdobramento do atendimento hospitalar contratualmente previsto e, por tal razão, a limitação ou recusa constitui conduta abusiva e ilegal, ferindo a boa-fé objetiva" (TJRJ, 2012, p. 3).

ber essa ligação como uma circunstância de fato, ou seja, que em alguns casos ele é um serviço necessário para dar continuidade ao tratamento do paciente. Assim, o argumento deve ser lido como: "o *home care*, nos casos em que for um desdobramento da internação hospitalar contratualmente prevista, deve ser oferecido". De qualquer modo, esse argumento do STJ não é acompanhado de fundamentos que justifiquem a necessidade de cobertura do *home care*, ainda que concebido como um desdobramento de internações hospitalares. Além disso, ele tampouco oferece razões para afastar as regras legais que permitem a exclusão de tratamentos fora do âmbito hospitalar ou ambulatorial.

De outra banda, o relator do acórdão do REsp 1.378.707/RJ (STJ, 2015a, p. 6) também afirma que "o serviço de *home care*, quando necessário, como no caso, mostra-se, a rigor, menos oneroso para o plano de saúde do que manter o paciente hospitalizado". Novamente, essa é uma questão de fato, pois depende das características do tratamento. Por outro lado, não há nenhum elemento fático no acórdão que a sustente.

Caso o acórdão enfrentasse essa questão, constatando que o *home care* é o tratamento menos custoso, a melhor decisão seria determinar o oferecimento do serviço? A resposta para essa pergunta é complexa, pois a noção de custo pode variar conforme o cenário que é considerado. Em um caso individual, ela pode ser determinada com certa facilidade. Porém, comandar que operadoras devem avaliar os custos dos tratamentos e oferecer o *home care* em todos os casos nos quais ele seja a opção mais barata pode se tornar inviável, na medida em que operadoras podem não ter estrutura para oferecer o tratamento em escalas maiores. Nesse ponto, a atual regra administrativa, que permite a negociação em torno do *home care* (mas não obriga o oferecimento), parece ser a melhor alternativa.

Por fim, cumpre destacar que esse argumento, apesar de parecer remontar a uma circunstância específica – ainda que não desenvolvida –, foi retomado em decisões posteriores.[51]

[51] AgInt no AREsp 1.201.805/SP, Rel. Min. Moura Ribeiro, Terceira Turma, julgado em 15.3.2018, *DJe* 20.3.2018; AgInt no AREsp 1.086.737/RJ, Rel. Min. Maria Isabel Gallotti, Quarta Turma, julgado em 20.3.2018, *DJe* 5.4.2018; AgInt no AREsp 1.224.560/SP, Rel. Min. Marco Aurélio Bellizze, Terceira Turma, julgado em 15.5.2018, *DJe* 25.5.2018; AgInt no AREsp 1.277.497/SP, Rel. Min. Marco Aurélio Bellizze, Terceira Turma, julgado em 7.8.2018, *DJe* 14.8.2018.

5.4. A incerteza do contrato deve ser interpretada em desfavor das operadoras

O argumento mais desenvolvido no voto do relator do REsp 1.378.707/RJ (STJ, 2015a) remonta à ideia de que, em contratos de consumo ou de adesão, incertezas no instrumento contratual devem ser interpretadas em desfavor da parte mais forte ou que redigiu o contrato. Esse argumento é, de uma forma geral, adequado. Porém, no âmbito das obrigações de operadoras de planos de saúde, ele deve ter sua aplicação mitigada, pois as inovações tecnológicas levam ao descobrimento de novas doenças e tratamentos, o que ocorre ao longo da duração dos contratos. Essa característica serve de justificativa para que o regulador, com a participação de representantes das operadoras e beneficiários, edite o rol de procedimentos obrigatórios que serve de complemento ao contrato.

Em outras palavras, o contrato de plano de saúde se tornará, ao longo do tempo, obsoleto caso não conte com as atualizações negociadas pelas partes ou impostas pelo regulador. O surgimento de uma nova medida leva à possibilidade de inclusão no contrato ou na regulação, mas isso pode não ocorrer se o tratamento não se mostrar adequado. Essa avaliação, consoante a Lei dos Planos de Saúde, é da ANS.

5.5. O *home care* deve ser oferecido se for menos oneroso do que a internação hospitalar

O voto-vista do Ministro Ricardo Villas Bôas Cueva no REsp 1.378.707 (STJ, 2015a) destoa das demais opiniões do STJ pelos critérios propostos e por ser a única manifestação que faz referência à regulação. Os cinco primeiros critérios indicados (condições na residência, necessidade do atendimento, indicação médica, solicitação da família, concordância do paciente) remontam à necessidade, viabilidade e concordância sobre o serviço. A ideia de preservação do equilíbrio contratual, por outro lado, demanda maior análise.

O critério de que o *home care* deve ser oferecido se custar menos que a internação parece, em um primeiro momento, inócuo: se o *home care* reduz o custo das operadoras e é mais benéfico aos pacientes, a sua contratação parece ser o caminho natural. Porém, esse acerto pode não se concluir em razão dos problemas que envolvem negociações em contratos de saúde, tais como eventuais condições ruins do beneficiário para realizar um trato negocial.

O possível cenário em que uma contratação do *home care* vantajosa não ocorre porque as partes possuem dificuldades em realizar acordos aponta para a possibilidade de uma regulamentação mais profunda da ANS sobre o tema. A agência deu esse passo em relação ao problema do fornecimento de medicamentos, mas deixou de enfrentar o tema do *home care* sob esse aspecto. Há aqui um silêncio pela agência reguladora, cujo posicionamento pode auxiliar na coordenação entre beneficiados e operadoras.

Por outro lado, ausência de uma análise mais profunda da ANS justifica a ação do Poder Judiciário? Em princípio, é possível conceber que o Poder Judiciário pode agir para suprir lacunas deixadas pelos reguladores. Entretanto, a obrigatoriedade de oferecer o tratamento quando ele for menos oneroso deve ser vista com cuidado, dado que uma análise rasa pode levar a conclusões equivocadas: os custos para as operadoras no oferecimento de um serviço individual são diferentes daqueles em um cenário de escala. Construir a determinação em diálogo com a coletividade das operadoras e dos beneficiários e sob análise tecnicamente qualificada, tal como é a proposta de ação da ANS, contribui para evitar reflexos indesejados. Os procedimentos judiciais, por sua vez, dificilmente reúnem essas condições.

Conclusão

Apesar de não existir uma razão unânime, o entendimento do STJ converge para a obrigatoriedade de oferecimento do serviço de *home care*, o que vai de encontro ao posicionamento da ANS. A conclusão do STJ não é, necessariamente, equivocada: o problema é encontrar uma norma jurídica que permita afastar as previsões específicas da Lei dos Planos de Saúde e da regulação. A maior parte dos acórdãos não invoca nenhum preceito legal, tampouco identifica as normas que a decisão derroga. Por outro lado, é notável que alguns desses entendimentos tenham origem em situações anteriores à entrada em vigor da Lei dos Planos de Saúde. A falta de enfrentamento das disposições da Lei dos Planos de Saúde pode ser uma causa para a manutenção desses entendimentos, dado que os julgadores parecem ignorar as mudanças no ordenamento jurídico.

Outra forma de interpretar as decisões é conceder que os julgadores, embora cientes das disposições da Lei dos Planos de Saúde, decidem que determinar o fornecimento dos tratamentos é o resultado da melhor interpretação do ordenamento jurídico. Em outras palavras, isso significa que as decisões decorrem de uma postura informada e refletida sobre os contratos de plano de saúde. Para que contratos de *home care* sejam do interesse da coletividade dos beneficiários, é necessário que eles sejam um emprego eficiente dos recursos da coletividade. Essa questão é delicada, dado que o próprio conceito de eficiência de recursos na saúde é controverso. De toda sorte, ela passa por saber se há uma rede de prestadores de serviço e se o tratamento de *home care* é a melhor medida a ser aplicada. Além disso, é necessário averiguar se os tratamentos são custeados pelos potenciais beneficiários ou se é desejável que existam subsídios cruzados.

É possível que a resposta para essas e outras perguntas seja positiva, e tratamentos de *home care* devam ser oferecidos pelas operadoras. Porém, no plano regulatório, as respostas da ANS indicam que destinar recursos dos beneficiários para tratamentos de *home care* não é o melhor emprego do fundo de contribuições, embora a brevidade das respostas da agência não carregue explicitamente uma análise. No caso do Judiciário, a ausência de enfrentamento dessas questões na fundamentação das decisões indica que eventuais consequências negativas para a coletividade dos beneficiários não são vistas pelos julgadores. Quando houve uma tentativa de debate em torno dessas questões, no voto que mais se dedicou ao tema, do Ministro Villas Bôas Cueva no REsp 1.378.707/RJ (STJ, 2015a), as conclusões dos julgadores se distanciaram um pouco da concessão automática dos tratamentos. Porém, esse aprofundamento ficou restrito ao julgado.

Qual das posições sobre o *home care* é a mais adequada? Essa pergunta não pode ser respondida neste trabalho, uma vez que ultrapassa nosso objeto de análise. Para assumir uma posição, é necessário entender quais regras estão em conflito, o que é difícil, dado que o STJ não deixa claro quais normas utiliza para fundamentar as suas decisões, tampouco a ANS se engaja no debate. Ainda, é necessário que se tenha claro qual teoria interpretativa deve ser empregada, ponto em relação ao qual o debate atual se afasta de um consenso.

Ainda que se considerem as decisões do Judiciário a melhor interpretação do ordenamento jurídico, a forma como são elaboradas dificilmente será vista como satisfatória. A Lei dos Planos de Saúde foi construída com intenso debate, tendo como destaque a possibilidade de limitar tratamentos. A inclusão do *home care* é alvo de debates na ANS regularmente, tanto na elaboração do rol de procedimentos quanto na alteração de normas administrativas. Essas instâncias de discussão apresentam defeitos, especialmente na fundamentação para as decisões regulatórias. Ainda assim, esses processos são produzidos em ambientes com participação democrática, e presume-se que as decisões passem por estudos técnicos da viabilidade e eficiência de se incluir o *home care* como um tratamento obrigatório. As decisões judiciais superam o texto legislativo e as decisões administrativas apresentando razões muito breves, sem lidar com uma série de discussões que, no âmbito regulatório, são requisitos para avaliar a obrigatoriedade do tratamento.

Por fim, a falta de diálogo entre a ANS e o STJ, tanto pela falta de debate no nível regulatório das decisões judiciais sobre *home care* quanto pela ausência de consideração da regulação administrativa nas decisões judiciais, torna difícil que ambos os órgãos aproximem as suas posições. É possível conceber decisões que fiquem no meio do caminho, tais como a obrigatoriedade do *home care* para doenças específicas, a obrigatoriedade de operadoras disponibilizarem o tratamento para contratação suplementar (como no caso da cobertura para doenças preexistentes), a cobertura por períodos limitados (como nas internações para planos ambulatoriais). Havendo um debate, é possível que medidas assim alinhem as preocupações entre reguladores e juízes. Entretanto, não há sinais de convergência entre a ANS e o STJ.

A existência de comandos diferentes gera problemas. Como a ANS restringe a sua análise à composição inicial dos contratos, que é formada sem considerar tratamentos não obrigatórios segundo a agência, a inclusão do *home care* pelo Poder Judiciário prejudica o equilíbrio entre as prestações oferecidas pelos beneficiários e as obrigações das operadoras. Dado que o reajuste em razão da variação do custo médico é autorizado conforme a variação do setor, planos que sejam alvo de decisões judiciais podem ter esse déficit no equilíbrio mais acentuado. Como contratos de planos de saúde não podem ser rescindidos por operadoras em situações normais e há limites na diferença de preço que pode ser cobrada de cada faixa etária, operadoras podem adotar medidas de licitude duvidosa para evitar a participação de pessoas que demandem esses serviços.

Em outras palavras, há uma série de desdobramentos possíveis e indesejados em razão da existência de comandos divergentes entre a ANS e o Poder Judiciário.

Referências

ALVES, Sandro Leal. *Fundamentos, regulação e desafios da saúde suplementar no Brasil*. Rio de Janeiro: Funenseg, 2015.

AGÊNCIA NACIONAL DE SAÚDE SUPLEMENTAR (ANS). *Transcrição literal da 2ª Reunião do Grupo Técnico para Revisão do Rol de Procedimentos editado pela RN nº 167/08*. s.d. Disponível em: http://www.ans.gov.br/images/stories/Legislacao/camara_tecnica/rol_de_procedimentos/2_reuniao/20090401_transcricao_literal_da_reuniao.pdf. Acesso em: 25 mar. 2018.

AGÊNCIA NACIONAL DE SAÚDE SUPLEMENTAR (ANS). *Resolução do Conselho de Saúde Suplementar – Consu nº 13, de 3 de novembro de 1998*. Disponível em: http://www.ans.gov.br/component/legislacao/?view=legislacao&task=TextoLei&format=raw&id=MzAw. Acesso em: 25 mar. 2018.

AGÊNCIA NACIONAL DE SAÚDE SUPLEMENTAR (ANS). *Resolução da Diretoria Colegiada 28, de 26 de junho de 2000*. Disponível em: http://www.ans.gov.br/component/legislacao/?view=legislacao&task=TextoLei&format=raw&id=Mzg3. Acesso em: 25 mar. 2018.

AGÊNCIA NACIONAL DE SAÚDE SUPLEMENTAR (ANS). *Resolução Normativa nº 19, de 11 de dezembro de 2002*. Disponível em: http://www.ans.gov.br/component/legislacao/?view=legislacao&task=TextoLei&format=raw&id=NTg2. Acesso em: 25 mar. 2018.

AGÊNCIA NACIONAL DE SAÚDE SUPLEMENTAR (ANS). *Resolução Normativa nº 63, de 22 de dezembro de 2003*. Disponível em: http://www.ans.gov.br/component/legislacao/?view=legislacao&task=TextoLei&format=raw&id=NzQ4. Acesso em: 25 mar. 2018.

AGÊNCIA NACIONAL DE SAÚDE SUPLEMENTAR (ANS). *Resolução Normativa nº 162, de 17 de outubro de 2007*. Disponível em: http://www.ans.gov.br/component/legislacao/?view=legislacao&task=TextoLei&format=raw&id=MTIyMw==. Acesso em: 25 mar. 2018.

AGÊNCIA NACIONAL DE SAÚDE SUPLEMENTAR (ANS). Grupo Técnico para Revisão do Rol de Procedimentos e Eventos em Saúde da RN 167/2008, Tabela de segmentações ambulatorial, hospitalar e obstétrica: Inclusões, exclusões, adequações e diretrizes de utilização (em planilhas) – 7ª Reunião. 2009a. Disponível em: http://www.ans.gov.br/images/stories/Legislacao/camara_tecnica/rol_de_procedimentos/7_reuniao/20090707_07_tabela_de_segmentacoes_ambulatorial_hospitalar_e_obstetrica.xls. Acesso em: 25 mar. 2018.

AGÊNCIA NACIONAL DE SAÚDE SUPLEMENTAR (ANS). *Consulta Pública 31 – Consolidado.* 2009b. Disponível em: http://www.ans.gov.br/images/stories/Legislacao/consultas_publicas/cp_31_ans_rol_consolidado_novembro2009.pdf. Acesso em: 25 mar. 2018.

AGÊNCIA NACIONAL DE SAÚDE SUPLEMENTAR (ANS). Grupo Técnico para Revisão do Rol de Procedimentos e Eventos em Saúde da RN 211/2010, CP40 – Solicitações de Exclusão. 2009c. Disponível em: http://www.ans.gov.br/images/stories/Legislacao/camara_tecnica/nona_revisao_do_rol_de_procedimentos/5_reuniao/cp40_solicitacoes_de_inclusao.xls. Acesso em: 25 mar. 2018.

AGÊNCIA NACIONAL DE SAÚDE SUPLEMENTAR (ANS). *Nota nº 26/2013 da Gerência de Assistência à Saúde e da Diretoria de Normas e Habilitação dos Produtos.* 2013a. Disponível em: http://www.ans.gov.br/images/stories/Plano_de_saude_e_Operadoras/Area_do_consumidor/nota_priorizacao.pdf. Acesso em: 25 mar. 2018.

AGÊNCIA NACIONAL DE SAÚDE SUPLEMENTAR (ANS). *Nota Técnica 838/2013.* 2013b. Disponível em: http://www.ans.gov.br/images/stories/Particitacao_da_sociedade/consultas_publicas/cp53/cp_53_nota838_revisaodorol2013.pdf. Acesso em: 25 mar. 2018.

AGÊNCIA NACIONAL DE SAÚDE SUPLEMENTAR (ANS). *Contribuição conjunta do Procon São Paulo e do Instituto Brasileiro de Defesa do Consumidor para a reunião do Grupo 3 de critérios para procedimentos de alta complexidade.* 2013c. Disponível em: http://www.ans.gov.br/images/stories/Legislacao/camara_tecnica/2013_gt_revisao_rol/20130422_Doc_22.pdf. Acesso em: 25 mar. 2018.

AGÊNCIA NACIONAL DE SAÚDE SUPLEMENTAR (ANS). ANS. *Relatório da Consulta Pública nº 59.* 2015a. Disponível em: http://www.ans.gov.br/images/stories/Particitacao_da_sociedade/consultas_publicas/cp59/cp_59_nota172.pdf. Acesso em: 25 mar. 2018.

AGÊNCIA NACIONAL DE SAÚDE SUPLEMENTAR (ANS). ANS. *Nota Técnica 172/2015.* 2015b. Disponível em: http://www.ans.gov.br/images/stories/Particitacao_da_sociedade/consultas_publicas/cp59/cp_59_nota172.pdf. Acesso em: 25 mar. 2018.

AGÊNCIA NACIONAL DE SAÚDE SUPLEMENTAR (ANS). *Consulta Pública nº 61 – RN do Rol de Procedimentos e Eventos em Saúde, Relatório Final.* 2017a. Disponível em: http://www.ans.gov.br/images/stories/Particitacao_da_sociedade/consultas_publicas/cp61/relatorio-revisao_do_rol_2018.pdf. Acesso em: 25 mar. 2018.

AGÊNCIA NACIONAL DE SAÚDE SUPLEMENTAR (ANS). *Caderno de informação da saúde suplementar*: beneficiários, operadoras e planos. Ano 1, n. 2. Rio de Janeiro: ANS, 2017b.

AGÊNCIA NACIONAL DE SAÚDE SUPLEMENTAR (ANS). ANS. *Resolução Normativa nº 428, de 7 de novembro de 2017*. 2017c. Disponível em: https://www.ans.gov.br/component/legislacao/?view=legislacao&task=TextoLei&format=raw&id=MzUwMg==.

AGÊNCIA NACIONAL DE SAÚDE SUPLEMENTAR (ANS). *Parecer Técnico nº 05/GEAS/GGRAS/DIPRO/2018*. 2018. Disponível em: http://www.ans.gov.br/images/stories/parecer_tecnico/uploads/parecer_tecnico/_PARECER_05-2018_ASSISTNCIA%20DOMICILIAR%20-%20HOME%20CARE_VERSO%20FINAL_21122017.pdf. Acesso em: 25 mar. 2018.

ARROW, Kenneth J.; INTRILIGATOR, Michael D. (org.). *Handbook of health economics*. Amsterdam; New York: Elsevier, 2000. pt. 1. v. I.

BRASIL. *Lei nº 8.078, de 11 de setembro de 1990*. Disponível em: http://www.planalto.gov.br/ccivil_03/leis/l8078.htm. Acesso em: 25 mar. 2018.

BRASIL. *Lei nº 9.656, de 3 de junho de 1998*. Disponível em: http://www.planalto.gov.br/ccivil_03/leis/l9656.htm. Acesso em: 25 mar. 2018.

BRASIL. *Lei nº 9.961, de 28 de janeiro de 2000*. Disponível em: http://www.planalto.gov.br/ccivil_03/leis/l9961.htm. Acesso em: 25 mar. 2018.

CALABRESI, Guido. *The costs of accidents*: a legal and economic analysis. New Haven, CT: Yale University, 1970.

CECHIN, José; LEAL ALVES, Sandro; ALMEIDA, Álvaro. Dinâmica dos custos, formação de preços e controle de reajustes dos planos de saúde no Brasil: a urgência de se revisar a regulação. *Revista Brasileira de Risco e Seguro*, Rio de Janeiro, v. 12, n. 21, p. 133-156, 2016.

HENDERSON, M. Tood. Voice and Exit in Health Care Policy. *Regulation*, [s. l.], v. 36, n. 1, p. 28–35, 2013.

SANTOS, Ezequiel Fajreldines. Diferenças de avaliação entre o Poder Judiciário e a ANS sobre a necessidade de oferecimento de *home care* nos contratos de plano de saúde. Dissertação de mestrado apresentada ao programa de pós-graduação em direito e desenvolvimento da Escola de Direito de São Paulo da Fundação Getúlio Vargas. São Paulo, 2018.

SUPERIOR TRIBUNAL DE JUSTIÇA (STJ). REsp 668.216/SP. Rel. Ministro Carlos Alberto Menezes Direito. Terceira Turma. Julgado em 15.3.2007. *Diário da Justiça eletrônico*, 2.4.2007.

SUPERIOR TRIBUNAL DE JUSTIÇA (STJ). REsp 183.719/SP, Rel. Ministro Luis Felipe Salomão. Quarta Turma. Julgado em 18.9.2008. *Diário da Justiça eletrônico*, 13.10.2008.

SUPERIOR TRIBUNAL DE JUSTIÇA (STJ). AgRg no Ag 1.325.939/DF. Rel. Ministro Raul Araújo. Quarta Turma. Julgado em 3.4.2014. *Diário da Justiça eletrônico*, 9.5.2014.

SUPERIOR TRIBUNAL DE JUSTIÇA (STJ). REsp 1.378.707/RJ. Rel. Ministro Paulo de Tarso Sanseverino. Terceira Turma. Julgado em 26.5.2015. *Diário da Justiça eletrônico*, 15.6.2015a.

SUPERIOR TRIBUNAL DE JUSTIÇA (STJ). REsp 1.537.301/RJ, Rel. Ministro Ricardo Villas Bôas Cueva. Terceira Turma. Julgado em 18.8.2015. *Diário da Justiça eletrônico*, 23.10.2015b.

SUPERIOR TRIBUNAL DE JUSTIÇA (STJ). AgInt no AREsp 869.843/CE. Rel. Min. Moura Ribeiro. Terceira Turma. julgado em 21.6.2016. *Diário da Justiça eletrônico*, 30.6.2016.

SUPERIOR TRIBUNAL DE JUSTIÇA (STJ). AgRg no AREsp 835.018/DF. Rel. Ministro Moura Ribeiro. Terceira Turma. Julgado em 2.2.2017. *Diário da Justiça eletrônico*, 16.2.2017.

TRIBUNAL DE JUSTIÇA DO RIO DE JANEIRO (TJRJ). Apelação Cível 0059150-55.2010.8.19.0001. Relator Des. Célia Maria Vidal Meliga Pessoa. 18ª Câmara Cível. Julgado em 17.8.2012.

TRIBUNAL DE JUSTIÇA DO RIO DE JANEIRO (TJRJ). *Súmula 209*. Disponível em: http://www.tjrj.jus.br/documents/10136/18661/sumulas-tj-stj-por-assunto.pdf. Acesso em: 25 mar. 2018.

TRIBUNAL DE JUSTIÇA DO RIO DE JANEIRO (TJRJ). *Súmula 338*. Disponível em: http://www.tjrj.jus.br/documents/10136/18661/sumulas-tj-stj-por-assunto.pdf. Acesso em: 25 mar. 2018.

TRIBUNAL DE JUSTIÇA DE SÃO PAULO (TJSP). Apelação com Revisão 9151248-26.2001.8.26.0000. Rel. Waldemar Nogueira Filho. 3ª Câmara de Direito Privado. Foro Central Cível. 5ª Vara Cível. Julgada em N/A. Registro: 7.10.2003. Os dados da tramitação do processo na primeira instância não estão disponíveis.

TRIBUNAL DE JUSTIÇA DE SÃO PAULO (TJSP). *Súmula 90*. Disponível em: https://www.tjsp.jus.br/Download/Portal/Biblioteca/Biblioteca/Legislacao/SumulasTJSP.pdf.

VIEGAS, M. Andrade; LISBOA, Marcos de Barros. Velhos dilemas no provimento de bens e serviços de saúde: uma comparação dos casos canadense, inglês e americano. *Nova Economia*, v. 10, n. 2, 2009.

VOGEL DE REZENDE, Paulo Roberto. *Os contratos de plano de saúde e seu equilíbrio econômico-financeiro*: mutualismo, cálculo atuarial e o impacto econômico das decisões judiciais. Nova Lima: Faculdade de Direito Milton Campos, 2011.

Capítulo 2
Do Transnacional para o Nacional: Iosco, o Mercado de Valores Mobiliários Brasileiro e *Accountability*

Salem Nasser
Nora Rachman
Viviane Muller Prado

Introdução[1]

A produção normativa na esfera internacional, se algum dia foi tarefa exclusiva dos Estados e do direito internacional público, há muito já não o é. Atenção, no entanto. Não está dito que a resultante dessa produção normativa seja direito. Não está dito que todas as normas são normas jurídicas.

O direito internacional público concorre crescentemente com fenômenos normativos ou regulatórios que recebem denominações variadas e são objeto de estudos diversos que lhes dão recortes diferentes. Governança, muitas vezes dita global,[2] *soft law*,[3] regulação transnacional,[4] ação admi-

[1] Publicado originalmente na *Revista de Direito Internacional*, v. 13, n. 1, p. 267-283, 2016.

[2] Uma referência entre tantas outras: Slaughter (2003).

[3] Ver, por exemplo, Nasser (2006).

[4] Ver, especialmente no que respeita à regulação privada transnacional, Cafaggi (2011-2012), e Cafaggi (2010). Sobre diferentes formas de produção normativa privada, na perspectiva do direito internacional, ver ainda: Elias (2013).

nistrativa global,[5] direito internacional informal,[6] são alguns dos nomes que conhece essa produção normativa que concorre ou coabita com o direito internacional.

Os autores dos vários produtos regulatórios[7] que não são parte do direito internacional público, mas que são criados e operam internacionalmente, são igualmente variados: organizações internacionais, Estados ou órgãos governamentais, entes privados, agindo conjuntamente ou não.

Uma pergunta fundamental, que deve estar presente, ainda que não fique necessariamente resolvida, em qualquer investigação acerca dessa ação regulatória na esfera internacional diz respeito à natureza jurídica ou não dos seus produtos, das suas normas. É a questão das fronteiras entre o direito e o não direito.

O modo mais pragmático de lidar com essa questão pede um descolamento de visões essencialistas da natureza do jurídico e uma redução de seu escopo à identificação do pertencimento das normas a uma ordem jurídica dada. A juridicidade das normas, a sua validade, só pode ser dada por um sistema jurídico de que a norma faça parte.

O direito internacional público reconhece a validade das normas que surgem pela via de suas duas fontes: tratados e costumes.[8] Como se está falando, essencialmente, de produtos normativos que não estão contidos em tratados internacionais firmados entre Estados ou organizações internacionais e que não decorrem da prática generalizada dos Estados à qual se conjuga a convicção da juridicidade dessa prática, está claro que esses produtos não fazem parte do direito internacional público.

Note-se, no entanto, por um lado, que o direito internacional público faz parte necessariamente de qualquer processo que se queira chamar de governança global, uma governança, uma ordenação do mundo que se faz pelo direito e pelo não direito. Por outro lado, é preciso lembrar

[5] Ver http://www.iilj.org/gal e especialmente Kingsbury, Krisch e Stewart (2005).

[6] Ver Nasser e Machado (2012).

[7] Para fins deste capítulo, a expressão "produtos regulatórios" é entendida como o resultado de produção normativa ou regulatória. Incluem-se nessa categoria a formulação e/ou consolidação de recomendações, padrões, modelos, princípios, diretrizes, relatórios técnicos.

[8] Não se ignora o debate sobre a composição mais ampla ou mais restrita do rol das fontes do direito internacional público e sobre o papel do art. 38 do Estatuto da Corte Internacional de Justiça. Sobre essa discussão, ver Nasser (2006).

também que uma parte da ação administrativa operada por organizações internacionais, especificamente, mas por outros atores também, faz-se em decorrência de competências ou funções definidas pelo direito internacional.

Essa produção regulatória que não pertence à categoria de normas juridicamente válidas perante o direito internacional público deve ainda assim suscitar um grande interesse por parte dos juristas. E isso porque, apesar de não jurídica, a regulação, muitas vezes dotada de enorme efetividade, diz respeito a questões que são de interesse público. Além do impacto que essas normas representam em termos de previsibilidade do conteúdo normativo para os agentes alvo da regulação, chama a atenção que a porta de entrada de uma norma no ambiente doméstico decorra de discussões travadas em um ambiente internacional não formal. É o caso da regulação produzida pela *International Organization of Securities Commissions* (Iosco), uma organização que congrega autoridades reguladoras dos mercados de capitais mais relevantes e cuja função é estabelecer padrões a serem seguidos em todos esses mercados.

Porque a regulação lida com questões de interesse público, mas também porque muitas vezes aquilo que é produzido na esfera internacional virá a constituir o instrumental que efetivamente regulará determinado setor da vida interna, nacional, o tema é obrigatório para juristas e para todos os que lidam com políticas públicas. Esse é igualmente o caso das recomendações e diretrizes formuladas pela Iosco em relação ao conteúdo cuja competência regulatória é exercida no Brasil pela Comissão de Valores Mobiliários (CVM).

Há, portanto, produção na esfera internacional, ou transnacional para quem o preferir, pela Iosco, por meio de padrões sobre como regular o mercado de valores mobiliários. Há ainda a incorporação, a internalização ou a implementação dessa regulação na esfera do doméstico, do nacional, pela CVM, com competência para regular o mercado de valores mobiliários brasileiro.

A internalização ou incorporação ao direito interno das normas acordadas entre Estados nos tratados internacionais passa, em princípio, por mecanismos de legitimação contidos nas normas do ordenamento jurídico nacional que organizam as competências dos poderes para celebrar tratados, aprovar a sua celebração e seus conteúdos, dar-lhes publicidade, etc. Antes disso, no contexto do direito internacional público, as normas atinentes aos tratados asseguram, também em princípio, a sua legitimidade ao garantirem a primazia da vontade soberana estatal.

Já em relação às normas produzidas fora das fontes do direito internacional público, concernentes a temas de interesse público e destinadas a surtirem efeitos ou serem aplicadas nas sociedades domésticas, cabe interrogar sobre as condições de legitimação e os mecanismos de controle (*accountability*) dos processos de formação normativa, no plano internacional ou transnacional, e dos processos de internalização ou implementação nacional.

Essa interrogação é o norte que orienta este trabalho, que se ocupará especificamente da participação da CVM em foros internacionais, como autoridade nacional reguladora dos mercados, e da implementação nacional das diretrizes produzidas pela Iosco no mercado brasileiro.

Depois de uma breve discussão sobre os mecanismos de internalização no Brasil das normas convencionais internacionais e sobre a internalização dos instrumentos normativos que nos ocupam aqui, é apresentado o estudo do caso da implementação, pela CVM, dos produtos regulatórios da Iosco. Nesse caminho, estão organizadas informações sobre a participação da agência reguladora do mercado de valores mobiliários brasileira naquele foro transnacional, bem como relatos que indicam se e como a CVM internaliza os produtos da regulação transnacional da Iosco. O objetivo do estudo de caso é identificar os mecanismos de *accountability* existentes para a implementação.

1. Regras brasileiras sobre conclusão de acordos internacionais e incorporação do direito internacional público

1.1. Direito internacional propriamente dito

Como se sabe, de acordo com o art. 84, III, da Constituição brasileira, o presidente da República é a autoridade competente para celebrar tratados internacionais, *ad referendum* do Congresso Nacional. Isso significa que a iniciativa e também a decisão final sobre expressar ou não o consentimento do Brasil em vincular-se por um tratado[9] está nas mãos

[9] Aqui a palavra é usada em seu sentido genérico: um acordo submetido ao direito internacional e obrigatório para as partes que são ou Estados, ou organizações internacionais.

daqueles membros do Poder Executivo que, de acordo com o direito internacional, têm o poder de obrigar o Estado perante outros Estados ou perante as organizações internacionais.[10]

Tal decisão final do Presidente depende de uma autorização do Congresso Nacional, quando possa representar um ônus para o tesouro nacional, nos termos do art. 49, I, da Constituição Federal. Parece que essa última condição referente ao impacto para o tesouro teria sido incluída no texto constitucional de 1988 para assegurar que acordos, por exemplo, com o Fundo Monetário Internacional, como os que o Brasil celebrou em anos anteriores, sem aprovação legislativa, teriam que passar pelo escrutínio de deputados e senadores.[11]

A interpretação de consenso, no entanto, que combina os dois artigos constitucionais, diz que todos os acordos internacionais e todos os tratados deveriam passar pelo duplo processo, em que o Congresso Nacional deve aprovar todos os tratados, requeiram estes ratificação ou não, quer antes, quer depois que o processo de negociação tenha sido concluído.

Uma vez que o Brasil passa a integrar um acordo internacional, este último deveria ser incorporado tal qual previsto no sistema jurídico nacional brasileiro. Os tribunais brasileiros têm decidido consistentemente que, para que aconteça a incorporação de um tratado em nosso sistema, é necessário que o Presidente emita um decreto de promulgação que dê publicidade ao tratado e à sua entrada em vigor. De acordo com jurisprudência assentada, a ausência do decreto ou a sua emissão tardia poderia levar à situação em que o tratado pelo qual o Brasil está obrigado internacionalmente será considerado não vigente na ordem doméstica. É claro que, a rigor, o mesmo pode acontecer quando o Brasil expressar seu consentimento com se obrigar internacionalmente, sem ter para isso obtido a aprovação do Congresso.

[10] Esses membros do Executivo são: o Ministro das Relações Exteriores e os chefes de missões diplomáticas. É claro que o Presidente pode também autorizar pessoas a negociarem e celebrarem tratados específicos e expressarem o consentimento do Brasil em se ver vinculado por eles.

[11] Alguns consideram que, na verdade, a iniciativa que visaria a um maior rigor pode também ser, paradoxalmente, lida como uma limitação dos tipos de acordos que teriam que obter a aprovação do Congresso.

Apesar da aceitação geral do princípio de que todos os acordos deveriam passar pelo processo de aprovação, a verdade é que isso não acontece de fato com muitos deles, ainda mais quando são tratados de acordo com o direito internacional. Alguns são celebrados pela Presidência da República ou pelo Ministério das Relações Exteriores, e outros por outros ministérios ou agências.

A primeira e mais superficial explicação para isso é o caráter impraticável, em termos de tempo e procedimentos, de fazer passar cada acordo pela aprovação do Congresso. O momento crítico vem quando tribunais brasileiros têm que decidir se quaisquer desses acordos legalmente vinculantes, cujo descumprimento levaria à responsabilização internacional do Brasil, são ainda assim parte integrante do direito doméstico brasileiro e se podem produzir efeitos jurídicos no Brasil.

De todo modo, muitos desses acordos que não passam pelos procedimentos de aprovação no Congresso seriam o que se tende a chamar de acordos administrativos, querendo com isso dizer que a substância do que está ali negociado e acordado entra no universo dos poderes regulatórios que detém o agente brasileiro ou no universo de seu poder para a ação discricionária.

No que se refere ao direito internacional costumeiro, apenas umas poucas palavras se fazem necessárias. Os tribunais brasileiros podem aplicar – e aplicam, de fato – princípios reconhecidos do direito internacional que, por não estarem incorporados em acordos ou tratados internacionais, não passam por qualquer processo de internalização. Eles são, no entanto, reconhecidos em princípio como integrantes do ordenamento nacional. Quais princípios são assim reconhecidos é algo que, pela natureza mesma do costume, só se poderá decidir diante de cada caso concreto.

1.2. Regulação transnacional

Esse quadro geral dos modos pelos quais o direito internacional é incorporado no Brasil não permite identificar quaisquer respostas claras para a incorporação dos produtos regulatórios internacionais ou transnacionais. Isso decorre do fato de que são características fundamentais desse tipo de regulação o seu caráter não obrigatório e o seu surgimento a partir de mecanismos ou processos que não são as fontes do direito internacional público.

Como, justamente, não surgem a partir das fontes do direito internacional, esses produtos não são reconhecidos pelo ordenamento jurídico como parte integrante de seu *corpus* normativo. Porque não são obrigatórios, podem ocorrer desencontros entre o comportamento prescrito e o comportamento efetivo dos Estados. Isso não dá ensejo à sua responsabilização internacional. Da mesma forma, não ficam sujeitos ao mesmo processo de incorporação dos tratados internacionais no Brasil.

É claro que alguém poderia pensar acordos a que chegam, na esfera internacional, autoridades governamentais, agentes estatais, reguladores autorizados, como acordos celebrados pelo Estado brasileiro. E se poderia pensar que, ainda que formalmente não obrigatórios, por condicionarem o comportamento dos reguladores brasileiros e por influenciarem a regulação nacional, não poderiam estar de todo livres de mecanismos de controle a que se submeteriam os tratados internacionais. Esse é um problema relevante para a discussão em termos de mecanismos de controle (*accountability*) da regulação transnacional.

Um aspecto central do tema da *accountability* é que os formuladores dessa regulação transnacional exercem uma espécie de autoridade pública, na medida em que efetivamente determinam ou condicionam o comportamento em matérias de interesse público. Os atores potencialmente afetados são Estados ou entes não estatais.

Quanto à determinação do comportamento estatal, pelo fato de a regulação transnacional não ter qualquer caráter obrigatório, a sua aceitação é consequência de alguma outra consideração de prudência, interesse, falta de opções, etc.[12] No que diz respeito aos atores não estatais, eles podem participar de uma instituição ou rede de produção regulatória e, ainda, aceitar implementar alguns ou todos os produtos regulatórios ali gerados.[13]

Antes de tudo, é preciso verificar se o Estado é parte do acordo que deu origem à instituição ou à rede transnacional ou dos acordos que estabeleceram, modificaram ou regulam o seu funcionamento. Também é necessário identificar se há um pacto no sentido de incorporar ou

[12] Eventualmente os Estados podem adotar os padrões por outras razões, sejam eles membros ou não da rede transnacional.

[13] A respeito, *vide* exemplos das entidades autorreguladoras brasileiras que integram a Iosco, item 3.3.2.c.

implementar os produtos da instituição transnacional e verificar, finalmente, se o produto ou os produtos são eles mesmos acordos.

A questão que se coloca é se há necessidade de um sistema de controle ou aprovação de acordos sempre que os produtos regulatórios vinculem o Estado, ainda que não sob o ponto de vista jurídico. Isso ocorreria, por exemplo, no caso da participação do Estado no documento de constituição ou de adesão a uma rede transnacional, ou, ainda, sempre que o Estado implementar, assinar e obrigar-se por meio de um acordo específico.[14]

A questão é mais sensível quando o Estado entende que está comprometido com o processo de implementação de produtos regulatórios das redes transnacionais. Nesse aspecto, se algum controle existe, levará em conta a substância do que foi ou será implementado. Mas a substância, a regulação do setor, é implementada pelo regulador, em princípio, nos termos do seu mandato legal e poderes delegados em lei. Esse controle, portanto, diz respeito à atividade regulatória no plano doméstico e não tem necessariamente relação com o fato de que a origem da substância da regulação é um acordo internacional não obrigatório.

Em outras palavras, há dois elementos a serem levados em conta. Primeiro, o conteúdo das medidas ou dos regulamentos a serem internalizados. Segundo, o fato de que tal conteúdo tem sua origem em uma instituição ou em uma rede internacional. Tais elementos podem ser considerados integrantes de uma única questão fundamental: por que razão uma medida regulatória específica está sendo adotada ou implementada?

3. Estudo de caso: implementação dos produtos regulatórios da Iosco pela CVM

3.1. Iosco, sua atividade e seus documentos

Os mercados financeiros e de capitais são conhecidos por terem agentes econômicos atuando globalmente, seja na posição de instituições que oferecem produtos ou serviços financeiros, seja na figura dos investidores que atuam em vários mercados e também daqueles que captam

[14] Esse último é o caso do documento da Iosco referido como MMOU, abordado no item 3.1.

recursos. A crise financeira de 2008 evidenciou de forma aguda que problemas em alguns mercados contaminam diretamente outros. Mostrou ainda que escolhas regulatórias mais permissivas de alguns sistemas jurídicos podem ter consequências em outros, ainda que com regulação mais robusta. Revelou o desafio de compreender como os produtos regulatórios internacionais podem configurar-se como instrumentos para evitar novas crises sistêmicas, incluindo a reflexão sobre os fenômenos das convergências regulatórias informais, a fragmentação regulatória e a descentralização regulatória cooperativa (Helleiner e Pagliari, 2011).

Constatou-se também que produtos do mercado bancário deveriam ser fiscalizados e regulados em conjunto com outros ofertados nos mercados de valores mobiliários e de seguros. A segregação da regulação por temas com competências alocadas em várias agências reguladoras nacionais e em redes internacionais mostrou-se insatisfatória como desenho institucional.

Com isso, a rede de instituições internacionais formada por reguladores nacionais com a tarefa de indicar linhas gerais para a regulação dos mercados bancários, de valores mobiliários, seguros e o sistema contábil ganhou atenção tanto do mercado quanto de acadêmicos (Brummer, 2012; Helleiner e Pagliari, 2010; Büthe e Mattli, 2011; Zarig, 2012). É nessa rede que está a Iosco, cujo foco na definição de *standards* é voltado para a regulação dos mercados de capitais.

A Iosco foi criada em 1983, mas não pela assinatura de tratado internacional ou acordo entre Estados e, por isso, não pode ser considerada uma verdadeira organização internacional.[15] Apesar disso, congrega atualmente mais de 95% do mercado mundial de valores mobiliários, contando com reguladores de 115 países como membros.[16]

Conforme declarado no seu estatuto, seus objetivos são:

(i) cooperar, implementar e promover os padrões internacionalmente reconhecidos de regulação, supervisão e *enforcement* com

[15] Cf. Verdier (2009).

[16] Os seus membros são divididos em três categorias: ordinários (reguladores: comissões de valores mobiliários), associados (reguladores supranacionais, subnacionais, organizações intergovernamentais ou outras instituições consideradas formuladoras de padrões ou *standard-setters*), afiliados (entidades autorreguladoras, bolsas, instituições internacionais). Informação disponível em: http://www.iosco.org/about/?subsection=about_iosco. Acesso em: out. 2015.

o fim de proteger investidor, manter os mercados justos, eficientes e transparentes, afastando o risco sistêmico;

(ii) aperfeiçoar a proteção dos investidores e promover a sua confiança na integridade dos mercados de valores mobiliários, mediante troca de informações e cooperação na atividade de *enforcement* contra condutas ilícitas e na supervisão de mercados e dos intermediários; e

(iii) trocar informações em nível global e regional das suas respectivas experiências para ajudar o desenvolvimento de mercado, aperfeiçoar as estruturas de mercado e implementar a regulação apropriada.[17]

Sua atividade, todavia, não é exercida necessariamente de forma isolada, tendo forte atuação conjunta com outras instituições em fóruns específicos, como o *Joint Forum*, criado em 1996. A Iosco faz parte desse foro ao lado do *Basel Committee on Banking Supervision* (BCBS) e o *International Association of Insurance Supervisors* (IAIS). A função dessa conjugação de esforços é tratar de questões comuns aos mercados bancário, de valores mobiliários e de seguros, incluindo a regulação dos conglomerados financeiros.[18]

Outra atuação conjunta se dá no *Financial Stability Forum* (FSF), criado em 1999, juntando instituições consideradas *standards setters* (BCBS, IAIS, Iosco, *International Accounting Standards Board* [IASB] e *Committee on Payment and Settlement Systems* [CPSS]), organizações internacionais (Fundo Monetário Internacional [FMI], Banco Mundial, *Organization for Economic Co-operation and Development* [OCED], *Bank for International Settlements* [BIS], Banco Central Europeu [ECB], *Committee on Global Financial System*), assim como autoridades financeiras nacionais. Apesar desse foro comum, a crise de 2008 evidenciou que a fragmentação permaneceu sendo um desafio. Depois de 2008, o G20 renomeou esse foro como o *Financial Stability Board* (FSB) e conferiu-lhe a missão de coordenar e supervisionar os trabalhos de outras instituições consideradas *standard setters*. Além disso, os comitês técnicos da Iosco – e também do

[17] Cf. Estatuto da Iosco. Disponível em: http://www.iosco.org/library/by_laws/pdf/IOSCO-By-Laws-Section-1-English.pdf. Acesso em: out. 2015.

[18] Cf. https://www.iosco.org/about/?subsection=joint_forum. Acesso em: out. 2015.

Basel Committee – expandiram os seus membros para os mercados emergentes, convidando o Brasil – bem como China e Índia – para se juntarem como membros desses foros (Verdier, 2013, p. 1461).

A forma de atuação da Iosco e divulgação de seus entendimentos se dá a partir dos seus três principais documentos:

(i) *Iosco Objectives and Principles of Securities Regulation*, criado em 1998, com adaptações feitas em 2003, 2008 e 2010. Esse documento traz as linhas mestras para aperfeiçoar a qualidade da regulação do mercado de valores mobiliários. Foi endossado pelo G20 e pelo *Financial Stability Board* (FSB), em razão da percepção de que os princípios nele enunciados são relevantes para regulação, monitoramento de mercado e *enforcement*.[19]

(ii) *Iosco Principles Assessment Methodology*, que serve para a autoavaliação das jurisdições e também é utilizada pelos *Financial Sector Assessment Programs* (FSAPs) do FMI e do Banco Mundial para avaliação das várias jurisdições.[20]

(iii) *Multilateral Memorandum of Understanding Concerning consultation and cooperation and the Exchange of information* (Iosco MMoU). Esse documento foi criado para facilitar o *enforcement* transfronteiriço (*cross-border*) e a troca de informações entre reguladores nacionais. Apesar de não ser vinculante sob o ponto de vista jurídico, o Iosco MMoU é o principal instrumento internacional de cooperação entre as comissões de valores mobiliários nacionais.[21] Atualmente, são 105 membros da Iosco que assinaram o MMoU, e 18 membros se comprometeram a buscar autorização

[19] Cf. IOSCO. *Objectives and Principles of Securities Regulation*. Set. 1998. Disponível em: http://www.iosco.org/library/pubdocs/pdf/IOSCOPD82.pdf. Acesso em: out. 2015. Conforme Verdier (2009, p. 150), os Princípios e Objetivos, além de auxiliarem os esforços domésticos para melhorar a regulação de mercado, vêm sendo citados em pronunciamentos sobre o mercado em um nível mais generalista, evitando, assim, temas potencialmente controversos.

[20] Cf. IOSCO. *Principles Assessment Methodology*. Disponível em: http://www.iosco.org/library/pubdocs/pdf/IOSCOPD359.pdf. Acesso em: out. 2015.

[21] Verdier considera esse acordo cooperativo uma história de sucesso em matéria de regulação financeira internacional, por conseguir coordenar as ações dos reguladores domésticos no fechamento de lacunas em matéria de *enforcement* e supervisão de mercado. *Vide* Verdier (2013, p. 1439).

> na estrutura burocrática dos seus respectivos países para ter poderes de aderir a tal documento.[22]

Há ainda os relatórios temáticos produzidos pelos diversos comitês da entidade,[23] que também têm servido como inspiração e suporte para os reguladores locais, com disponibilização de informações e modelos regulatórios.

É importante notar que o esforço da conjugação de reguladores não garante a harmonização regulatória dos mercados de valores mobiliários nacionais, pois não há mecanismos de *enforcement* do que está previsto nesses documentos, nem obrigatoriedade de adoção das recomendações da Iosco pelos seus membros. Esse ponto está bastante claro no próprio estatuto da Iosco.[24]

3.2. CVM em foros internacionais e sua participação na Iosco

A CVM participa de vários foros que formam a rede internacional e trazem as diretrizes para a regulação dos mercados de capitais e financeiros. Ela é membro da Iosco, do FSB, da OCDE, especificamente no *Corporate Governance Committee*, da Fundação *International Financial Reporting Standards* (IFRS) (*Monitoring Board*), conjunto de pronunciamentos contábeis internacionais, e do Grupo de Ação Financeira contra lavagem de dinheiro e o financiamento ao terrorismo (GAFI/FATF) (CVM, 2014a, p. 114).

[22] Cf. IOSCO. *Principles Assessment Methodology*. Disponível em: http://www.iosco.org/library/pubdocs/pdf/IOSCOPD359.pdf. Acesso em: out. 2015.

[23] Além do Comitê Técnico, mencionem-se os Comitês de Mercados Emergentes, os Comitês Regionais e os Comitês Consultivos da Iosco. Os Relatórios são produzidos em bases temáticas, mas sua aprovação usualmente passa pelo Comitê Técnico.

[24] Redação original: "83. The standard setting and related activities of the Organization (including any decisions reached or documents issued) are not binding and do not give rise to any legal rights or obligations. Members participate in the Organization in accordance with their respective legal and policy frameworks, which may not be modified or superseded by these By-laws or any decision of the Organization. Member participation in any of the Organization's standard setting or projects, reports, or other activities should not be viewed as an expression of a judgment by any member regarding their current or future regulatory proposals, rulemaking, or standards implementation work or limit their choices regarding proposed or final versions of their rules or standards". Disponível em: http://www.iosco.org/library/by_laws/pdf/IOSCO-By-Laws-Section-1-English.pdf. Acesso em: out. 2015.

Na Iosco, a CVM é membro fundadora desde 1983,[25] ao lado de outras agências reguladoras do mercado de capitais da América do Norte e do Sul. Durante os anos que seguiram sua fundação até 2008, quando eclodiu a crise financeira internacional, ela atuou em diversos comitês, foros de discussão e grupos de trabalho da Iosco.[26] Em 2011, além da participação dos Comitês Técnicos, Executivo e de Mercados Emergentes e dos sete comitês permanentes da Iosco, a CVM foi eleita para presidir o Comitê Executivo.[27] Este era, à época, o órgão colegiado responsável pelas decisões políticas e pelas medidas necessárias para atingir os objetivos da Iosco.[28]

Em 2012, houve modificação na estrutura de governança da Iosco, que consistiu na união do Comitê Executivo e do Comitê Técnico para formar o novo Conselho ("*Board*") da Iosco. Atualmente, esse órgão é composto por 32 membros, entre eles um representante da CVM.[29] Em 2013, o Presidente da CVM foi eleito pelo Conselho da Iosco para coliderar os trabalhos de um comitê recém-criado de Política Regulatória, com o objetivo de desenvolver iniciativas e recomendações na área de proteção e educação dos investidores de varejo.[30]

Em 2014, o representante da CVM foi eleito Vice-Presidente do Comitê de Crescimento e de Mercados Emergentes ("*Growth & Emerging Markets Committee*").[31] De acordo com o seu relatório anual de 2014, a CVM no momento atua nos seguintes comitês e forças-tarefa: Regulação

[25] Sobre essa informação, ver http://www.cvm.gov.br/menu/internacional/organizacoes/iosco.html. Acesso em: ago. 2015.

[26] Para uma síntese da atividade da CVM nos anos de 2005, 2006 e 2007, ver os respectivos relatórios anuais da instituição disponíveis em: http://www.cvm.gov.br/publicacao/relatorio_anual.html. Acesso em: out. 2015.

[27] Era composto por 19 membros, entre eles os presidentes dos comitês técnico, de mercados emergentes, e os presidentes das autoridades reguladoras do Brasil, da China, da Índia, dos Estados Unidos e de países da União Europeia. Disponível em: http://www.cvm.gov.br/export/sites/cvm/publicacao/relatorio_anual/anexos/Relatorio_Anual_2011.pdf. Acesso em: out. 2015.

[28] Cf. Iosco (2011, p. 4 e 10).

[29] Cf. Iosco (2011, p. 51) e também o "Iosco Board". Disponível em: https://www.iosco.org/about/?subsection=display_committee&cmtid=11. Acesso em: out. 2015.

[30] Cf. *website* da CVM (Relações Internacionais): Disponível em: http://www.cvm.gov.br/export/sites/cvm/publicacao/relatorio_anual/anexos/Relatorio_Anual_2013.pdf. Acesso em: out. 2015.

[31] Cf. CVM (2014a, p. 116).

dos intermediários de mercado, Comitê de administração de investimentos, Comitê de *enforcement* e troca de informações, Comitê de riscos emergentes e Comitê de investidor de varejo (CVM, 2014a, p. 116-121).

Não é possível afirmar como se dá a participação da CVM nas instâncias de discussão e deliberação da Iosco, até porque o processo de tomada de decisão não é transparente nem aberto a escrutínio púbico. Entretanto, verifica-se que a CVM se encontra bastante representada nas atividades da Iosco, contribuindo com a evolução da regulação brasileira e com a apropriação da experiência de outros reguladores e mercados.

3.3. Mecanismos de controle na atividade normativa da CVM na internalização das regras da Iosco

3.3.1. Poder normativo da CVM, processo de regulação e audiências públicas

A CVM é uma autarquia em regime especial, criada pela Lei n. 6.385/1976. Está ligada ao Ministério da Fazenda e divide sua competência com o Conselho Monetário Nacional (CMN), órgão superior da regulação do Sistema Financeiro Nacional.[32] É competente para regular o mercado de ações, debêntures, bônus de subscrição, certificados de depósitos de valores mobiliários, fundos de investimentos e clubes de investimentos, notas comerciais, contratos futuros, opções, derivativos e contratos coletivos de investimentos, conforme art. 2º da Lei n. 6.385/1976.

No mandato legal da CVM, está previsto estimular a formação de poupança e aplicações em valores mobiliários, promover a expansão e o funcionamento eficiente e regular dos mercados sob sua competência; proteger os investidores em valores mobiliários contra emissões irregulares, atos ilegais de administradores e controladores de companhias abertas, bem como uso de informações privilegiadas; evitar ou coibir modalidades dos ilícitos do mercado secundário; assegurar o acesso do público à informação (art. 4º da Lei n. 6.385/1976).

Para cumprir o seu mandato legal, exerce atividades de criação de normas, supervisão dos mercados e punição dos ilícitos praticados nos mercados sob sua competência (arts. 8º e 9º da Lei n. 6.385/1976). Para

[32] Sobre competência do CMN e divisão com a CVM nas Leis n. 6.385/1976 e n. 4.595/1964.

fins deste estudo, que pretende analisar o processo de internalização de regras da Iosco, é relevante conhecer o processo normativo da CVM.

A própria lei que a criou delegou o poder normativo à CVM para as seguintes matérias: (i) condições e procedimentos para a obtenção de autorização ou registros necessários para a distribuição de valores mobiliários, compra de valores mobiliários para fins de revendê-los, corretagem e mediação de operações com valores mobiliários, compensação e liquidação de operações com valores mobiliários; (ii) requisitos de idoneidade, habilitação técnica e capacidade financeira dos administradores dos emissores e outras pessoas que atuam no mercado de valores mobiliários; (iii) constituição e extinção das instituições organizadoras dos mercados organizados e de Bolsa; (iv) exercício do poder disciplinar das Bolsas e mercados organizados e entidades de compensação e liquidação em operações de valores mobiliários; (v) sociedades corretoras; (vi) condições para realização de operações a termo; (vii) definição das operações autorizadas a serem realizadas em bolsa e em mercado organizado, elementos dos ilícitos de mercado.

O limite dos seus poderes normativos, além da abrangência temática, está no princípio da legalidade, previsto na Constituição Federal, no seu art. 5º, II, segundo o qual "ninguém será obrigado a fazer ou deixar de fazer alguma coisa senão em virtude de lei". Para que a CVM exerça regularmente e de forma lícita a sua atividade de criação de regras, deve fazê-lo em conformidade com o espectro da delegação legislativa da Lei n. 6.385/1976 e, eventualmente, da Lei n. 6.404/1976. Além disso, o conteúdo das suas regras administrativas deve respeitar a hierarquia das normas e não confrontar preceitos constitucionais ou da legislação infraconstitucional.

Para o exercício da sua atividade normativa, o colegiado da CVM poderá iniciar audiências públicas para ouvir os participantes do mercado afetados pela nova regra.[33] Essa é uma prática adotada pela agência

[33] Poder conferido pelo Regimento Interno da CVM, nos termos da Portaria do Ministério da Fazenda n. 327, de 11 de julho de 1997, especificamente nos seus arts. 26 e 27. Mais recentemente foi detalhado o processo de regulação pela Portaria/CVM/PTE/N. 170, de 16 de outubro de 2014. Nesse normativo são indicadas as fases do processo (pré-audiência pública, audiência pública e pós-audiência pública). Disponível em: http://www.cvm.gov.br/export/sites/cvm/audiencias_publicas/portaria_170-14-regulacao.pdf. Acesso em: 12 ago. 2020. Acesso em: out. 2015.

reguladora bastante bem-vista, pela transparência que é dada às suas opções para a regulação de temas da sua competência. Conforme normativo recente, na fase de pré-audiência pública, são conduzidos estudos e análises para avaliar a pertinência e aderência de nova regulação, e o documento final a ser disponibilizado ao público deve conter a motivação para a proposta, identificando pontos de maior relevância.

Observando o seu poder normativo – e o aspecto motivacional anteriormente indicado –, a CVM tem a possibilidade de adotar os padrões regulatórios produzidos pela Iosco e por outras instituições ou países integrantes da rede, sempre respeitando a delegação legislativa, bem como os procedimentos e justificações adotados para a criação de novas regras administrativas. A aprovação da regra por meio de uma agência reguladora competente parece facilitar a adoção de padrões internacionais. Com isso, evita-se a burocracia do processo legislativo e de todos em embates de interesses conflitantes na criação de uma nova lei, além não precisar encontrar lugar na agenda política do Congresso Nacional. Nessa altura, portanto, parece importante conhecer os mecanismos que a CVM utiliza para a apropriação dos padrões regulatórios da Iosco.

3.3.2. Processo de internalização dos padrões regulatórios da Iosco

Inicialmente, cabe apontar que os princípios e as recomendações da Iosco entram na ordem jurídica doméstica por distintas modalidades. Uma delas ocorre no momento em que, por ocasião da aprovação de um normativo (instrução, deliberação, etc.), a CVM registra, na justificativa da regra ou no seu corpo, o atendimento aos padrões da Iosco. Isso interessa quando a recomendação da Iosco assume – no arcabouço regulatório brasileiro – um caráter cogente e vinculante para os participantes do mercado a que a norma se destina.[34] Porém, mesmo quando não tem caráter vinculante, a simples menção à recomendação da Iosco gera um ganho reputacional, que é aproveitado pelo regulador doméstico.

[34] Conforme o Relatório Anual da CVM de 2014 (p. 114): "uma vez que as recomendações são definidas nos organismos acima citados, espera-se que os países membros adotem-nas".

3.3.2.1. Diferentes formas e intensidades na apropriação das recomendações da Iosco pela CVM

Na atividade normativa da CVM, nota-se que alguns documentos fazem menção expressa a estudos e recomendações da Iosco. Em levantamento dos anos de 2005 a 2014,[35] encontra-se a existência de 198 Editais de Audiências Públicas, documentos que são divulgados antes da edição de novas normas e que contêm, além do conteúdo das regras, justificativas e racionalidades utilizadas na sua proposição. Desse total de Editais, 19 deles fizeram, de algum modo, referência à posição da Iosco.

Na análise desses Editais e dos documentos relativos à tramitação da audiência pública, é possível vislumbrar de que forma a regulação do mercado de valores mobiliários brasileiro se apropria dos debates e das conclusões dos foros da Iosco. Essa apropriação pode ser comprovada por meio das referências feitas ao conteúdo dos padrões internacionais, e, ainda, em função de outras variáveis, como a intensidade da linguagem empregada, os documentos-fonte utilizados e, por fim, o lapso temporal decorrido entre a divulgação da recomendação internacional da Iosco e a divulgação do Edital/norma final pela CVM.[36]

Quanto às referências feitas, de uma maneira geral verificou-se que a CVM se apropria do padrão normativo internacional da Iosco de formas distintas:

(i) no corpo do texto ou em notas de rodapé dos Editais de Audiência Pública, mas apenas para dar ciência ao leitor de estudo que tenha abordado o tema da nova norma. Nessa situação, encontrou-se onze Editais;[37]

[35] O ano inicial de 2005 foi escolhido em razão das informações disponibilizadas na CVM sobre as audiências públicas relativas às normas do mercado de valores mobiliários iniciarem-se nesse ano (Cf. http://www.cvm.gov.br/audiencias_publicas/index.html. Acesso em: out. 2015).

[36] *Vide* análise mais detalhada em Rachman, Prado e Coelho, 2015.

[37] Nesse sentido, ver: (i) Edital CVM 03/2006, que resultou na Instrução CVM n. 450/07; (ii) Edital CVM 06/2007, que resultou na Instrução CVM n. 461/07; (iii) Edital CVM 04/2009, que resultou nas Instruções CVM n. 505/11 e n. 506/11; (iv) Edital CVM 05/2009, que resultou na Instrução CVM n. 484/10; (v) Edital CVM 05/2010, que resultou na Instrução CVM n. 538/13; (vi) Edital CVM 15/2011, que resultou na Instrução CVM n. 539/13; (vii) Edital CVM 03/2013, que resultou na Instrução CVM n. 552/14; (viii) Edital CVM 05/2013, que foi encerrado sem edição de norma; (ix) Edital CVM 06/2013, que resultou nas

(ii) menção de que o novo normativo pretende adotar padrão recomendado pela Iosco. Com essa utilização, foram encontrados quatro Editais;[38]

(iii) indicação expressa da obrigação de os regulados observarem princípios da Iosco; foi encontrado apenas um Edital com essa força na adoção completa do padrão internacional;[39] e

(iv) referência a participantes (investidores, emissores) que sejam regulados e supervisionados por autoridades que tenham celebrado o Memorando Multilateral de Entendimentos (MMoU) auspiciado pela Iosco.[40] Aqui são três Editais.[41]

Pela linguagem utilizada, nota-se a diferença de intensidade com que a CVM adota o padrão internacional. Em alguns momentos, aparece a clara indicação de que ela utiliza recomendações e estudos da Iosco como fonte para a sua atividade normativa, o que ocorre sob a forma de inspiração para que seja dado um tratamento normativo à matéria ou, ainda, sob a forma de alinhamento do regramento doméstico aos padrões da Iosco.[42]

Instruções CVM n. 541/13, n. 542/13 e 543/13; (x) Edital CVM 04/2014, que resultou na Instrução CVM n. 555/14; (xi) Edital CVM 13/2014, que resultou na Instrução CVM n. 569/15.

[38] Essa situação refere-se aos seguintes editais: (i) Edital CVM 07/2008, que resultou na Instrução CVM n. 480/09; (ii) Edital CVM 06/2011, que resultou na Instrução CVM n. 522/12; (iii) Edital CVM 10/2011, que resultou na Instrução CVM n. 512/11; (iv) Edital CVM 11/2013, que resultou na Instrução CVM n. 567/15.

[39] Ver: Edital CVM 16/2011, que resultou na Instrução CVM n. 521/12.

[40] O MMoU estabelece um formato padronizado para cooperação e intercâmbio de informações sigilosas entre autoridades reguladoras do mercado de capitais de diversos países, especialmente para fins investigativos. A Iosco tem um processo de análise e aprovação das autoridades interessadas em assinar o MMoU e atualmente conta com a adesão de mais de 82% das autoridades reguladoras membros da Iosco.

[41] Situações que estão refletidas nos seguintes documentos: (i) Edital CVM 02/2006, que resultou na Instrução CVM n. 431/06; (ii) Edital CVM 05/2007, que resultou na Instrução CVM n. 465/08; (iii) Edital CVM 12/2014, que resultou na Instrução CVM n. 560/15.

[42] A redação usada pela CVM menciona as seguintes expressões: as propostas (de normas) "estão alinhadas com recomendações da Iosco" ou "incorporam as novas recomendações da Iosco", ou foram elaboradas "com inspiração nas práticas internacionais de regulação, conforme divulgadas pela Iosco". Por vezes mencionam-se "estudos publicados por organismos internacionais", "um compromisso assumido internacionalmente pelo Brasil [...] perante a Iosco" e, ainda, que se deve "observar os Princípios [...] da Iosco".

Outra informação importante é a identificação do tipo de documento da Iosco que serve como referência para a CVM apresentar, aos agentes de mercado brasileiros, as novas normas a serem editadas. Verifica-se que os documentos mencionados são relatórios de consultas de minutas de documentos tornados públicos pela Iosco para recebimento de comentários (*Consultation Reports*), relatórios finais de grupos de trabalho, de forças-tarefa ou de comitês da Iosco (*Final Reports*), estudos ou princípios sobre temas específicos ou, até mesmo, anúncios de divulgação (*Press releases*).

Outro dado interessante é o lapso temporal decorrido entre a discussão internacional e a referência na norma doméstica, até mesmo para identificar a existência de uma relação causal entre ambas. Da análise feita com os casos reais, verificou-se que nem sempre há concomitância do debate internacional com a referência à inovação da regulação nacional. O menor transcurso de prazo foi de um mês, e o maior foi de nove anos e cinco meses.

O que esses dados parecem apontar com relação à apropriação das recomendações da Iosco na atividade regulatória por parte da CVM?

Quanto à linguagem utilizada, são mencionados os entendimentos alcançados na Iosco ou as recomendações formuladas nesse foro. Porém, qual seria o motivo dessa referência, dado que tais documentos não têm força vinculante? Uma das respostas possíveis está na via reputacional e como isso pode facilitar a aceitação da norma doméstica por agentes que participam em um mercado cada vez mais globalizado, ao utilizar-se do "argumento Iosco".[43]

Seja pela reputação, seja por mera referência, parece ter ficado evidente que não é mais possível pensar na regulação do mercado de valores mobiliários brasileiro considerando apenas os limites territoriais e as questões domésticas.[44]

Quanto à menção da Iosco como fonte nos processos normativos da CVM, percebe-se que muitos dos documentos citados foram preparados em comitês da Iosco (Comitê Técnico, de Trabalho) e se encontram em fases distintas de finalização. Essa pode ser uma indicação de que é pre-

[43] Esse aspecto reputacional aparece claramente em defesa formulada pela CVM na ação judicial que questionou a constitucionalidade da obrigação de se divulgar o valor das remunerações dos administradores de companhias abertas. *Vide* nota 48.

[44] Esse fenômeno aparece em Cafaggi (2011-2012); e Cafaggi (2010).

ciso voltar os olhos para como funcionam os foros de discussão internos na Iosco, sua forma de governança e de adoção de padrões, e, principalmente, para o que está presente em sua agenda de discussão. Esse conhecimento pode ser relevante para saber de onde e em que contexto surgem as inspirações para o regulador brasileiro.

Por fim, com relação ao decurso de tempo decorrido entre a formulação ou aprovação do padrão internacional e a menção por parte do regulador brasileiro, não há um padrão específico observado. Isso pode indicar apenas a busca, pela CVM, do momento mais adequado para inserir o debate internacional na agenda regulatória brasileira.

3.3.2.2. Questionamento do poder normativo da CVM para internalização dos padrões regulatórios e participação do Poder Judiciário

Embora os limites territoriais pareçam não estar mais unicamente restritos ao doméstico, nem sempre se pode aceitar como suficientes as premissas constantes do debate internacional. Afinal, o que é a Iosco para o Brasil? Muitos elementos que integram as recomendações formuladas no âmbito da Iosco não compõem a nossa realidade. Há uma carga de discussão em todas as recomendações internacionais, e é fundamental conhecer as raízes dessa discussão, ver, por exemplo, quais são os pontos que foram trazidos por reguladores de outros países, como Estados Unidos e Europa, como reação e configuração de seus modelos regulatórios.

O que interessa, ao fim e ao cabo, é conhecer as ideias fundantes das recomendações, para saber quanto desse debate está sendo refletido no cenário doméstico.[45] E, em especial, se o teor das recomendações precisa, no processo de internalização, de uma adequação do seu conteúdo às especificidades locais.

Essa parece ter sido a situação que deu ensejo a uma discussão travada, no Brasil, por ocasião da aprovação de regra que, seguindo o padrão internacional, prevê requisitos de transparência na divulgação da remuneração dos administradores de companhias abertas.[46]

[45] A pergunta que surge quando se pensa no conteúdo das normas internacionais e harmonização da regulação financeira diz respeito à tão controvertida ideia de *one size fits all*.

[46] *Vide* descrição dessa tramitação em Prado e Sampaio (2014).

Em primeiro lugar, competia verificar se, no processo de internalização, a nova regra estava de acordo com as demais regras e a hierarquia do sistema jurídico, tendo em vista especialmente as limitações do poder normativo da CVM. Nesse caso específico, isso efetivamente ocorreu.

No processo de adoção dessa regra específica, a CVM procedeu ao processo de audiência pública que tinha por fim abrir o debate para a oitiva dos agentes de mercado. Como resultado dessa audiência, ela reconheceu os limites do mercado e dos seus interesses e restringiu o âmbito de transparência de informações sobre remuneração dos administradores, por entender que assim estaria dando uma resposta aos anseios de determinados agentes do mercado, especificamente os executivos de companhias abertas.[47]

O caso da transparência da remuneração dos administradores trouxe uma nova variável: a participação do Poder Judiciário, que é instituição externa ao mercado de valores mobiliários, mas interna ao sistema jurídico nacional e responsável pela aplicação das normas societárias e do mercado de capitais.

Para entender melhor como o Poder Judiciário foi trazido ao caso, é importante lembrar que a regra em questão foi aprovada por meio da Instrução CVM n. 480/2010, que, além de dispor sobre informações da própria empresa, requer a divulgação de cifras e dados pessoais relevantes das pessoas que ocupam cargos de administração. De um lado, estava o legítimo interesse dos investidores em saber a política de remuneração dos gestores das companhias investidas. De outro lado, os administradores com o também legítimo interesse em não ter divulgados os seus dados financeiros. O caso foi levado para discussão em processo judicial movido pelo Instituto Brasileiro de Executivos de Finanças (IBEF) contra a CVM, com medida liminar suportando a não divulgação por alguns que se beneficiam da decisão do STJ.[48]

[47] Nesse caso, a partir de manifestações de interesses locais, contrários à transparência sobre a remuneração individual, modificou-se a exigência de divulgação para a informação pública de valores que demonstrassem o valor máximo, o mínimo e a média da remuneração paga aos administradores. Então a regra ficou mais frouxa para ser o primeiro passo de transparência de tema tão controvertido no Brasil.

[48] Documentos e decisões sobre esse processo, ver: Petição inicial. Disponível em: http://s.conjur.com.br/dl/peticao-suspensao-in-480-cvm.pdf. Acesso em: jul. 2020.
BRASIL, 2010. Para a decisão do STJ, no Recurso Especial n. 1.417.609, jul. 02/06/2015, ver https://scon.stj.jus.br/SCON/decisoes/doc.jsp. Acesso em: jul. 2020.

O interessante desse caso, mais do que tentar verificar a legitimidade ou fragilidade dos argumentos levantados, é entender o confronto (ou a possível compatibilização) entre o padrão internacional de divulgação de remuneração dos administradores e os aspectos locais levados ao Poder Judiciário. Existem limites a serem observados na adequação da importação de regras globais para o sistema jurídico brasileiro?

Duas conclusões parecem transparecer sobre essa questão. Primeira, que a participação de outra instituição local (nesse caso, o Poder Judiciário) pode trazer outro ponto de vista aos padrões internacionais e a ponderação com outros interesses merecedores de proteção. E segunda, que a recepção de regras aceitas internacionalmente, por si só, não é capaz de dizer como as coisas funcionarão. É preciso pensar em normas que poderão passar por instituições e terão que dialogar com outras regras do nosso sistema jurídico.[49] O resultado pode não ter sido o querido ou previsto no momento da edição da norma com inspiração exclusiva em mercados externos.[50]

3.3.2.3. Outros caminhos que aparecem na regulação do mercado de valores mobiliários

Um último ponto importante a ser mencionado é que os processos de internalização de padrões internacionais no mercado de valores mobiliários brasileiro nem sempre ocorrem por intermédio de regras editadas pela CVM.

A esse respeito, citem-se alterações ocorridas na Lei n. 6.404/1976 (lei das sociedades por ações) e que passaram, portanto, por um processo legislativo próprio no Congresso Nacional. Esse foi o caso da Lei n. 11.638/2007, que integrou o padrão contábil das companhias brasileiras à norma internacional de contabilidade, a *International Financial Reporting Standarts* (IFRS).

Outro caso é a apropriação de padrões internacionais por meio de regras de entidades autorreguladoras, no caso a Anbima e a B3, que

[49] Sobre a posição do Poder Judiciário em temas internacionais, especificamente o Supremo Tribunal Federal, mas em tema sobre liberdade de expressão, ver: Lopes (2012).

[50] Isso não é algo exclusivo do Brasil. Sobre a experiência internacional, *vide* Milhaupt e Pistor (2008). Os autores demonstram que padrões internacionais de governança corporativa ganham contornos próprios quando questionados em instituições locais.

aprovam regras de regulação privada, ou seja, que não passam por processos de aprovação por parte da agência reguladora. Nessa categoria, mencione-se a imposição de requisitos, aplicáveis às instituições intermediárias do mercado, relativos ao dever de verificação de adequação dos produtos financeiros às condições financeiras do cliente (chamadas de regras de "*suitability*").[51] Nesse tema, as primeiras normas vieram da autorregulação da Anbima para depois serem incorporadas em regra da CVM pela Instrução CVM n. 539/2013. Mencione-se, ainda, a exigência, pela B3, de requisitos de governança corporativa para a listagem de companhias no mercado de bolsa.[52]

Constata-se assim que os padrões internacionais podem entrar no país por regulação estatal ou privada. O que é importante destacar é que, no caso da regulação privada, as entidades autorreguladoras responsáveis pela transposição do padrão internacional para o Brasil (Anbima e B3) participam ativamente no foro no qual foi inspirada a regra, isto é, a Iosco. Mesmo o caso de adoção do IFRS, que se deu por legislação federal, houve forte atuação da CVM para que houvesse aprovação da lei para melhorar o padrão contábil adotado pelas empresas nacionais.

Em síntese, a experiência brasileira demonstra que a agência reguladora do mercado de valores mobiliários é a principal porta de entrada das recomendações internacionais. Mas não é a única, tendo relevância também as entidades autorreguladoras e os agentes privados, bem como o legislador.

Conclusão

Mesmo aceitando que os produtos regulatórios transnacionais não fazem parte da ordem jurídica internacional, o estudo do caso da implemen-

[51] Para mais informações sobre a regra de *suitability* editada pela ANBIMA, ver cronograma de implementação e reuniões sobre o Parecer de Orientação 14/09. Disponíveis em: https://www.anbima.com.br/pt_br/autorregular/circulares/integra-2CA08A9A632885AD016330088D8A63DD.htm#. Acesso em: jul. 2020.

[52] É o caso das regras de listagem de companhias abertas, aprovadas pela Bolsa de Valores brasileira, a B3, no segmento de listagem conhecido como Novo Mercado. Regulamentos disponíveis em: http://www.b3.com.br/pt_br/produtos-e-servicos/solucoes-para-emissores/segmentos-de-listagem/novo-mercado/. Acesso em: jul. 2020.

tação da regulação da Iosco pela CVM sugere a relevância da produção normativa fora dos mecanismos tradicionais do direito internacional.

O estudo do caso revelou que a Iosco faz parte de uma rede de organizações transnacionais que, apesar de não ser formalmente considerada organização com personalidade jurídica internacional, chama a atenção por ter o objetivo de apontar soluções normativas e de harmonizar as regulações fragmentadas em vários estados nacionais sobre mercados financeiros e de valores mobiliários. A sua importância ficou mais evidente depois da crise financeira de 2008.

O Brasil está representado nessa rede transnacional com a participação da CVM, que desde 2008 vem tendo presença mais ativa nos comitês técnicos da Iosco e foi chamada a ser membro de outros foros, como o FSB. Na atividade regulatória da CVM, identifica-se referência aos produtos da Iosco, ainda que seja com intensidades diferentes. Em várias passagens, visualiza-se que padrões internacionais servem como argumento para legitimar a escolha da nova norma e indicar o prestígio em segui-los.

Essa implementação dos produtos da Iosco deve obedecer ao poder regulador da CVM, considerando o desenho institucional, os limites da delegação normativa previstos em lei e o respeito ao disposto em normas jurídicas constitucionais e infraconstitucionais. A *accountability* sobre a incorporação dos produtos regulatórios deve ser analisada a partir dos mecanismos de transparência e de prestação de contas da própria agência reguladora no exercício da sua atividade normativa. É no processo de edição de uma nova regra que se nota, nos documentos das audiências públicas e seus relatórios, que os instrumentos de transparência aparecem. O controle do poder normativo somente pode se dar *a posteriori*, pela atuação do Poder Judiciário, se for provocado a se pronunciar sobre a legalidade ou constitucionalidade da nova regra que incorpora padrões originários de foros transnacionais.

A indicação da inspiração da regra em padrões internacionais suscita dúvida se esse fenômeno representa a transferência do poder normativo do plano doméstico para as redes transnacionais. E dessa dúvida surgem outras ainda mais relevantes, que devem ser objeto de pesquisas futuras. Uma delas é quanto à legitimidade desses foros transnacionais para definir padrões internacionalmente aceitos. A segunda é se os mecanismos de *accountability* utilizados pela CVM e revelados no estudo de caso podem ser comparados com outros existentes em diferentes setores regulados ou, ainda, com mecanismos de legitimação contidos no sistema jurídico como um todo.

Referências

Associação Brasileira das Entidades dos Mercados Financeiro e de Capitais (ANBIMA). Cronograma de implementação e reuniões sobre o Parecer de Orientação 14/09. Disponíveis em: https://www.anbima.com.br/pt_br/autorregular/circulares/integra-2CA08A9A632885AD016330088D8A63DD.htm#. Acesso em: jul. 2020.

Brummer, Chris. *Soft Law and the Global Financial System*: Rule Making in the 21st Century. Cambridge: Cambridge University Press, 2012.

Büthe, Tim; Mattli, Walter. *The New Global Rulers*: The Privatization of Regulation in the World Economy. Princeton University Press, 2011.

Cafaggi, Fabrizio. New Foundation of Transnational Private Regulation. *EUI Working Papers, Robert Schuman Center for Advanced Studies.* Private Regulation Series – 04, 2010. Disponível em: http://cadmus.eui.eu/bitstream/handle/1814/15284/RSCAS_2010_53.pdf?sequence=1. Acesso em: out. 2015.

Cafaggi, Fabrizio. The Architecture of Transnational Private Regulation, EUI Working Papers, Law 2011/12, Department of Law. Disponível em: http://cadmus.eui.eu/handle/1814/18256. Acesso em: out. 2015.

Comissão de Valores Mobiliários (CVM). *Relatório Anual de 2008.* Disponível em: http://www.cvm.gov.br/export/sites/cvm/publicacao/relatorio_anual/anexos/Relatorio_Anual_2008.pdf. Acesso em: out. 2015.

Comissão de Valores Mobiliários (CVM). *Relatório Anual de 2009.* Disponível em: http://www.cvm.gov.br/export/sites/cvm/publicacao/relatorio_anual/anexos/Relatorio_Anual_2009.pdf. Acesso em: out. 2015.

Comissão de Valores Mobiliários (CVM). *Relatório Anual de 2010.* Disponível em: http://www.cvm.gov.br/export/sites/cvm/publicacao/relatorio_anual/anexos/Relatorio_Anual_2010.pdf. Acesso em: out. 2015.

Comissão de Valores Mobiliários (CVM). *Relatório Anual de 2011.* Disponível em: http://www.cvm.gov.br/export/sites/cvm/publicacao/relatorio_anual/anexos/Relatorio_Anual_2011.pdf. Acesso em: out. 2015.

Comissão de Valores Mobiliários (CVM). *Relatório Anual de 2012.* Disponível em: http://www.cvm.gov.br/export/sites/cvm/publicacao/relatorio_anual/anexos/Relatorio_Anual_2012.pdf. Acesso em: out. 2015.

Comissão de Valores Mobiliários (CVM). *Relatório Anual de 2013.* Disponível em: http://www.cvm.gov.br/export/sites/cvm/publicacao/relatorio_anual/anexos/Relatorio_Anual_2013.pdf. Acesso em: out. 2015.

COMISSÃO DE VALORES MOBILIÁRIOS (CVM). *Relatório Anual de 2014*. 2014a. Disponível em: http://www.cvm.gov.br/export/sites/cvm/publicacao/relatorio_anual/anexos/Relatorio_Anual_2014.pdf. Acesso em: out. 2015.

COMISSÃO DE VALORES MOBILIÁRIOS (CVM). *Portaria CVM PTE nº 170, de 16 de outubro de 2014*. 2014b. Disponível em: http://www.cvm.gov.br/export/sites/cvm/audiencias_publicas/portaria_170-14-regulacao.pdf. Acesso em: out. 2015.

ELIAS, Fernando Lopes Ferraz. A internacionalização do direito a partir de diferentes fenômenos privados de construção normativa. *Revista de Direito Internacional*, Brasília, v. 11, n. 1, p. 113-116, 2013.

HELLEINER, Eric; PAGLIARI Stefano; ZIMMERMAN, H. (ed.). *Global Finance in Crisis*: The Politics of International Regulatory Change. London: Routledge, 2010.

HELLEINER, Eric; PAGLIARI Stefano. The End of an Era in International Financial Regulation? A Postcrisis Research Agenda. *International Organization*, v. 65, 2011. Disponível em: https://www.cambridge.org/core/journals/international-organization/article/end-of-an-era-in-international-financial-regulation-a-postcrisis-research-agenda/750FE3290E6691BD0F3361878EC0DDDF. Acesso em: 1º jul. 2020.

KINGSBURY, Benedict; KRISCH, Nico; STEWART, Richard. The Emergence of Global Administrative Law. *Law and Contemporary Problems*, v. 68, p. 15-61, 2005.

LOPES, Carla Patrícia F. Nogueira. Internalização do direito e pluralismo jurídico: limites de cooperação no diálogo de juízes. *Revista de Direito Internacional*, Brasília, v. 9, n. 4, p. 229-247, 2012.

MILHAUPT, Curtis J.; PISTOR, Katharina. *Law & Capitalism*: What Corporate Crises Reveal About Legal Systems and Economic Development around the world. Chicago, Londres: University of Chicago Press, 2008.

NASSER, Salem H. *Fontes e normas do direito internacional*: um estudo sobre a *soft law*. 2. ed. São Paulo: Atlas, 2006.

NASSER, Salem H.; MACHADO, Ana Mara França. Informal International Lawmaking and Accountability in Brazil. *In*: BERNAN, A.; DUQUET, S.; PAUWELYN, J.; WESSEL, R. A.; WOUTERS, J. (ed.). *Informal International Lawmaking*: Case Studies. The Hague: Torkel Opsahl Academic EPublisher, 2012. p. 141-178.

PRADO, Viviane M.; SAMPAIO, Luiza S. Enforcing International Financial Standards in Brazil: Limits and Possibilities for Adoption of IOSCO Principles. 2014. Disponível em: http://bibliotecadigital.fgv.br/dspace/bitstream/handle/10438/11839/RPS_95_versão%202.pdf?sequence=1&isAllowed=y. Acesso em: out. 2015.

RACHMAN, Nora; PRADO, Viviane M.; COELHO, Alexandre R. Internalização dos padrões regulatórios internacionais no Brasil: o caso IOSCO. *Revista de Direito Internacional Econômico e Tributário*, v. 10, n. 2, jul./dez. 2015. Disponível em: https://portalrevistas.ucb.br/index.php/RDIET/article/view/6179. Acesso em: 07 ago. 2020.

SLAUGHTER, Anne-Marie. Everyday Global Governance. *Research Library Core,* v. 132, n. 1, p. 83-90, 2003.

VERDIER, Pierre-Hugues. Transnational regulatory network and their limits. *The Yale Journal of International Law*, v. 34, n. 1, p. 113-172, 2009.

VERDIER, Pierre-Hugues. The Political Economy of International Financial Regulation. *Indiana Law Journal*, v. 88, p. 1461, 2013.

WEBSITE of the Global Administrative Law Project. *In*: Institute For International Law and Justice. Disponível em: http://www.iilj.org/gal/. Acesso em: out. 2015.

ZARING, David. Finding Legal Principle in Global Financial Regulation. *Virginia Journal of International Law*, v. 52, n. 3, p. 683-721, 2012.

Capítulo 3
Project Without Finance? Análise Crítica do Custeio de Operações Urbanas Consorciadas

MARC BUJNICKI ZABLITH

Introdução

A Operação Urbana Consorciada (OUC) é um instrumento urbanístico previsto no Estatuto da Cidade (Lei Federal n. 10.257/2001) que permite ao Poder Público arrecadar recursos para investimentos em melhorias urbanísticas mediante a venda de potencial construtivo adicional. Sob o ponto de vista econômico, as OUCs se justificam por duas razões principais: (i) trata-se de instrumento para a captura de mais-valias (SANDRONI, 2013, p. 21)[1] geradas pela urbanização (inserindo-se, desse modo, na

[1] De acordo com Sotto (2015, p. 7), "[c]ompreende-se como 'mais-valia urbanística' a valorização imobiliária decorrente de obras públicas ou alterações dos parâmetros urbanísticos de parcelamento, uso e ocupação do solo urbano". Ademais, segundo Medauar (2000, p. 138), o "Princípio da afetação das plus-valias ao custo da urbanificação" é um dos princípios do direito urbanístico.
Conforme Fernández (2018, p. 45), são princípios do direito urbanístico: "(1º) princípio de que o urbanismo é uma função pública, que fornece ao direito urbanístico sua característica de instrumento normativo pelo qual o Poder Público atua no meio social e no domínio privado, para ordenar a realidade no interesse coletivo, sem prejuízo do princípio da legalidade; (2º) princípio da conformação da propriedade urbana pelas normas de ordenação urbanística [...]; (3º) princípio da coesão dinâmica das normas urbanísticas, cuja eficácia assenta

discussão mais ampla do *land-value capture*)[2] e (ii) de ferramenta de mobilização de recursos por parte do Poder Público, em um contexto de restrições ao endividamento e persistência de problemas urbanos cuja superação demanda a realização de investimentos vultosos.[3]

O presente capítulo argumenta que, na realidade, a OUC não é, propriamente, um mecanismo de financiamento, e sim uma mera venda adiantada de ativos municipais. Sustenta, ainda, a tese de que a adoção de financiamento nos moldes do que se convenciona chamar de *Project Finance* (PF) poderia impulsionar a implementação das atuais e futuras OUCs e melhorar a sua governança, promovendo vantagens econômicas para a Administração Pública e o interesse público.

Como se verá adiante, a utilização do PF apresenta-se como alternativa inovadora para solucionar essas duas questões por diversas razões: (i) permite a mobilização de recursos na fase inicial das OUCs, possibilitando à Administração Pública realizar investimentos antes do adensamento urbano; (ii) a depender da forma como tais recursos sejam garantidos e contabilizados, ela não cria riscos financeiros para o orçamento público e não resulta em aumento do endividamento público; e (iii) os ganhos de governança das OUCs decorreriam da existência de um agente financiador com interesse econômico na boa gestão financeira dos recursos emprestados.

basicamente em conjuntos normativos (procedimentos), antes que em normas isoladas; (4º) princípio da afetação das mais-valias ao custo da urbanificação, segundo o qual os proprietários dos terrenos devem satisfazer os gastos da urbanificação, dentro dos limites do benefício dela decorrentes para eles, como compensação pela melhoria das condições de edificabilidade que dela deriva para seus lotes; (5º) princípio da justa distribuição dos benefícios e ônus derivados da atuação urbanística".

[2] De acordo com o Lincoln Institute of Land Policy (s.d.), "[*l*]*and value capture* é uma política que permite a comunidades recuperar e reinvestir ganhos no valor da terra que resultem de investimentos públicos e outras ações governamentais. Também conhecida como '*value sharing*', está assentada na noção de que a ação pública deve gerar benefícios públicos" (tradução livre).

[3] Sotto (2015, p. 230) afirma que "[a] intervenção urbanística proposta pela OUC, voltada à requalificação ou renovação de uma área específica da cidade, se materializa por meio da realização de obras públicas, financiadas, por sua vez, por meio das contrapartidas financeiras pagas pelos empreendedores pela compra de parâmetros urbanísticos flexibilizados. Assim, a atração de investimentos não é a finalidade maior da Operação Urbana Consorciada, mas o meio pelo qual serão obtidos os recursos financeiros necessários à implementação da OUC".

1. O que são e como são estruturadas as operações urbanas consorciadas (OUCs) atualmente?

Pode se dizer que as OUCs constituem Parcerias Público-Privadas (PPPs) em um sentido lato. Não se trata, evidentemente, de PPP no sentido estrito, utilizando como parâmetro o modelo adotado na Lei Federal n. 11.079/2005 (Leis das PPPs). Todavia, a OUC possui como premissas a mobilização de capitais e saberes privados, bem como a atuação do setor público.

Segundo Olbertz (2011, p. 49), a OUC define-se como:

> [e]mpreendimento urbano, capitaneado pelo poder público municipal e desenvolvido em parceria com a sociedade civil, financiado no todo ou em parte pelas contrapartidas decorrentes da execução de um plano urbanístico flexível, e traduzido num procedimento urbanístico orientado cumulativamente à transformação urbanística estrutural, à valorização ambiental e à promoção de melhorias sociais numa determinada área do espaço habitável.

Trata-se, a OUC,[4] de um dos instrumentos de política urbana previstos na Lei Federal n. 10.257/2001 (Estatuto da Cidade), conforme disciplinam os arts. 32 a 34. Segundo esta:

> Considera-se operação urbana consorciada o conjunto de intervenções e medidas coordenadas pelo Poder Público municipal, com a participação dos proprietários, moradores, usuários permanentes e investidores privados, com o objetivo de alcançar em uma área transformações urbanísticas estruturais, melhorias sociais e a valorização ambiental. (art. 32, § 1º)

A Operação Urbana Faria Lima, de 1995 (Lei Municipal n. 11.732/1995), introduz, no nosso ordenamento, os Certificados de Potencial Adicional de Construção (Cepacs).

[4] As OUCs remontam ao ano de 1985, quando a gestão Mario Covas introduz a primeira versão das operações urbanas no Plano Diretor do Município de São Paulo. Posteriormente, são estabelecidas as Operações Interligadas na gestão Jânio Quadros, em 1986 (Lei Municipal n. 10.209/1986). A institucionalização efetiva das operações urbanas, com esse nome, ocorre no Plano Diretor paulistano de 1998, com a Operação Urbana Anhangabaú (Lei Municipal n. 11.090/1991, da gestão Luiza Erundina).

A respeito dos Cepacs, ensina Sandroni (2013, p. 4) que:

> Criado em março de 1995, no município de São Paulo, foi destinado inicialmente a financiar a ampliação da Avenida Faria Lima. Negociados em leilões em Bolsa de Valores, estes certificados seriam emitidos pela Administração Municipal e vinculados às áreas objeto de Operações Urbanas. Seriam negociados por meio de leilões eletrônicos e permitiriam que empreendedores particulares obtivessem, por meio deles, direitos de construir em cada terreno além do determinado pela Lei de Zoneamento, mas dentro dos limites fixados em cada Operação Urbana.

Os Cepacs, cuja natureza jurídica será discutida adiante, foram considerados inconstitucionais, pois foram encarados como títulos de crédito não instituídos por legislação federal (Da Silva, 2018, p. 370). Isso foi superado com o Estatuto da Cidade, que incorporou os Cepacs em seu art. 34, com a seguinte redação:

> Art. 34. A lei específica que aprovar a operação urbana consorciada poderá prever a emissão pelo Município de quantidade determinada de certificados de potencial adicional de construção, que *serão alienados em leilão* ou utilizados diretamente no pagamento das obras necessárias à própria operação.
>
> [...]
>
> § 2º Apresentado pedido de licença para construir, *o certificado de potencial adicional será utilizado no pagamento da área de construção que supere os padrões estabelecidos pela legislação de uso e ocupação do solo,* até o limite fixado pela lei específica que aprovar a operação urbana consorciada. (grifos nossos)

As operações urbanas posteriores – a OUC Águas Espraiadas, de 2001, e a Operação Consorciada Água Branca (Lei Municipal n. 15.893/2013), no Município de São Paulo; a Linha Verde, de Curitiba (Lei Municipal n. 13.909/2011); e a OUC Porto Maravilha, do Município do Rio de Janeiro – não geraram, portanto, insegurança jurídica quanto à constitucionalidade dos Cepacs.

1.1. Natureza jurídica e função do Cepac

Os Cepacs são considerados valores mobiliários, e sua venda, por meio de leilões públicos, é regulamentada pela Instrução Normativa da Comissão de Valores Mobiliários (CVM) n. 401/2003.[5]

Os adquirentes dos Cepacs podem utilizá-los para incrementar o potencial construtivo de seus imóveis no território da respectiva OUC ou revendê-los no mercado secundário a preços livres. Ou seja, o Cepac pode ser usado tanto pelo incorporador imobiliário quanto por investidores como um ativo financeiro.

O detentor de um Cepac pode exercer o direito de construir área edificável[6] em seu imóvel, de modo a exceder o coeficiente de aproveitamento básico do terreno que ocupa.

A construção conceitual do instrumento jurídico do Cepac se fundamenta na noção de solo criado.

De acordo com Meirelles (*apud* Marques Neto, 2010, p. 223):

> Considera-se solo criado toda área edificável além do coeficiente básico de aproveitamento estabelecido pela lei: acima desse coeficiente, até o limite que as normas edilícias admitirem, o proprietário não terá o direito originário de construir, mas poderá adquiri-lo do Município, nas condições gerais que a lei local dispuser para a respectiva zona.

Grau (*apud* Marques Neto, 2010, p. 237) define o coeficiente de aproveitamento como "a relação entre a área construída (isto é, a soma das áreas dos pisos utilizáveis cobertos ou não, de todos os pavimentos de uma edificação) e a área total do terreno em que a edificação se situa". Já o coeficiente básico consiste no "potencial explorável pelo particular independentemente de outorga do Poder Público".

Marques Neto (2010, p. 229) entende que o solo criado é um instituto com natureza compensatória, pois "a exploração do imóvel urbano mediante a multiplicação do seu espaço explorável implicaria oneração

[5] Atualizada pela Instrução Normativa CVM n. 555/2014.

[6] O direito urbanístico faz distinção entre o direito de construir e a edificabilidade de um imóvel. Para Da Silva (2018, p. 80), "a edificabilidade é algo que surge com a ordenação urbanística do solo. [...] Essa qualificação é que possibilita ao seu proprietário exercer a faculdade de construir em terreno urbano".

a toda a coletividade e, portanto, o dever de repará-la". Nesse sentido, o mesmo autor explica que:

> [...] a destinação que o proprietário dá a sua propriedade gera externalidades que afetam a toda coletividade. Se tal finalidade envolve a alocação de um significativo contingente populacional, haverá, cedo ou tarde, a saturação da infraestrutura viária, de transportes públicos ou das redes de suporte a outros serviços essenciais. De resto, as condições ambientais, de habitabilidade, paisagísticas, de salubridade – enfim, todo o meio ambiente urbano – são afetadas conforme o uso que se dá à propriedade inserida no contexto da cidade. (Marques Neto, 2010, p. 225)

Pode-se conceber, portanto, o Cepac como uma compensação em pecúnia ao município em troca do solo criado, no âmbito de uma OUC, configurando-se, assim, como mecanismo de captura de mais-valia da urbanização.

1.2. O Cepac é financiamento?

Na academia e em manifestações de órgãos públicos[7] é comum deparar-se com a afirmação de que a emissão de Cepacs é forma de financiamento das OUCs.

"Financiamento" é um termo polissêmico. Ele engloba tanto a gestão de recursos econômicos próprios para a realização de alguma atividade quanto a provisão de recursos econômicos de terceiros.

Neste capítulo, financiamento é a provisão de recursos econômicos envolvendo, no mínimo, duas partes, ou seja, uma operação de crédito. Para fins de contabilidade pública, as operações de crédito são definidas pelo inciso II do art. 29 da Lei Complementar n. 101/2000 como

> compromisso financeiro assumido em razão de mútuo, abertura de crédito, emissão e aceite de título, aquisição financiada de bens, recebimento antecipado de valores provenientes da venda a termo de bens e serviços, arrendamento mercantil e outras operações assemelhadas, inclusive com o uso de derivativos financeiros.

[7] Cita-se, como exemplo, que "[a] Prefeitura do Município de São Paulo, por meio da SP-URBANISMO, Gestora das Operações Urbanas, realiza as emissões de CEPAC para o **financiamento** de intervenções dentro dos perímetros das Operações Urbanas Consorciadas, previstas nas suas leis específicas" (PMSP, s.d., grifo nosso).

Tendo isso em mente, podemos nos perguntar se a emissão de CEPACS envolve uma operação de crédito ou não.

A resposta é evidentemente negativa. Haja vista a discussão do fundamento jurídico do Cepac, considerando a noção de solo criado e levando em conta que o potencial construtivo é um direito atribuído ao município, a venda de Cepac nada mais seria que "uma operação mercantil, isto é, venda a termo do direito de construir uma determinada quantidade de metros quadrados em determinada região, [o que] não provocaria nenhum aumento no endividamento do município cujo limite máximo já havia sido alcançado" (Sandroni, 2013, p. 5).

Ainda que se trate de uma operação mercantil complexa que envolve a securitização de ativos mediante venda em bolsa de valores, não há direitos creditórios envolvidos.

Sendo assim, não se aproveita, nas OUCs – tal qual estruturadas até hoje, o rico cabedal de possibilidades que o mercado de crédito oferece a um empreendedor, a despeito de o acesso ao crédito ser um dos elementos característicos do capitalismo contemporâneo.

Nesse sentido, pode-se dizer que a OUC Porto Maravilha constituiu um exemplo de quase financiamento. Em 2011, a Prefeitura Municipal do Rio de Janeiro colocou à venda 6.436.722 Cepacs, adquiridos, em sua totalidade, pelo Fundo de Investimento Imobiliário Porto Maravilha (FIIPM), gerido pela Caixa Econômica Federal, por aproximadamente R$ 3,5 bilhões, com recursos oriundos do Fundo de Investimento do Fundo de Garantia do Tempo de Serviço (FI-FGTS).

Tratou-se de operação de compra e venda realizada tendo em vista a decisão política do governo federal de promover tal OUC, dada a iminência dos Jogos Olímpicos. É notável que os recursos para a aquisição tenham vindo de uma instituição financeira pública, sem que houvesse intenções de utilização dos Cepacs pela própria instituição para aumento de potencial construtivo em projetos imobiliários. Ademais, se desconsiderarmos o fator político associado aos Jogos Olímpicos, é cabível, também, a pergunta se haveria interesse comercial por parte de um banco em custear uma OUC nos moldes executados.

Deixando de lado eventuais celeumas políticas, resta saber que os recursos da venda de CEPACs poderiam ter ingressado nos cofres financiados por uma operação de crédito. Em condições normais de temperatura e pressão, não seria preferível para o banco fazer uma operação de crédito para financiar o projeto, como é, aliás, o *core busin*ess de um banco? E por que não um PF?

Tais perguntas são ainda mais pertinentes diante da principal forma de utilização dos Cepacs pelo FIIPM, qual seja a utilização no mercado secundário mediante a permuta dos Cepacs por cotas em Fundos de Investimento Imobiliário proprietários de edifícios construídos no território da respectiva OUC (Stroher, 2018, p. 388).

2. *Project finance* (PF) como uma alternativa superior para o custeio de OUCs

O PF pode ser definido como uma modalidade especializada de financiamento de longo prazo, por meio da qual um empreendedor (*sponsor*) obtém recursos de um financiador (*lender*) para a realização de investimentos em um projeto, no qual os recursos para o repagamento do financiamento são oriundos do fluxo de caixa do projeto financiado e as garantias do financiamento são do tipo *non-recourse* ou *limited recourse*.[8]

Segundo Asmus (2019, p. 1), as principais características do PF são:

(i) com certas exceções, o repagamento dos projetos depende exclusivamente de receitas oriundas do projeto, sem a utilização do patrimônio do empreendedor;
(ii) os projetos não são contabilizados nos balanços patrimoniais do *sponsor* (ou seja, são *off-balance sheet*);
(iii) como resultado de (i), o repagamento do financiamento depende do fluxo de caixa gerado pelo projeto, o que é alcançado com

[8] Segundo Manassero (2008, p. 51-52), "[o] pagamento do financiamento baseado unicamente nos recursos gerados pelo empreendimento, ou seja, tendo como garantia unicamente o fluxo de recursos do empreendimento, caracteriza a estrutura de *Project Finance* chamada de *non-recourse*, que não permite aos credores acessar o patrimônio dos acionistas e/ou *sponsors* do empreendimento. [...] No caso do *limited recourse*, os credores contam com um mix de garantias, formado pelos recursos gerados pelo empreendimento, e por outras convencionais, cedidas pelos *sponsors* e acionistas, tais como: caução de ações, hipoteca, *letter of credit*, *cash colateral*, etc., que permanecem válidas por parte do período de financiamento e que, em conjunto garantem as obrigações do tomador de recursos. Os acionistas podem assumir obrigações de fazer determinados atos para garantir o cumprimento das obrigações financeiras, tais como a de capitalizar a empresa do empreendimento em determinadas circunstâncias".

mecanismos que forçam o pagamento, sem formas de compensação (*set-off*);

(iv) o projeto é tipicamente blindado por meio da constituição de uma sociedade de propósito específico (*special purpose vehicle*), de modo a isolar os riscos de crédito e de falência do *sponsor*, e há intensos controles do financiador; e

(v) os financiadores detêm garantias sobre os ativos do projeto, bem como sobre as participações acionárias do investidor no projeto.

O PF, em seus contornos atuais, "surgiu no início da década de 70 no Reino Unido em virtude da expansão de suas plataformas continentais de exploração de petróleo e gás" (Manassero, 2008, p. 51).[9] É tipicamente usado para o financiamento de projetos e serviços públicos capital-intensivos e possui uma importância econômica crescente nos mercados financeiros (Pinto, 2017, p. 200).

No Brasil, o PF vem sendo amplamente instrumentalizado para viabilizar projetos de infraestrutura e de construção civil, podendo-se citar como exemplos de projetos financiados dessa forma a PPP do Metrô de São Paulo – Linha 4, a exploração do campo petrolífero de Marlim, além de empreendimentos imobiliários de toda sorte.

Considerando as funções econômicas desempenhadas pelas OUCs (captura de mais-valia e mobilização de recursos) e suas características gerais, é possível conceber que as OUCs poderiam ser estruturadas, com vantagens, nos moldes do PF.

Seguindo a reflexão proposta, passemos à análise da compatibilidade dos principais elementos das OUCs e do PF, bem como se dessa combinação decorreria alguma vantagem.

Em primeiro lugar, é necessário verificar se uma OUC é capaz de gerar fluxo de caixa para cobrir os seus custos. Podemos computar para esse fim, além das receitas advindas da venda de CEPACs, as receitas tributárias geradas pela valorização imobiliária que resultam em aumento da arrecadação com o Imposto sobre a Propriedade Predial e Territorial

[9] As origens remotas do PF remontam à Roma Antiga e ao período mercantilista, podendo o empreendimento de descoberta do Brasil ser considerado um precedente histórico dessa modalidade de financiamento, sendo o projeto desenvolvido pela Coroa Portuguesa com recursos de mercadores e banqueiros (Manassero, 2008, p. 51-52).

Urbana (IPTU). Muito ilustrativa é a experiência histórica da OUC Faria Lima. Segundo Biderman *et al.* (2010, p. 483, tradução livre):

> [...] aproximadamente 80 por cento do custo do projeto já havia sido recuperado, em combinação entre o leilão de direitos construtivos por meio dos CEPACS e o impacto da apreciação imobiliária nas receitas tributárias verificadas, indicando que o projeto não deve apenas pagar a si mesmo como gerar um ganho fiscal para a cidade nos cinco ou sete anos seguintes.

O segundo aspecto a ser considerado é se seria possível constituir uma *special purpose vehicle* para desenvolver as OUCs. Nesse sentido, também se verifica que não há óbice, podendo-se invocar o precedente da OUC Porto Maravilha, caso em que houve a criação da Companhia de Desenvolvimento Urbano da Região do Porto do Rio de Janeiro (CDURP), por meio da Lei Complementar Municipal n. 102/2009 (LCM n. 102/2009). Trata-se de uma sociedade anônima com personalidade jurídica de direito privado, cuja única acionista é a Prefeitura Municipal do Rio de Janeiro. É importante notar que, nesse caso, o município recebeu autorização legislativa para integralizar o capital social da CDURP com Cepacs (art. 3º, § 2º, da LCM n. 102/2009). Ademais, houve a separação patrimonial entre o município do Rio de Janeiro e a CDURP, blindando-se o município do risco de falência da CDURP, e os detentores de Cepac do risco de insolvência do município.

Em relação à CDURP, é perfeitamente admissível a hipótese de que a Companhia seria capaz de obter crédito diretamente em instituições financeiras a fim de realizar os investimentos previstos na OUCs.

Quanto à não contabilização nos balanços patrimoniais do *sponsor* das OUCs, ou seja, o Poder Público municipal, pode-se traçar um paralelo com o que ocorre no caso das PPPs.

É prática corrente nas finanças públicas de diversos países, inclusive no Brasil, o fenômeno da exclusão de projetos de PPP da contabilização do ente público que o promove, o que é designado pelo termo *off government balance sheet* (OBS).

Na União Europeia, tal forma de contabilização é até mesmo recomendada pelo Escritório Estatístico das Comunidades Europeias (Eurostat), tendo em vista que isso abriria "um grande espaço fiscal para as PPPs baseadas na modalidade OBS" (Carvalho e Ferro, 2019, p. 248).

No Brasil, a matéria da contabilização OBS em PPPs é regulada pela a Portaria n. 614/2006, da Secretaria do Tesouro Nacional. Tal norma estabelece que o regime de OBS só poderá ser adotado se não houver riscos substanciais ao Poder Público. Segundo Carvalho e Ferro (2019, p. 252):

> A parametrização objetiva de tais riscos, que aqui estão classificados como "substanciais", decorre especificamente do art. 4º da Portaria STN, que dispõe que a assunção de (i) risco de demanda, (ii) de disponibilidade, ou (iii) de construção em percentual superior a 40% do projeto pelo parceiro público sujeita a PPP ao regime de registro *balance sheet*.

Em uma primeira aproximação, as OUCs não estariam abrangidas por essa modalidade de OBS por não se tratar de PPP no sentido da Lei das PPPs. Entretanto, é discutível se é possível modelar uma OUC em conjunto com uma PPP de modo a aproveitar o regime de OBS.

Na OUC Porto Maravilha, grande parte das obras foi objeto de uma licitação de PPP na modalidade de concessão patrocinada, promovida pela CDURP. Nessa modalidade, o regime de contabilização não é o OBS.

Não obstante, as OUCs desenvolvidas por Sociedades de Propósito Específico (SPEs) poderiam, em tese, ser estruturadas como concessões administrativas, de forma a não onerar o balanço do ente público que as promove, de maneira que não há, ao menos do ponto de vista de fluxos financeiros, uma razão prática para que tais projetos não possam ser modelados no regime de OBS.

Caberia aqui certo exercício de imaginação institucional, tanto por parte do Executivo quanto do Legislativo, de modo a tornar a contabilização OBS de OUCs uma possibilidade concreta, com ou sem a utilização de PPPs.

A contabilização OBS apresenta a óbvia vantagem de não comprometer a delicada equação do endividamento perante a Lei de Responsabilidade Fiscal. Isso não significa, todavia, a assunção de riscos excessivos ou uma postura fiscalmente irresponsável, haja vista a própria natureza de blindagem de riscos financeiros inerente ao PF.

Feitas essas considerações, ressalva-se que, mesmo em um cenário em que seja impossível a utilização de contabilização OBS, o eventual PF de OUCs não estaria automaticamente excluído.

Nesse contexto mais restrito, a OUC causaria, no aspecto meramente contábil, um impacto efetivo no endividamento público do ente promotor. Pode-se ponderar, contudo, se tal impacto contábil seria necessariamente negativo para o endividamento líquido, considerando que as garantias ao crédito do financiador podem ser lastreadas em ativos e rendas criados no âmbito da própria OUC. Ou seja, ao fim e ao cabo não haveria impacto contábil e financeiro negativo, tendo em vista que as OUCs devem, ao menos em tese, cobrir os seus próprios custos.

No que tange às garantias a serem detidas pelos financiadores, pode-se especular a existência de garantias *non-recourse* e *limited-recourse*.

A principal garantia que poderia ser oferecida a um financiador é o estoque total de Cepacs cuja emissão tenha sido autorizada na lei criadora da OUC. A expectativa da venda futura de Cepacs representa a principal fonte geradora de fluxo de caixa de uma OUC.

Levando em conta que os Cepacs podem ser comercializados em mercados secundários, o financiador, em caso de inadimplência, poderia excutir as dívidas garantidas por Cepacs e satisfazer seu crédito comercializando os Cepacs. Tratar-se-ia de garantia *non-recourse*, já que o Cepac corresponde a um direito construtivo adicional – ou seja, um ativo contábil – que surge apenas quando a OUC é aprovada.

Não se quer dizer que o potencial construtivo, em termos de espaço físico e engenharia, não existisse antes da OUC, mas sim que, antes da existência jurídica do Cepac, o potencial construtivo adicional não integrava o patrimônio público no sentido contábil. Portanto, ao criar o Cepac e usá-lo como garantia de uma operação de crédito para permitir um PF, o Poder Público não está colocando em risco a sua posição patrimonial e contábil prévia.

Entre as garantias *limited-recourse*, poderiam ser oferecidos os recebíveis de rendas tributárias marginais oriundas da valorização territorial promovida pelas OUCs, incluindo a Contribuição de Melhoria e o IPTU. A limitação resultaria da afetação apenas das rendas tributárias marginais. Amparando esse raciocínio, observa-se que a porção do território sujeita a OUCs tende a se apreciar substancialmente. Nesse sentido:

> Depois de regular por meio de uma série de atributos relacionados com o caráter variável das urbanificações e suas consequências, as estimativas de preços mostraram um aumento relativo inequívoco depois

> de ser iniciada a Operação. O preço médio medido por metro quadrado dentro do perímetro da OUC Faria Lima aumentou de R$ 1.680 no período entre 1991 e 1996 a R$ 1.920 no período entre 1996 e 2001, o que representa um aumento de 14 por cento, enquanto que os preços na Região Metropolitana de São Paulo (RMSP) diminuíram de R$ 1.210 para R$ 1.060, o que representa uma queda de 12 por cento. [A]ssim o preço por metro quadrado na OUC Faria Lima era aproximadamente 26 por cento maior que o da RMSP. O preço por metro quadrado passou a ser 38 por cento maior que o preço médio da RMSP entre 1991-1996, diferença que aumentou para 81 por cento entre 1996 e 2001. (Biderman *et al.*, 2010, p. 481)

Tal solução, no entanto, merece ressalvas, pois, segundo Sotto (2015, p. 217):

> [c]onsiderando [...] que as Operações Urbanas Consorciadas são financiadas por contrapartidas financeiras pagas pelos empreendedores privados pela compra de parâmetros urbanísticos diferenciados, há que se questionar se seria juridicamente admissível a cobrança de contribuição de melhoria em razão da especial valorização imobiliária decorrente das obras executadas no contexto da OUC.

E ainda:

> A solução, no caso, seria instituir a contribuição de melhoria apenas para os imóveis especialmente valorizados pelas obras públicas e que já não tivessem contribuído para o financiamento da OUC por meio de contrapartidas. (SOTTO, 2015, p. 218)

A última característica do PF, nos termos propostos por Asmus, é a participação ativa do financiador no controle do projeto financiado. A respeito desse ponto, muito depende do modelo de governança proposto na lei que autoriza as OUCs. O Estatuto da Cidade deixa ampla margem para discricionariedade. Muito pode ser aproveitado do arcabouço jurídico das PPPs, como os *step-in-rights.*

O que impende destacar é que o modelo de governança deve ser robusto o suficiente a fim de tornar o eventual financiamento da OUC atraente. E isso significa que esta deverá adotar, entre outros aspectos, regras claras de transparência, tomada de decisão, previsibilidade dos investimentos e prestação de contas. Não é o que ocorre hoje em dia, pois, como se vê no caso da OUC Águas Espraiadas, a decisão de quais obras serão realizadas e os cronogramas de sua execução pode guardar pouca ou nenhuma relação com o projeto inicial (Stroher, 2018, p. 391-392). Com um financiador interessado diretamente no sucesso da OUC, detentor de poderes para intervir se necessário, o modelo de governança certamente seria diferente. Um exemplo de possível atuação do financiador no modelo proposto seria o de contribuir na modulação da quantidade de Cepacs que são colocados à venda no mercado, pois, como aponta Stroher (2018, p. 393-394):

> [...] ao contrário da hipótese de que o valor do Cepac poderia aumentar através das disputas dos compradores no leilão, isso não tem ocorrido (com algumas exceções). [...] A pouca frequência com que o ágio ocorre, relaciona-se ao fato de que prefeitura não tem sido hábil em ofertar menos Cepacs que o mercado imobiliário pode absorver nos leilões. Dessa forma, não há competição e o título é adquirido, na maioria das vezes, pelo preço inicial. Este fato se conecta ainda com a habilidade dos empreendedores imobiliários evitarem a competição. Explico: um dos aspectos considerados pela prefeitura para estimar a quantidade de Cepac a ser emitida é o montante de títulos que os empreendedores argumentam que precisam. Para isso, a prefeitura e o Banco do Brasil fazem uma consulta às construtoras e incorporadoras antes de cada leilão. Entretanto, segundo alguns entrevistados, seria comum a prática dos empreendedores afirmarem que precisam de mais títulos do que de fato têm intenção de comprar, a fim de evitar a competição.

Considerações finais

Por fim, cumpre discutir eventuais vantagens de ordem prática da adoção da modelagem de PF e tecer algumas considerações gerais.

Entre as vantagens práticas, a mais evidente é que a obtenção de financiamento no início do projeto facilitaria o planejamento e a execução financeira de investimentos, bem como a realização de obras em infraestrutura e equipamentos públicos anteriormente ao adensamento urbano.

Outro aspecto é que, com a obtenção do financiamento, o Poder Público poderia colocar os Cepacs à venda em um momento em que as incertezas financeiras e os riscos associados à realização das obras fossem menores. Uma vez obtido o financiamento e as obras terem sido iniciadas ou terminadas, é provável que o preço de venda dos Cepacs seja maior, o que resultaria em um maior nível de internalização, pelo Poder Público, das mais-valias da urbanificação.

Ademais, o financiamento por meio do PF poderia ser obtido em agências internacionais, bancos de desenvolvimento e outros tipos de investidores institucionais, diversificando, assim, as fontes de recursos para a transformação urbana.

Um benefício potencial, caso o *sponsor* seja capaz de obter financiamento e contabilizar tal operação de crédito na modalidade *off-balance sheet*, é a possibilidade de obtenção de recursos para investimentos urgentes na transformação urbana sem comprometer o endividamento público para fins da Lei de Responsabilidade Fiscal.

Pode-se esperar que o financiador ou conjunto de financiadores exerça efetivamente atividades de fiscalização e controle, diminuindo os riscos associados à má governança dos recursos e corrupção.

Em uma perspectiva mais ampla, acrescenta-se que as ideias aqui delineadas são apenas uma primeira aproximação para uma potencial nova modelagem de OUCs. A presente reflexão se presta a um esforço de imaginação institucional a serviço do experimentalismo na Administração Pública, sem o qual não se vislumbra o surgimento de inovações no ambiente institucional.

Apesar de inovadora, a utilização de modelagem do PF em OUCs poderia ser considerada um transplante institucional de pequena magnitude, uma vez que a mecânica jurídica de todos os institutos mencionados já é conhecida no ordenamento jurídico brasileiro. Apenas estar-se-ia utilizando-os de forma alternativa. Nesse sentido, podemos nos lembrar da tese defendida por Berkowitz *et al.* (2003), segundo os quais há maior chance de um transplante ser bem-sucedido quando a cultura jurídica está familiarizada com o instituto transplantado.[10] Ou seja, o

[10] Segundo os autores, "[t]ransplantes recepcionados, ou seja, aqueles que adaptaram a legislação importada ou tinham populações familiarizadas com ela, demonstram taxas de eficácia não estatisticamente diferentes daquelas dos respectivos países de origem. Países sem predisposições semelhantes, ou seja, com transplantes não recepcionados, tiveram um desempenho muito pior. Esses países sofrem o efeito de transplante" (Berkowitz *et al.*, 2003, p. 189, tradução livre).

arranjo proposto não exige grandes reformas legislativas ou mudanças culturais, e, por isso mesmo, pode-se dizer que há boas chances de que seja bem-sucedido.

Referências

ASMUS, David F. What is Project Finance? *In*: ASMUS, David F. (ed.). *The Project Finance Law Review*. London: Law Business Research Ltd., 2019. p. 1-6.

BRASIL. *Lei Complementar nº 101, de 4 de maio de 2000*. Estabelece normas de finanças públicas voltadas para a responsabilidade na gestão fiscal e dá outras providências. Brasília, 4 maio 2000.

BRASIL. *Lei Federal nº 10.257, de 10 de julho de 2001*. Regulamenta os arts. 182 e 183 da Constituição Federal, estabelece diretrizes gerais da política urbana e dá outras providências. Brasília, 10 jul. 2001.

BRASIL. *Lei Federal nº 11.079, de 30 de dezembro de 2004*. Institui normas gerais para licitação e contratação de parceria público-privada no âmbito da administração pública. Brasília, 30 dez. 2004.

BERKOWITZ, Daniel; PISTOR, Katharina; RICHARD, Jean-Francois. The Transplant Effect. *The American Journal of Comparative Law*, Oxford, v. 51, n. 1, p. 163-204, 2003.

BIDERMAN, Ciro; SANDRONI, Paulo; SMOLKA, Martim O. Intervenciones urbanas a gran escala: el caso de Faria Lima en São Paulo. *In*: SMOLKA, Martin; MULLAHY, Laura. *Perspectivas urbanas*: temas críticos en políticas de suelo en América Latina. Cambridge: Lincoln Institute of Land Policy, 2010. p. 478-484.

BOMFIM, Camila. Delator relata pressão de Moreira Franco e Eduardo Paes para fundo do FGTS financiar obras do Porto Maravilha. *TV Globo*, Brasília, 22 maio 2018. Disponível em: https://g1.globo.com/politica/noticia/delator-relata-pressao-de-moreira-franco-e-eduardo-paes-para-fundo-do-fgts-financiar-obras-do-porto-maravilha.ghtml. Acesso em: 20 jul. 2019.

CARVALHO, André Castro; FERRO, Murilo Ruiz. Da (in)exigibilidade de autorização legislativa local para a celebração de PPPs. *In*: CONTI, José Maurício (coord.). *Dívida pública*. São Paulo: Blucher, 2019. p. 243-255.

COMISSÃO DE VALORES MOBILIÁRIOS (CVM). *Instrução Normativa nº 401, de 29 de dezembro de 2003*. Dispõe sobre os registros de negociação e de distribuição pública de Certificados de Potencial Adicional de Construção (CEPAC). Atualizada pela Instrução Normativa nº 555, de 17 de dezembro de 2014. Rio de Janeiro, 29 dez. 2003.

DA SILVA, José Afonso. *Direito urbanístico brasileiro*. 8. ed. São Paulo: Malheiros Editores, 2018.

FERNÁNDEZ, Antonio Carceller. Derecho urbanistico. *In*: DA SILVA, José Afonso. *Direito urbanístico brasileiro*. 8. ed. São Paulo: Malheiros Editores, 2018. t. I.

LINCOLN INSTITUTE OF LAND POLICY. *Value Capture and the Property Tax*. Massachusetts, s.d. Disponível em: https://www.lincolninst.edu/key-issues/value-capture-property-tax. Acesso em: 20 jul. 2019.

MANASSERO, José Eduardo. Aspectos legais do *Project Finance* no Brasil. *In*: BONOMI, Claudio A.; MALVESSI, Oscar (org.). Project Finance *no Brasil*: fundamentos e estudo de casos. 3. ed. São Paulo: Atlas, 2008. p. 50-69.

MARQUES NETO, Floriano Peixoto de Azevedo. Outorga onerosa do direito de construir (solo criado). *In*: DALLARI, Adilson Abreu; FERRAZ, Sérgio (org.). *Estatuto da Cidade* (Comentários à Lei Federal 10.257/2001). 3. ed. atual. São Paulo: Malheiros, 2010.

MEDAUAR, Odete. Caracteres de direito urbanístico. *Revista de Direitos Difusos*, São Paulo, v. 2, n. 2, p. 133-139, ago. 2000.

MUNICÍPIO DE SÃO PAULO. *Lei Municipal nº 10.209, de 9 de dezembro de 1986*. Dispõe sobre a construção de habitações de interesse social para moradores de habitação subnormal, concede incentivos, e dá outras providências. São Paulo, 9 dez. 1986.

MUNICÍPIO DE SÃO PAULO. *Lei Municipal nº 11.090, de 16 de setembro de 1991*. Estabelece programa de melhorias para a área de influência imediata do Vale do Anhangabaú, cria incentivos e formas para sua implantação, e dá outras providências. São Paulo, 16 set. 1991.

MUNICÍPIO DO RIO DE JANEIRO. *Lei Complementar Municipal nº 102, de 23 de novembro de 2009*. Cria a Companhia de Desenvolvimento Urbano da Região do Porto do Rio de Janeiro (CDURP) e dá outras providências. Rio de Janeiro, 23 nov. 2009.

OLBERTZ, Karlin. *Operação Urbana Consorciada*. Dissertação (Mestrado em Direito Administrativo) apresentada à Pós-Graduação da Faculdade de Direito da Universidade de São Paulo (FD-USP). São Paulo, 2011.

PINTO, João M. What is Project Finance? *Investment Management and Financial Innovations*, Sumy, v. 14, n. 1, p. 200-210, 2017.

PREFEITURA DO MUNICÍPIO DE SÃO PAULO. Operações Urbanas. *Gestão Urbana SP*, s.d. Disponível em: https://gestaourbana.prefeitura.sp.gov.br/estruturacao-territorial/operacoes-urbanas/. Acesso em: 20 jul. 2019.

SANDRONI, Paulo Henrique. Os Certificados de Potencial Adicional de Construção (Cepacs) como instrumento para o financiamento do desenvolvimento urbano. *Documentos de Trabalho do Lincoln Institute of Land Policy*, 2013. Disponível em: https://www.lincolninst.edu/sites/default/files/pubfiles/sandroni-wp14ps1po-full_0.pdf. Acesso em: 20 jul. 2019.

SECRETARIA DO TESOURO NACIONAL. *Portaria nº 614, de 21 de agosto de 2006*. Estabelece normas gerais relativas à consolidação das contas públicas aplicáveis aos contratos de Parceria Público-Privada (PPP), de que trata a Lei nº 11.079, de 2004. Brasília, 21 ago. 2006.

Sotto, Debora. *A recuperação de mais-valias urbanísticas como meio de promoção do desenvolvimento sustentável das cidades brasileiras*: uma análise jurídica. Tese (Doutorado em Direito Urbanístico) apresentada à Pós-Graduação da Pontifícia Universidade Católica de São Paulo (PUC-SP). São Paulo, 2015.

Stroher, Laísa Eleonora. Operações Urbanas Consorciadas: financeirização urbana sem investidores financeiros? *In*: *Anais do Seminário Internacional Financeirização e Estudos Urbanos*: Olhares Cruzados, Europa e América Latina. São Carlos, 2018. p. 375-397.

PARTE 2
Transformações dos Atributos Característicos das Sociedades Anônimas

Capítulo 4
O Tipo de Sociedade Anônima é Universal? Reflexões sobre a Erosão dos Atributos da Sociedade Anônima no Brasil*

Mariana Pargendler

Introdução

A sociedade anônima é uma instituição central do capitalismo moderno. Desde sua invenção séculos atrás, a história do tipo de sociedade anônima é de contínua proliferação e difusão em diferentes contextos, incluindo as antigas economias comunistas e economias em desenvolvimento. É notável que a maioria das grandes empresas comerciais adotem o tipo de sociedade anônima, que apresenta as mesmas características centrais no mundo todo. São elas: (i) personalidade jurídica (incluindo bloqueio do capital ("*capital lock-in*")); (ii) responsabilidade limitada; (iii) administração delegada; (iv) ações transferíveis; e (v) propriedade de investidores.[1] Essas características, por sua vez, geram três

* Originalmente publicado em inglês no *Columbia Journal of Transnational Law*, v. 58, n. 1, p. 1-57, 2019.

[1] Essas características centrais são amplamente reconhecidas na literatura. Ver *e.g.* Armour *et al.* (2017); Milhaupt (2017, p. 275, 291-293) (cita esses elementos como "os atributos universais da forma de sociedade anônima"); Bachmann *et al.* (2014); Clark (1986).

tipos de problemas de agência: entre administradores e acionistas, acionistas controladores e não controladores, e acionistas e credores. A maior parte do direito societário é dedicada a mitigar esses problemas de agência.[2]

O pujante campo da governança corporativa comparada tem documentado uma variação significativa nos contornos e na eficácia dos mecanismos jurídicos usados em diferentes países para atenuar os problemas de agência e proteger os investidores externos.[3] Na verdade, juristas sugerem que essa variação é altamente preditiva do nível de desenvolvimento do mercado de capitais e, possivelmente, do crescimento econômico.[4] Outros trabalhos postulam que as diferenças consideráveis existentes na proteção dos investidores e empregados estão ligadas a aspectos fundamentais da história nacional, da economia política e da estrutura econômica.[5] Um tema recorrente na doutrina de direito societário das últimas décadas é a divergência (e, mais recentemente, a convergência parcial) na estrutura de propriedade das sociedades anônimas em todo o globo. A visão tradicional é que somente países anglo-saxões ostentam níveis significativos de propriedade dispersa, enquanto no resto do mundo predominam estruturas de propriedade concentrada com acionistas controladores (Armour *et al.*, 2017, p. 26).

Esses esforços levam às seguintes conclusões: o tipo de sociedade anônima em si é universal, mas a estrutura de propriedade e as estratégias jurídicas usadas para proteger os investidores e outros grupos constituintes (*stakeholders*) não são. Este capítulo procura aprimorar e aprofundar esse entendimento, buscando chamar a atenção para divergências consideráveis, mas praticamente ignoradas, com respeito ao alcance e à força dos elementos centrais que definem o tipo de sociedade anônima no Brasil – a maior economia emergente do Ocidente.[6]

[2] Alguns países, incluindo notoriamente a Alemanha, também empregam o direito societário para proteger os empregados, e, apesar das controvérsias, diferentes países vêm usando cada vez mais mecanismos de governança corporativa para promover uma variedade de objetivos externos mais amplos, da redução do risco sistêmico e da desigualdade à proteção dos direitos humanos e do meio ambiente. Ver Enriques *et al.* (2017, p. 90-91).

[3] Ver *e.g.* Dyck e Zingales (2004); Hopt *et al.* (2005).

[4] Ver *e.g.* La Porta *et al.* (1998, p. 1113); Djankov *et al.* (2008, p. 430).

[5] Ver *e.g.* Roe (2003); Rajan e Zingales (2003, p. 5).

[6] Até 2018, o Brasil era a nona maior economia do mundo, atrás dos Estados Unidos, China, Japão, Alemanha, Reino Unido, França, Itália e Índia. *GDP (Current US$)*, WORLD BANK:

Isso significa que, além de diferenças importantes no conteúdo do direito societário e na proteção que ele concede aos investidores, a discrepância existente pode ser mais profunda.

A sociedade anônima brasileira (doravante denominada como espécie simplesmente por S.A.) não é, na sua forma atual, tão "corporatizada" quanto os entendimentos convencionais sugerem. Enquanto a maioria das análises veem o copo meio cheio ao afirmar a universalidade da sociedade anônima,[7] eu vejo o copo meio vazio. Embora os cinco elementos canônicos da sociedade anônima estejam formalmente presentes na S.A. brasileira, eles assumem uma forma diluída, com implicações práticas potencialmente importantes.

O direito brasileiro erodiu os elementos mais fundamentais do tipo de sociedade anônima – a saber, "bloqueio do capital" (ou "blindagem da pessoa jurídica") e responsabilidade limitada – de modo tão significativo que já não há uma separação forte entre os bens das S.A. brasileiras e os de seus acionistas. Apesar da ausência inicial de autorização legal, os tribunais brasileiros conferiram aos acionistas minoritários em companhias fechadas o direito de retirar-se a seu bel-prazer por meio de um pedido de dissolução parcial da companhia, a qual é efetivamente forçada a "recomprar" as ações deles. Ainda, mediante uma combinação de legislação e jurisprudência, o Brasil mitigou fortemente, se é que não eliminou, a responsabilidade limitada em uma diversidade de contextos que vão do direito trabalhista e ambiental à proteção do consumidor e à crise de instituições financeiras.

Além da clara deterioração do bloqueio do capital e da responsabilidade limitada, os demais atributos do tipo de sociedade anônima também são mais fracos no Brasil em relação à norma internacional. O elemento da administração delegada com estrutura de conselho é frágil sob uma perspectiva comparada, haja vista que os acionistas brasileiros detêm uma parcela incomum de poder. A transferibilidade de ações também sofreu em razão de uma combinação de regras legais específicas, restrições práticas e erosão da responsabilidade limitada. Por fim, a propriedade de investidores não é o único paradigma para a S.A. no Brasil,

DATA. Disponível em: https://data.worldbank.org/indicator/ny.gdp.mktp.cd?most_recent_value_desc=true&view=map [https://perma.cc/QP5B-JKUP]. Acesso em: 21 ago. 2020.

[7] Enfocar as semelhanças também pode ser esclarecedor. Para um exame do direito societário brasileiro desse ponto de vista, ver Armour *et al.* (2017, p. 53-57).

dada a prevalência da propriedade acionária do Estado, que tipicamente persegue objetivos de política pública para além do ganho financeiro. Embora essas diferenças sejam meramente relativas (Whitman, 2004, p. 1151, 1163)[8] e nuançadas, em conjunto se mostram notáveis porque refletem o esmaecimento generalizado dos elementos canônicos da sociedade anônima.

O presente argumento acerca da "descorporatização" observada no Brasil dialoga com os trabalhos que procuram "pôr a sociedade anônima no seu lugar", ora enfatizando a prevalência histórica de outros tipos de sociedade comercial, em especial nos países de direito romano-germânico,[9] ora saudando a ascensão generalizada de formas de organização "não societárias".[10] A experiência brasileira geralmente corrobora essas afirmações. Assim como em outros países, a forma mais popular de organização empresarial no Brasil é a sociedade limitada (Ltda.), que é um tipo societário especial ou parcial, talhado para as sociedades fechadas com propriedade concentrada.[11]

Contudo, o ponto fundamental aqui é diferente e mais profundo: até a S.A., que é amplamente reconhecida como o equivalente funcional da sociedade anônima, tem um grau de "corporatização" (*corporateness*) menor do que se presumiria com base na doutrina tradicional e na experiência estrangeira. Em outras palavras, a "cola" do direito societário que une a pessoa jurídica simplesmente não é tão forte no Brasil (Deakin *et al.*, 2017, p. 188). Isso é especialmente significativo, já que o direito brasileiro não oferece aos empreendedores outra pessoa jurídica ou forma organizacional além da S.A. para obter os atributos essenciais da sociedade anônima.[12] O objetivo aqui não é demarcar a ontologia da

[8] "A questão não é se há uma diferença absoluta. O direito comparado é o estudo de diferenças *relativas*."

[9] Ver *e.g.* Guinnane *et al.* (2007).

[10] Ver *e.g.* McCahery *et al.* (2013); Ribstein (2010).

[11] Com exceção de pequenas empresas (que não podem ser constituídas como S.A. para dispor de tratamento fiscal favorável), as leis tributárias não são geralmente a principal consideração na escolha da forma empresarial no Brasil. As mesmas regras tributárias geralmente se aplicam à S.A. e à limitada, taxando a pessoa jurídica, mas não seus membros ou acionistas, já que a distribuição de dividendos é atualmente isenta de imposto.

[12] Além da limitada e S.A., as pessoas jurídicas mais populares no Brasil são as empresas individuais com responsabilidade limitada (EIRELI) e cooperativas, mas elas não apresentam a maioria dos atributos do tipo de sociedade anônima.

sociedade anônima – identificando quando ela deixa de existir, dando lugar a uma forma organizacional diferente –, mas mostrar como as diferenças no vigor dos atributos de sociedade anônima podem ser muito mais relevantes do que se costuma estimar.

Depois de mapear esse fenômeno, surge uma pergunta imediata: o que explica esse desvio? As teorias existentes acerca das diferenças no direito comercial no mundo oferecem explicações interessantes, mas no fim das contas insatisfatórias. Por exemplo, poder-se-ia atribuir a fragilidade dos elementos centrais do tipo de S.A. no Brasil ao transplante jurídico incompleto ou fracassado da sociedade anônima no passado, que não firmou raízes em um solo estéril.[13] Alternativamente, poder-se-ia presumir que outras condições locais complementares levaram a formas arraigadas de dependência da trajetória para formas de organização "não societárias". Se assim for, a explicação para tal disparidade poderia residir inteiramente na influência exercida por grupos de interesse na política (Berkowitz, 2003, p. 189).

A "descorporatização" da S.A. brasileira desafia essas pressuposições. Não é um resquício de um passado distante. Ao contrário, o enfraquecimento dos elementos centrais do tipo de sociedade anônima vem ocorrendo nas últimas décadas. A influência dos grupos de interesse tampouco é nítida. Embora parte desse processo tenha raízes na legislação federal, uma parcela significativa dele é produto de avanços autóctones promovidos pelos tribunais, que favorecem principalmente grupos desorganizados. Além disso, contrariamente à prática prevalecente nos países de direito romano-germânico e mercados emergentes, a influência de tendências estrangeiras e de juristas sobre essa transformação vai de modesta a inexistente.

Enquanto os determinantes políticos da descorporatização no Brasil permanecem um enigma, este capítulo dá um primeiro passo para avaliar esse fenômeno com base em considerações de eficiência e distribuição. Essa análise revela a existência surpreendente de pelo menos um argumento teórico a favor de que o regime societário modificado do Brasil seja, em muitos aspectos, o modelo mais eficiente – não somente

[13] Berkowitz *et al.* (2003, p. 167) afirmam que os transplantes jurídicos não têm probabilidade de serem eficazes, a menos que mapeiem os princípios que já são familiares internamente ou sejam adaptados ao novo contexto.

para o Brasil, mas em qualquer lugar. Nessa visão, o Brasil poderia ser visto como pioneiro em implementar, embora sem saber, famosas propostas de acadêmicos de Direito e Economia estadunidenses. O experimento brasileiro com a descorporatização também suscita novas questões teóricas. Uma possibilidade promissora é que a eficiência do tipo de sociedade anônima dependa da qualidade do ambiente institucional. A sociedade anônima é famosa por dar origem a graves problemas de agência e permitir a externalização de custos. Controlar problemas de agência e coibir externalidades pode ser muito difícil na prática. Na ausência de uma infraestrutura institucional sofisticada capaz de conter esses custos, pode ser mais eficiente mitigar ou eliminar o próprio elemento do tipo de sociedade anônima que deu origem ao problema.

Por exemplo, altos custos de agência na administração, se não forem contidos, podem levar a menos delegação na administração. A falta de proteção da minoria contra abusos por meio de participação nas decisões ou responsabilização pode ter incentivado o uso de mecanismos alternativos, como direitos de retirada fortes. A ausência de restrições contra o oportunismo em relação aos credores, ou fragilidades no sistema regulatório para coibir externalidades (como risco sistêmico ou dano ambiental), podem favorecer a diluição da proteção da responsabilidade limitada ou fazer o Estado intervir por outros meios, como deter ações em empresas importantes. Nessa visão, a descorporatização é uma resposta *second-best* a um ambiente institucional fraco.

Uma descrição diferente e complementar da eficiência postula que, sejam quais forem suas origens e causas, o fenômeno da descorporatização se autorreforça. A razão é que os diferentes atributos do tipo de sociedade anônima são altamente complementares entre si. Quando um ou vários dos elementos desaparecem, há um argumento mais forte para diluir os outros elementos. Por exemplo, a capacidade recém-adquirida dos acionistas de retirar capital da empresa prejudica os credores e, portanto, reforça o argumento a favor da responsabilidade ilimitada por dívidas societárias. Contudo, o inverso também é verdadeiro: a aplicação da responsabilidade ilimitada aos acionistas minoritários ajuda a justificar a concessão aos acionistas minoritários de direitos de saída significativos. A perspectiva de responsabilidade ilimitada também cria incentivos fortes para os acionistas assumirem um papel ativo na administração da empresa, reduzindo sua disposição de delegar poder ao conselho. Por sua vez, a ausência de bloqueio do capital, a responsabilidade limitada e a administração delegada enfraquecem a empresa privada, incentivando a propriedade estatal como alternativa para promover o investimento de longo prazo.

Outra visão é que a descorporatização no Brasil promove considerações distributivas. O enfraquecimento dos atributos do tipo de sociedade anônima no Brasil pode servir não para aumentar o tamanho do bolo, mas para entregar uma fatia maior dele às partes que têm mais probabilidade de ser economicamente vulneráveis, como acionistas minoritários, empregados, consumidores e vítimas de dano ambiental.

A doutrina de Direito e Economia tradicionalmente abomina a perseguição de objetivos distributivos por meio do direito privado. Isso porque um sistema de redistribuição pela via fiscal é, pelo menos em tese, superior para obter resultados distributivos.[14] Porém, a incorporação de preocupações distributivas à adjudicação de direito privado encontrou recentemente uma aceitação renovada mesmo entre acadêmicos de orientação econômica nos Estados Unidos, que cada vez mais reconhecem os custos e os entraves políticos de sistema eficaz de redistribuição pela via fiscal (Fennell e McAdams, 2016; Liscow, 2014, p. 2481).

No Brasil, a incorporação de objetivos distributivos ao direito societário parece particularmente adequada. Pode-se dizer que o ativismo do Judiciário brasileiro assumiu a tarefa de implementar diretamente o mandato constitucional de uma "sociedade livre, justa e solidária" (Constituição Federal [CF], art. 3º, I), tendo em vista que o sistema de tributação e gastos públicos do país fracassou flagrantemente em corrigir os níveis exorbitantes de desigualdade. Na maior parte dos casos, a descorporatização parece favorecer os interesses das partes que são economicamente mais fracas, e o impacto desse movimento para combater a desigualdade permanece duvidoso.

Obviamente, também é possível que a transmutação do tipo de sociedade anônima no Brasil acabe sendo deletéria em vez de benigna. Mediante uma série de avanços jurídicos graduais para adaptar-se às

[14] Ver *e.g.* Kaplow e Shavell (1994), mas ver Sanchirico (2000, p. 806) (afirma que regras jurídicas deveriam ser usadas para finalidades de redistribuição até na presença de um sistema fiscal ótimo, porque desvios marginais da regra eficiente não afetam a utilidade total).

especificidades do ambiente institucional, as funções econômicas essenciais desempenhadas pela sociedade anônima parecem estar em risco. Essa forma de "curativos institucionais" pode ter consequências ao mesmo tempo previsíveis e indesejadas para o desenvolvimento, o que apontaria para um novo conjunto de desafios para a evolução jurídica em mercados emergentes.

O restante deste capítulo está organizado como segue. A Parte 1 descreve como os atributos centrais do tipo de sociedade anônima perderam impulso no contexto brasileiro. A Parte 2 explora o potencial de avaliações normativas alternativas desse desenvolvimento no Brasil, bem como de suas implicações práticas. A Parte 3 especula sobre as possíveis manifestações desse fenômeno fora do Brasil. A Parte 4 conclui refletindo sobre as lições para a doutrina comparada e teoria organizacional.

1. A evolução (ou involução) dos elementos da sociedade anônima no Brasil

1.1. Personalidade jurídica e bloqueio do capital

A personalidade jurídica é o primeiro e mais básico atributo do tipo de sociedade anônima. Em um nível fundamental, ela indica a capacidade da empresa de possuir bens, firmar contratos e processar e ser processada em nome próprio. Não há dúvida de que a S.A. brasileira, bem como a maioria das sociedades, tem personalidade jurídica de acordo com o Código Civil brasileiro (arts. 44, 1.088-9), que prevê a separação formal entre os bens da empresa e dos acionistas.

Nas últimas décadas, contudo, os doutrinadores notaram que a separação entre os bens da empresa e de seus sócios permite diferentes gradações. Henry Hansmann e Reinier Kraakman (2000, p. 434-435; Hansmann; Kraakman; Squire, 2006, p. 1341) foram os primeiros a ressaltar que o grau de separação proporcionado pela sociedade anônima é forte: nem os acionistas, nem os credores pessoais dos acionistas podem retirar bens da companhia, a menos que a maioria dos acionistas decida liquidá-la, situação na qual os credores da empresa serão pagos primeiro. Essa característica contrasta com a forma fraca de separação de que dispõem, por exemplo, as sociedades em nome coletivo (*partner-*

ships), que tradicionalmente permitem que sócios e credores pessoais de sócios forcem a dissolução da empresa unilateralmente (Hansmann e Kraakman, 2000, p. 394).

Os acionistas e seus credores geralmente não têm recurso aos bens da companhia. Uma vez que um acionista realiza seu investimento, seja subscrevendo ações recém-emitidas, seja comprando ações existentes no mercado secundário, suas pretensões econômicas com relação à companhia são limitadas. Na falta de mudanças fundamentais na estrutura da sociedade anônima que permitam o exercício do direitos de retirada ou recesso (*appraisal rights*), o acionista só tem direito a: (i) uma parcela proporcional da distribuição de dividendos, condicionada à existência de lucro *e* decisão da empresa de distribuir dividendos; e (ii) uma parcela proporcional do patrimônio residual da companhia se esta for liquidada, contanto que sobre algo depois que os credores forem integralmente pagos.

Essa limitação à retirada de capital pelos acionistas é uma característica de longa data do tipo de sociedade anônima, que remonta pelo menos à Companhia das Índias Orientais holandesa do século XVII. Não obstante, esse traço só atraiu recentemente a atenção detida de juristas e economistas. Para maior conveniência, usarei o termo "bloqueio do capital" (Blair, 2003, p. 394; Stout, 2005, p. 264) para referir à noção de que, salvo mudanças fundamentais que concedam direitos legais de retirada, os acionistas e seus credores não têm direito aos bens da companhia, a menos que a maioria dos acionistas decida extingui-la por meio de procedimentos formais de liquidação.

Existem diversas razões para o reconhecimento crescente de que o bloqueio do capital desempenha uma função econômica central para o sucesso do tipo de sociedade anônima, sendo sua relevância reputada por alguns doutrinadores como comparável ou até mesmo maior que a da responsabilidade limitada (Hansmann e Kraakman, 2000, p. 423-428; Stout, p. 256, 2005). Primeiro, o bloqueio do capital garante que as condições financeiras ou as preferências dos acionistas individuais não afetarão a operação da companhia, cujos bens permanecerão intactos independentemente das necessidades de liquidez dos acionistas e de suas obrigações para com credores (Hansmann e Kraakman, 2000, p. 402). Isso elimina a necessidade de monitoramento entre acionistas, o que torna o bloqueio do capital altamente complementar a outras características do tipo de sociedade anônima, como administração delegada e ações transferíveis (Hansmann e Kraakman, 2000, p. 424). Segundo, o bloqueio do capital promove a continuidade e a integridade do tipo de sociedade anônima ao longo do tempo, estimulando investimentos específicos de diferentes participantes na companhia (Blair, 2003, p. 392). O bloqueio do capital protege o valor operacional e reforça o conjunto de bens disponíveis para os credores da empresa, o que aprimora a avaliação de crédito da companhia e reduz seu custo de capital. Terceiro, o bloqueio do capital evita o problema do bloqueio por acionistas minoritários quando há uma predominância de bens conexos (*match assets*) – isto é, bens que valem mais para acionistas conjuntamente do que para não acionistas separadamente (Rock e Wachter, 1999, p. 913, 915).

Finalmente, enquanto a contratação privada pode bastar para produzir outras características do tipo de sociedade anônima – como a responsabilidade limitada –, o bloqueio do capital precisa necessariamente do direito estatal (Hansmann e Kraakman, 2000, p. 407-412). Obter o bloqueio do capital com relação aos credores exigiria dos acionistas negociar acordos individuais de subordinação com cada um dos seus credores pessoais – uma proposta eivada por preocupações de risco moral e altos custos de transação (Hansmann e Kraakman, 2000, p. 408). A obtenção do bloqueio do capital entre sócios é menos desafiadora, mas ainda assim juridicamente incerta. No Brasil, como em outros lugares, não está claro se um acordo entre sócios quanto à não dissolução seria eficaz, dada a forte postura do direito tendente a reconhecer o direito de retirar-se de sociedade e de extinguir condomínios (Hansmann e Kraakman, 2000, p. 411-412).[15]

O papel do direito na criação ou no reconhecimento do bloqueio do capital é essencial. Se os tribunais brasileiros eliminam esse atributo jurídico, é duvidoso que as partes sejam capazes de alcançar o mesmo resultado mediante contratação privada. Por exemplo, uma tentativa de redigir um acordo de acionistas que preveja o bloqueio do capital

[15] Embora as sociedades impeçam há muito tempo a retirada de sócios durante um prazo definido, esses acordos carecem da força jurídica de que dispõe a forma de sociedade anônima.

enfrenta dois obstáculos: (i) ele não vincula os credores dos acionistas, que são terceiros em relação ao contrato; e (ii) ele não pode durar por tempo ilimitado, nem mesmo por um tempo muito longo, dada a política pública contra contratos perpétuos.[16] Ademais, os tribunais têm, por vezes, aplicado a mesma justificativa usada para conferir direitos de retirada – quebra da *affectio societatis*, como será discutido adiante – para permitir que os acionistas descontentes se desvinculem de seus acordos de acionistas.[17]

Não obstante, o bloqueio do capital acarreta custos além de benefícios. Embora o reconhecimento dos benefícios econômicos do bloqueio do capital seja relativamente recente, faz tempo que acadêmicos e profissionais notaram suas desvantagens.[18] Ao negar aos acionistas qualquer recurso aos bens da empresa, o bloqueio do capital aumenta os custos de agência e facilita a expropriação dos acionistas minoritários. Historiadores econômicos argumentaram que a escolha entre custos de agência e dissolução intempestiva determinou a escolha entre a sociedade anônima (*corporation*) e as sociedades em nome coletivo (*partnership*) no início da história empresarial dos Estados Unidos, quando as proteções legais para os minoritários eram fracas (Lamoreux e Rosenthal, 2006, p. 125). A popularidade persistente da sociedade em nome coletivo após o advento da livre constituição de sociedades anônimas no século XIX sugere que investidores e empreendedores estavam dispostos a tolerar a responsabilidade ilimitada e o risco de dissolução a qualquer tempo para evitar a perspectiva de abuso por parte dos acionistas controladores associada ao bloqueio do capital (Lamoreux e Rosenthal, 2006, p. 148).

Os custos de agência entre acionistas controladores e não controladores são muito maiores no contexto das companhias fechadas, porquanto a reduzida regulação e a ausência de mercado para as ações da empresa deixam os acionistas minoritários em posição particularmente frágil. Pelo menos desde os anos 1950, diversos doutrinadores estadunidenses propuseram a concessão de direitos de dissolução aos acionistas minoritários em companhias fechadas *por analogia* com os direitos

[16] Nos países de direito romano-germânico, os tribunais podem considerar que um acordo por um prazo muito longo equivale a um prazo indefinido, permitindo o término unilateral ao arbítrio das partes.

[17] Ver *e.g.* Superior Tribunal de Justiça (2003).

[18] Ver *e.g.* Israels (1952); Hetherington e Dooley (1977).

de que dispõem os membros de uma *partnership* (ISRAELS, 1952, p. 778; HETHERINGTON e DOOLEY, 1977, p. 3).

Desde então, as legislaturas estaduais e os tribunais nos Estados Unidos são cada vez mais propensos a forçar a empresa ou os seus acionistas controladores a recomprar as ações de acionistas minoritários nos casos de opressão da minoria, como forma de compensação.[19] Entretanto, essas decisões exigem que se demonstre o abuso e não chegam a oferecer aos acionistas minoritários uma opção de venda contra a companhia. De fato, a maioria dos autores estadunidenses continuam a acreditar que o risco de abuso contra acionistas minoritários em companhias fechadas não valida a eliminação do bloqueio do capital.[20] Um famoso estudo comparativo do direito das companhias fechadas na Europa concluiu igualmente que "os acionistas não têm a possibilidade de sair facilmente das companhias fechadas e 'liquidar suas ações'" (BACHMANN *et al.*, 2014, p. 7). Os direitos de retirada existentes em países como Alemanha e Suíça ainda exigem demonstração de causa, tendo fracassado as tentativas de instituir direitos subjetivos à saída incondicionada (BACHMANN *et al.*, 2014, p. 66).

Curiosamente, justo quando o bloqueio do capital estava ganhando popularidade na doutrina internacional, o direito brasileiro deu grandes passos para aboli-lo.[21] Pela primeira vez, os acionistas minoritários passaram a dispor do direito de forçar uma dissolução parcial a seu arbítrio. Na prática, isso exige que a companhia compre de volta as ações deles sem oferecer nenhum mecanismo compensatório para proteger os credores da empresa – que então efetivamente perdem sua prioridade sobre os bens da empresa para os acionistas retirantes. A recente eliminação do bloqueio do capital representa um afastamento significativo da tradição jurídica brasileira, que havia reconhecido o bloqueio do capital como um elemento essencial do tipo de sociedade anônima desde as primeiras companhias do século XIX.

[19] Para uma descrição da legislação e jurisprudência sobre o tema, ver THOMPSON (1993).

[20] Ver *e.g.* EASTERBROOK e FISCHEL (1991, p. 238-243); ROCK e WACHTER (1999, p. 920).

[21] O precedente mais antigo que concedeu a dissolução parcial de uma S.A. remonta a 1982. TRIBUNAL DE JUSTIÇA DO ESTADO DE MINAS GERAIS [TJMG], Ap. Civ. nº 58.092, Rel.: Des. Danilo Furtado, 17.11.1982, p. 286, *Revista Forense* [RF], 1984, p. 281. Porém, nos anos 1990 a maioria dos tribunais continuaram a negar pedidos de dissolução parcial, que só se tornaram geralmente aceitos no fim dos anos 2000.

A atual Lei das Sociedades por Ações (LSA) brasileira de 1976 permite a dissolução voluntária pelo voto da maioria dos acionistas ou a dissolução judicial involuntária por ação judicial movida por acionistas que representem pelo menos 5% do capital social quando a companhia não pode preencher seu fim.[22] Na verdade, a LSA parece ser nominalmente *mais* protetiva do bloqueio do capital que o direito de outros países. Ela qualifica a "liquidação de companhia próspera" como "exercício abusivo de poder" que enseja responsabilidade do acionista controlador – uma disposição incomum do ponto de vista comparado.[23]

Excetuando a liquidação total da empresa, os direitos de retirada só se aplicam aos acionistas que discordarem de decisões fundamentais que envolvam a companhia. Tais "direitos de retirada" dos acionistas estão disponíveis na LSA nos casos de: fusão, cisão, alteração do dividendo obrigatório, criação de ações preferenciais ou alteração dos seus direitos, participação em grupo de sociedades, mudança do objeto da companhia e, mais recentemente, inserção de convenção de arbitragem.[24] Contudo, numerosas exceções se aplicam para limitar a disponibilidade dos direitos de retirada nessas situações, como a necessidade de demonstrar falta de liquidez e dispersão no caso de fusão ou incorporação.[25]

Para entender os caminhos doutrinários que os tribunais usaram para permitir a dissolução parcial de companhias fechadas, deve-se primeiro examinar a evolução do direito das sociedades limitadas no Brasil. A sociedade limitada foi introduzida pela primeira vez no direito brasileiro em 1919, no que foi apontado como um transplante do direito português e um transplante indireto do direito alemão acerca da *Gesellschaft mit beschränkter Haftung* (GmbH) de 1892. A sociedade limitada brasileira – inicialmente denominada "sociedade por quotas de responsabilidade limitada" – oferecia personalidade jurídica e responsabilidade

[22] Lei n. 6.404, de 15 de dezembro de 1976, *Diário Oficial da União* [DOU] de 17.12.1976, art. 206 [doravante LSA]. Outras bases legais para a dissolução incluem: o término do prazo de duração da companhia, os casos previstos no estatuto, a existência de um único acionista, a extinção por lei da autorização para funcionar (caso necessária), a anulação do ato de constituição e a decisão de autoridade administrativa (como previsto em lei especial).

[23] Lei n. 6.404, de 15 de dezembro de 1976, art. 117, § 1º(b). Para uma perspectiva comparada, ver Rock *et al.* (2017, p. 171, 202).

[24] LSA, arts. 136-A, 137.

[25] LSA, art. 137, II-III.

limitada, mas impunha menos formalidades que a S.A. Como em outros países de direito romano-germânico, a sociedade limitada logo se tornou a forma mais popular de organização de sociedade empresarial no Brasil (GUINNANE *et al.*, 2007).[26]

A primeira lei brasileira sobre a sociedade limitada era silente quanto ao bloqueio do capital, mas dispunha que, no silêncio do contrato social, o direito das S.A. se aplicaria de forma supletiva à limitada.[27] Poder-se-ia naturalmente ter interpretado que essa regra exigiria a aplicação do regime das S.A. – incluindo o bloqueio do capital – às limitadas. As equivalentes da limitada brasileira no direito estrangeiro – como a *società a responsabilità limitata* (S.r.l.) italiana, a *société à responsabilité limitée* (SARL) francesa e a *Gesellschaft mit beschränkter Haftung* (GmbH) alemã – sempre dispuseram do bloqueio do capital, geralmente proibindo retiradas sem causa. No entanto, os doutrinadores e tribunais brasileiros adotaram predominantemente uma interpretação diferente, sustentando que as disposições gerais do Código Comercial aplicáveis às sociedades também regiam as sociedades limitadas no silêncio da lei.[28] Essas disposições incluíam a regra tradicional do direito das sociedades que permitia a qualquer sócio retirar-se a seu arbítrio e ocasionar a dissolução da sociedade (CÓDIGO COMERCIAL [C.COM.], art. 335, revogado em 2002).

Evidentemente, a extensão do regime das sociedades de pessoas do Código Comercial para as sociedades limitadas desencadeou o problema da dissolução intempestiva, já que uma decisão de qualquer sócio de retirar-se, ou eventos involuntários como morte ou falência de um sócio, poriam fim à sociedade. Apesar da redação clara do Código Comercial, que prescreve a dissolução total da sociedade, os tribunais brasileiros

[26] Guinnane *et al.* (2007) descrevem a predominância de companhias privadas de responsabilidade limitada similares à limitada brasileira com relação às sociedades anônimas na França e na Alemanha). Para dados contemporâneos sobre o amplo uso da limitada no Brasil, ver PARGENDLER (2013, p. 215).

[27] Decreto n. 3.708, de 10 de janeiro de 1919, DOU de 15.1.1919, art. 18.

[28] Ver *e.g.* RUSSEL (1923, p. 369, afirma que as limitadas estão sujeitas às mesmas disposições de dissolução que as sociedades de pessoas); FERREIRA (1958). Mas ver PENTEADO (2000, p. 126-128, afirma que o regime das S.A. deveria se aplicar às limitadas); TEIXEIRA (1956, p. 126-128, afirma que as disposições sobre sociedades de pessoas ou S.A. do Código Comercial deveriam se aplicar dependendo do caráter "capitalista" ou "personalista" da companhia).

paulatinamente flexibilizaram essa regra. A partir dos anos 1940, as cortes começaram a conceder a dissolução parcial nesses casos, argumentando que a regra que previa a dissolução total era uma norma dispositiva que podia ser derrogada pelas partes.[29] Décadas depois, os tribunais começaram a justificar suas decisões a favor da dissolução parcial com base na preservação da empresa e sua função social, independentemente de qualquer previsão contratual e sem qualquer proteção em relação aos direitos dos credores.[30] A jurisprudência existente sobre as sociedades limitadas não só reconhece a capacidade dos membros de retirar-se a qualquer momento como uma norma dispositiva, mas também tolhe a capacidade das partes de obter o bloqueio do capital mediante previsão contratual.[31] Não obstante, os empreendedores que buscavam o bloqueio do capital ainda podiam obtê-lo constituindo uma S.A.

Para as sociedades anônimas fechadas, contudo, esse caminho ficou comprometido na última década.[32] Enquanto os primeiros precedentes acerca desse tema remontam aos anos 1980 e 1990,[33] foi no meio e fim dos anos 2000 que o direito brasileiro efetivamente abandonou o bloqueio do capital como atributo das companhias fechadas. Duas decisões da segunda seção do Superior Tribunal de Justiça (STJ), responsáveis por uniformizar a jurisprudência em direito privado,[34] pacificaram essa nova controvérsia jurídica.

Em 2006, a primeira decisão do STJ envolvia o pedido de dissolução judicial da Cocelpa, uma companhia de celulose e papel (SUPERIOR

[29] Os tribunais argumentaram que, quando o contrato social estipulava a continuidade da companhia em caso de morte ou retirada (como geralmente era o caso), essas cláusulas operavam como renúncia ao direito de pedir a dissolução total, e, em vez disso, levavam à dissolução parcial da empresa. Ver SUPREMO TRIBUNAL FEDERAL (1946).

[30] Para um precedente sobre esse assunto, ver SUPREMO TRIBUNAL FEDERAL (1978).

[31] Para uma discussão e crítica dessa abordagem, ver SANTOS (2015).

[32] Tenho conhecimento de apenas um processo judicial que envolve um pedido de dissolução parcial de uma companhia aberta. O Tribunal de Justiça do estado do Rio Grande do Sul atendeu o pedido de dissolução parcial no caso, afirmando que as ações da empresa careciam de liquidez, o que a tornava similar a uma companhia fechada (TJRS, 2017). Alguns comentadores defendem há muito tempo essa possibilidade, fazendo uma analogia entre a companhia listada cujas ações não são líquidas e a limitada. Ver *e.g.* PENTEADO (2000, p. 190).

[33] Ver *supra* nota 21 e texto a que se refere.

[34] A missão constitucional do STJ é garantir a interpretação uniforme da legislação federal no Brasil (CF, art. 104).

Tribunal De Justiça, 2007). A ação judicial foi movida em 1991 por dois herdeiros de um acionista minoritário contra a companhia e os demais acionistas, incluindo o BNDESPAR, uma subsidiária do Banco Nacional de Desenvolvimento Econômico e Social (BNDES). Apontando irregularidades na administração da companhia, falta de lucro e ausência de distribuição de dividendos por um período prolongado, os autores argumentaram que a empresa não era capaz de cumprir sua finalidade conforme o art. 206, II, *b* da LSA, e, portanto, deveria ser totalmente dissolvida. Alternativamente, os autores pediram a dissolução parcial da sociedade.

A decisão do tribunal concentrou-se não tanto na ausência de distribuição de dividendos, mas em outro elemento do pedido – a quebra da *affectio societatis*, um conceito oriundo do direito romano que denota a intenção de fazer parte de uma sociedade.[35] A sentença apontou que, no Brasil, numerosas companhias fechadas têm laços familiares e são formadas *intuitu personae*, sendo a identidade dos acionistas crucial para o sucesso da empresa (Superior Tribunal de Justiça, 2007, p. 14). Nessas companhias, a quebra da *affectio*, entendida como a "afinidade e identificação pessoal entre os acionistas, marcadas pela confiança mútua", impedia a sociedade de atingir sua finalidade conforme a LSA (Superior Tribunal de Justiça, 2007, p. 14).

O tribunal adotou sem saber um raciocínio que espelha os argumentos propostos por juristas estadunidenses décadas antes, sustentando que uma sociedade anônima com tais características era, em essência, uma "sociedade limitada travestida de sociedade anônima" (Superior Tribunal de Justiça, 2007, p. 14). Não obstante, o STJ decidiu que "a regra da dissolução total em nada aproveitaria aos valores sociais envolvidos, no que diz respeito à preservação de empregos, arrecadação de tributos e desenvolvimento econômico do país" (Superior Tribunal de Justiça, 2007, p. 15). Por conseguinte, o STJ deferiu o pedido de dissolução parcial como "a solução que melhor concilia o interesse individual dos acionistas retirantes com o princípio da preservação da sociedade e sua utilidade social" (Superior Tribunal de Justiça, 2007, p. 16).

[35] *Affectio societatis* é um conceito que remonta ao direito romano, um sistema jurídico que carecia de forma equivalente à sociedade anônima. Para uma crítica ao uso desse conceito pelos tribunais brasileiros, ver França e Von Adamek (2009, p. 131, 132, 140).

Em 2008, a segunda seção do STJ proferiu sua segunda decisão sobre o assunto, dessa vez no caso Luiz Kirchner S/A Indústria de Borrachas (Superior Tribunal de Justiça, 2008). O tribunal efetivamente expandiu a posição adotada no caso Cocelpa, estabelecendo a aplicabilidade da dissolução parcial por quebra da *affectio societatis* sem necessidade de haver abuso econômico ou ausência de distribuição de dividendos. Assim como no caso anterior, os autores dessa ação dissolutória também eram herdeiros de um ex-acionista. O tribunal entendeu que a decisão no caso Cocelpa considerava "preponderante para as sociedades anônimas familiares pequenas e médias a existência da *affectio societatis*, sem a qual presume-se que o clima beligerante entre os acionistas [...] atua contra a preservação da empresa e torna-se obstáculo à consecução de seu objeto social, que não poderá ser cumprido" (Superior Tribunal de Justiça, 2008, p. 6).

Antes de chegar ao STJ, esse caso tinha sido decidido pelo Tribunal de Justiça de São Paulo (TJSP) em uma decisão não unânime que salientou os argumentos de ambos os lados. A maioria, que deferiu o pedido de dissolução parcial, apoiou-se na proteção constitucional da liberdade de associação, que dispõe que ninguém pode ser compelido a associar-se ou permanecer associado (CF, art. 5, XX). O voto vencido, por sua vez, enfatizou que a companhia em questão começou como sociedade limitada e depois se converteu em S.A., quando acolheu acionistas alheios à família, para proteger a empresa das disputas entre herdeiros. O voto vencido concluiu negando o pedido de dissolução parcial, porque a companhia dava lucro e cumpria sua finalidade, "que não é a de manter em harmonia os descendentes dos fundadores" (Tribunal de Justiça de São Paulo, 1998).

Desde essas decisões pioneiras, a ausência do bloqueio do capital em companhias fechadas passou a ser amplamente aceita pelos tribunais brasileiros. O Código de Processo Civil de 2015 alude explicitamente à dissolução parcial de companhias fechadas que não podem preencher seu fim.[36] Essa disposição, assim como a jurisprudência que a inspirou, cria uma construção doutrinária canhestra que autoriza uma empresa que não atenda ao seu fim a continuar existindo.

[36] Lei n. 13.105, de 16 de março de 2015, DOU de 17.03.2015, art. 599, § 2º.

Além dos pedidos agora corriqueiros de dissolução parcial de sociedade anônima por parte de acionistas minoritários, os tribunais brasileiros enfraqueceram o bloqueio do capital de outra maneira: deferindo pedidos de exclusão de acionistas que prejudicam as operações da companhia. Diversamente da dissolução, os pedidos de exclusão estão sujeitos a normas mais rigorosas, segundo as quais os acionistas restantes precisam demonstrar a conduta ilícita por parte do acionista que desejam excluir. Como afirmou o STJ (2012), "a exclusão é medida extrema que visa à eficiência da atividade empresarial, para o que se torna necessário expurgar o sócio que gera prejuízo ou a possibilidade de prejuízo grave ao exercício da empresa, sendo imprescindível a comprovação do justo motivo". Contudo, pelo menos uma decisão do STJ (2011) esfumou a distinção entre dissolução parcial e exclusão, asseverando que não há "diferença ontológica" entre ambas as categorias e permitindo, assim, que a maioria dos acionistas peça a retirada de acionistas minoritários devido à quebra da *affectio societatis*.[37]

Pedidos de exclusão e dissolução parcial têm a mesma consequência: o término da condição de acionista e a retirada de uma parcela correspondente dos recursos da sociedade. O recurso draconiano da exclusão também se encontra disponível em outros países, mas apenas em circunstâncias excepcionais (Bachmann *et al.*, 2014, p. 73-74).

Ao acolherem a dissolução parcial e a exclusão de acionista, os tribunais brasileiros passaram a recorrer cada vez mais à saída como substituto para a responsabilização civil. Considerações de competência e capacidade institucional provavelmente desempenharam um papel importante nessa mudança. Avaliar a existência de conduta ilícita e quantificar os danos pode ser mais trabalhoso para os tribunais do que simplesmente conferir direitos de saída e deixar a questão da avaliação para uma subsequente batalha de peritos. A mitigação do bloqueio do capital também é fundamental para a implementação de outras políticas públicas que buscam assegurar que herdeiros e cônjuges recebam uma parcela justa dos bens no caso de morte ou divórcio.

Surpreendentemente, a eliminação do bloqueio do capital causou pouco alvoroço entre os juristas, apesar de sua ruptura radical com a tra-

[37] Ao permitir que os acionistas majoritários excluam os minoritários a qualquer momento, esse caso agrava, em vez de mitigar, o problema da expropriação dos minoritários.

dição jurídica brasileira e com a experiência estrangeira. Decerto, vários doutrinadores continuam a repudiar a possibilidade de dissolução parcial das sociedades por ações.[38] Porém, a ampla maioria dos comentadores passou a aprovar a dissolução parcial com considerável entusiasmo, seja incondicionalmente ou com qualificações relativamente modestas, como a necessidade de provar a quebra da *affectio societatis*.[39]

1.2. Responsabilidade limitada

A responsabilidade limitada é o segundo e certamente mais celebrado atributo do tipo de sociedade anônima.[40] A responsabilidade limitada, ou o que Hansmann, Kraakman e Squire chamam de "blindagem dos proprietários", é o oposto da "blindagem da pessoa jurídica" (Hansmann, Kraakman e Squire, 2006, p. 1339). Ela assegura que os credores pessoais dos acionistas terão acesso exclusivamente aos bens dos acionistas, ao passo que os credores sociais têm acesso exclusivamente aos bens da sociedade. Apesar da centralidade tradicional da responsabilidade limitada nas sociedades anônimas e sua presumível importância para a economia capitalista moderna, o direito brasileiro reduziu fortemente seu alcance.

Os benefícios da responsabilidade limitada são conhecidos e variados. Ela libera os acionistas do pesado fardo de monitorar os administradores e outros acionistas, o que incentiva a transferibilidade e a diversificação. Graças à responsabilidade limitada, a fixação do preço das ações não depende da avaliação de crédito dos proprietários, o que facilita a transferibilidade e a operação do mercado de controle acionário. A responsabilidade limitada geralmente também diminui os custos de investir em sociedade anônima e, portanto, promove tais investi-

[38] Ver *e.g.* Eizirik (2011, p. 157-162).

[39] Ver *e.g.* Carvalhosa (2011, p. 44-45).

[40] Para uma recente defesa vigorosa da responsabilidade limitada, ver Bainbridge e Henderson (2016, p. 2) (descrevem a responsabilidade limitada como "a característica central da sociedade anônima que faz dela uma forma tão atraente de cooperação e colaboração humana"). Ver também Easterbrook e Fischel (1991, p. 40) ("A responsabilidade limitada é uma característica distintiva do direito societário – talvez *a* característica distintiva"); Leebron (1991, p. 1566) ("Nenhum outro princípio parece mais estabelecido no direito capitalista ou mais essencial ao funcionamento da economia moderna [que o princípio da responsabilidade limitada]").

mentos.[41] A reconhecida importância da responsabilidade limitada para o tipo de sociedade anônima é tamanha que a aparente expansão da doutrina estadunidense da desconsideração da personalidade jurídica no fim do século XX suscitou advertências provocativas contra o "assassinato da sociedade anônima" (Presser, 1992, p. 148).

Embora seja amplamente difundida hoje, a responsabilidade limitada não era uma característica constante das primeiras sociedades anônimas (Horwitz, 1992, p. 94).[42] Por exemplo, a Califórnia não ofereceu responsabilidade limitada até 1931 (Weinstein, 2013, p. 1-2), e os bancos estadunidenses impunham "dupla responsabilidade" aos acionistas no período entre a Guerra Civil e a Grande Depressão (Macey e Miller, 1992, p. 31).[43] Por sua vez, o Brasil foi um dos primeiros países a adotar a responsabilidade limitada em geral – inclusive para instituições financeiras – desde as primeiríssimas sociedades anônimas no século XIX. O alvará real que instituiu o primeiro Banco do Brasil em 1808 mencionava especificamente a responsabilidade limitada dos acionistas, assim como fizeram os decretos subsequentes para outros bancos.[44]

Durante a maior parte de sua história empresarial, o Brasil carecia de qualquer doutrina da desconsideração da personalidade jurídica para além da responsabilidade solidária de sociedades integrantes de grupo econômico no contexto do direito trabalhista.[45] Foi apenas em 1969 que o doutrinador brasileiro Rubens Requião publicou o primeiro trabalho sobre o assunto, que denunciava como o "absolutismo" da personalidade jurídica permitia seu uso para finalidades fraudulentas. Requião defendeu a aplicação no Brasil da chamada "*disregard doctrine*" do direito anglo-saxônico para coibir tais abusos (Requião, 1969). O artigo de Requião teve grande influência nos tribunais brasileiros, que começaram a aplicar a doutrina apesar da ausência de autorização legislativa.

[41] Para amplos panoramas dos benefícios da responsabilidade limitada, ver Bainbridge e Henderson (2016); Easterbrook e Fischel (1985, p. 111); Armour *et al.* (2018).

[42] Segundo Horwitz (1992, p. 94): "A genuína responsabilidade limitada dos acionistas estava longe de ser a norma nos EUA até 1900".

[43] A dupla responsabilidade difere da responsabilidade ilimitada em que os acionistas só são responsáveis até o valor nominal de suas ações.

[44] Ver *e.g.* Decreto n. 888, de 22 de dezembro de 1851, art. 10 (Banco da Província de Pernambuco); Decreto n. 4.390, de 15 de julho de 1869, art. 30 (Banco Comercial do Maranhão).

[45] Ver *infra* notas 50-52 e texto a que se referem.

Não obstante, a adoção da desconsideração da personalidade jurídica era bastante restrita, o que levava a uma convergência, e não divergência, com relação ao padrão internacional.

Todavia, avanços recentes, que se acumulam desde os anos 1990, erodiram significativamente a proteção da responsabilidade limitada no Brasil – tanto que, em 2014, o jurista brasileiro Bruno Salama declarou "o fim da responsabilidade limitada" no País (Salama, 2014). Não se pretende negar que a aplicação da doutrina da desconsideração da personalidade jurídica em outros países, especialmente nos Estados Unidos, pode parecer altamente litigiosa (Thompson, 1991),[46] confusa (Boyd e Hoffman, 2010; Macey e Mitts, 2014),[47] controversa e até alarmante (Bainbridge, 2001, p. 479, 481). Porém, como veremos adiante, há uma importante diferença de grau com respeito à inclinação dos legisladores e tribunais para mitigar a responsabilidade limitada no Brasil. Acadêmicos alegaram que a desconsideração da personalidade jurídica "ocorre com mais frequência nos Estados Unidos do que em qualquer outro lugar" (Thompson, p. 619, 2005),[48] mas na verdade ela é muito mais prevalente no Brasil. Enquanto estudiosos estadunidenses encontraram em torno de 9.000 a 11.000 casos de desconsideração da personalidade jurídica em bases de dados eletrônicas nos EUA (Macey e Mitts, 2014, p. 141; OH, 2010, p. 100; Presser, 1992), buscas recentes do termo somente nos *sites* do Tribunal de Justiça do Estado de São Paulo (TJSP) e do Tribunal Regional do Trabalho da 2ª Região (TRT) levan-

[46] Segundo Thompson (1991, p. 1036), "A desconsideração da personalidade jurídica é a questão mais litigiosa do direito societário". Mas ver OH (2010, p. 81, 90) ("A desconsideração da personalidade jurídica é chamada erroneamente de a questão mais polêmica do direito societário"). Embora os casos de desconsideração da personalidade jurídica sejam numerosos, os pedidos de dissolução e responsabilização de conselheiros e diretores parecem ser mais comuns (OH, 2010, p. 90-91).

[47] Boyd e Hoffman (2010, p. 853, 904) constatam que influências extrajurídicas têm papel importante nos casos de desconsideração da personalidade jurídica; Macey e Mitts (2014, p. 99, 103) descrevem a postura aparentemente incoerente dos tribunais estadunidenses ao aplicar os tradicionais motivos doutrinários para desconsideração da personalidade jurídica e propõem uma taxonomia alternativa.

[48] Estudiosos mostraram posteriormente que a proporção de desconsideração da personalidade jurídica é maior na China que nos Estados Unidos. Huang (2012, p. 743, 774) constata que os tribunais chineses desconsideraram a personalidade jurídica em 63% dos 99 casos julgados desde a lei de 2005, "uma proporção significativamente mais alta que nos Estados Unidos, Reino Unido e Austrália".

taram mais de 42.000 e 18.000 sentenças judiciais sobre esse assunto, respectivamente.[49]

A primeira restrição à responsabilidade limitada remonta à Consolidação das Leis do Trabalho (CLT) de 1943.[50] A lei, que ainda está em vigor de forma modificada,[51] estipulava uma versão de "*enterprise liability*": quando uma ou mais empresas estão sob controle de outra, constituindo um grupo industrial ou comercial, a controladora e as subsidiárias serão solidariamente responsáveis pelas obrigações trabalhistas. Isso significava que, para fins trabalhistas, os limites patrimoniais eram eliminados dentro do grupo mas não fora dele.[52]

Essa regra do direito trabalhista inicialmente não impingiu a proteção da responsabilidade limitada usufruída pelos acionistas controladores individuais ou minoritários. Contudo, apesar da redação legal clara e restritiva, os tribunais trabalhistas nos anos 1970 e 1980 começaram a responsabilizar acionistas individuais (incluindo, por vezes, acionistas minoritários) pelas obrigações trabalhistas da sociedade. Essa postura tornou-se predominante nas últimas décadas (Salama, 2014, p. 156). Enquanto a imposição de responsabilidade dos acionistas para dívidas trabalhistas não é inusitada numa perspectiva comparada,[53] a desconsideração da personalidade jurídica em ações trabalhistas assume especial relevância no Brasil devido à sua amplitude doutrinária e ao volume extraordinariamente alto de litigância nos tribunais trabalhistas, em que os empregadores arcam com o ônus da prova e os empregados costumam vencer.[54]

[49] Segundo pesquisa realizada em novembro de 2017 usando a expressão de busca única "desconsideração da personalidade jurídica" para evitar resultados duplicados. É provável que isso subestime o número de decisões, especialmente porque nem todas as decisões são publicadas nos *sites* dos tribunais.

[50] Decreto n. 5.452, de 1 de maio de 1943, DOU de 09.08.1943.

[51] Ver *infra* notas 79-84 e texto a que se referem.

[52] Como discutido adiante, a visão convencional é que a eliminação da separação patrimonial dentro de um grupo de sociedades é muito menos controversa que fora dele. Ver Easterbrook e Fischel (1985, p. 111; Hansmann e Squire, 2017).

[53] Ver N.Y. Bus. Corp. Law § 630 (LexisNexis 2019) (impõe responsabilidade solidária por dívidas trabalhistas aos dez maiores acionistas de companhias fechadas).

[54] Ver "Employer, beware", *The Economist*, 10 mar. 2011 ("Em 2009, 2,1 milhões de brasileiros moveram ações contra seus empregadores nos tribunais trabalhistas. Esses tribunais raramente favorecem os empregadores"). Disponível em: https://www.economist.com/the-americas/2011/03/10/employer-beware. Acesso em: 24 ago. 2020.

Pode-se afirmar que a primeira interferência legislativa na responsabilidade limitada dos acionistas individuais ocorreu em 1987.[55] Por lei, as instituições financeiras no Brasil devem necessariamente adotar o tipo de S.A.[56] A lei dispõe que, quando as instituições financeiras estiverem sujeitas a intervenção do Banco Central por insolvência ou conduta ilícita, os acionistas controladores serão solidariamente responsáveis com os administradores por quaisquer dívidas remanescentes. A lei dispõe explicitamente que essa responsabilidade incide independentemente de dolo ou culpa.[57] Essa regra foi estendida aos acionistas controladores e reforçou a regra rigorosa aplicável aos administradores desde 1974. Segundo a lei de 1974, os administradores de instituições financeiras são solidariamente responsáveis pelas obrigações assumidas durante sua gestão e seus bens pessoais tornam-se indisponíveis enquanto a instituição estiver diante de uma intervenção ou procedimentos de insolvência.[58] A lei de 1997 estendeu a responsabilidade dos acionistas controladores a outros casos de intervenção e liquidação.[59]

Uma leitura razoável da lei é que nem os administradores nem os acionistas controladores de instituições financeiras dispõem de responsabilidade limitada (Franco e Rosman, 2009). Como descreveu um eminente economista brasileiro e ex-diretor do Banco Central, no Brasil "não há 'princípio da responsabilidade limitada' no sistema financeiro" (Franco, 2012, p. 88). A fraude contábil que quase levou à falência o Banco PanAmericano, cujo acionista controlador era o apresentador de TV e magnata Sílvio Santos, serve de exemplo pertinente. Embora Sílvio Santos não estivesse envolvido de qualquer maneira com a administração do banco, ele acabou fornecendo ações de 34 empresas como garantia para um empréstimo do Fundo Garantidor de Crédito (FGC) para salvar a instituição. Isso impediu que o banco sofresse liquidação formal ou intervenção do Banco Central, o que teria resultado em sua respon-

[55] Decreto-Lei n. 2.321, de 25 de fevereiro de 1987, DOU de 26.02.1987, art. 15.

[56] Lei n. 4.595, de 31 de dezembro de 1964, DOU de 31.12.1964, art. 25.

[57] Decreto-Lei n. 2.321, de 25 de fevereiro de 1987, DOU de 26.02.1987, art. 15. O Banco Central e o Judiciário interpretam tradicionalmente que a lei impõe responsabilidade estrita pelas obrigações do banco. Porém decisões judiciais recentes sustentaram que a imposição de responsabilidade aos administradores é baseada em culpa, embora sujeita a presunção relativa de culpa. Ver Sturzenegger (2011, p. 199).

[58] Lei n. 6.024, de 13 de março de 1974, DOU de 14.03.1974, arts. 36, 40.

[59] Lei n. 9.447, de 14 de março de 1997, DOU de 15.03.1997.

sabilidade pessoal.[60] Apesar da aparente rigidez desse regime, todos os bancos brasileiros têm acionistas controladores.

Outra exceção legal significativa à responsabilidade limitada vem do Código de Defesa do Consumidor (CDC) de 1990. A disposição em tela é o quinto e último parágrafo do art. 28 do diploma, segundo a qual o juiz também pode desconsiderar a personalidade jurídica "sempre que sua personalidade for, de alguma forma, obstáculo ao ressarcimento de prejuízos causados aos consumidores".[61] Essa regra não estava presente no anteprojeto redigido por eminentes juristas brasileiros de viés consumerista. Ao contrário, foi incluída no processo legislativo como emenda proposta por dois deputados de partidos de direita (PFL) e centro-esquerda (PTB).[62] Curiosamente, a promulgação dessa disposição pode não ter sido intencional. Os próprios autores de anteprojeto do CDC argumentaram que essa disposição extrema deveria ter sido vetada pelo Presidente da República, mas não o foi por causa de um erro tipográfico.

A nova regra gerou significativa controvérsia doutrinária, com a maioria da doutrina defendendo uma interpretação teleológica do § 5º de modo a não permitir a desconsideração da personalidade jurídica na ausência de fraude ou abuso (Grinover *et al.*, 2005, p. 237). Não obstante, os tribunais adotaram uma leitura literal da lei. O *leading case* sobre a questão envolveu uma trágica explosão num *shopping center* em Osasco, com muitos mortos e feridos (Grinover *et al.*, 2005, p. 239). Em uma decisão dividida, o STJ decidiu desconsiderar a personalidade jurídica do *shopping center*, uma sociedade limitada, assim como de sua sociedade controladora, para responsabilizar pessoalmente os administradores (Superior Tribunal de Justiça, 2004). Desde então, numerosas decisões desconsideraram a personalidade jurídica para alcançar os bens dos sócios e administradores.[63]

Essa interpretação espraiou-se muito além do contexto das relações de consumo. Primeiro, os tribunais trabalhistas passaram a aplicar cada

[60] "Nothing to see here: The Central Bank claims credit for a banking bail-out in Brazil", The *Economist*, p. 88, 20 nov. 2010. Disponível em https://www.economist.com/finance-and-economics/2010/11/18/nothing-to-see-here?zid=305&ah=417bd5664dc76da5d98af4f7a64 0fd8a. Acesso em: 24 ago. 2020.

[61] Lei n. 8.078, de 11 de setembro de 1990, DOU de 12.09.1990.

[62] *Diário do Congresso Nacional*, 27.06.1990, p. 7932.

[63] Ver *e.g.* Superior Tribunal de Justiça (2014).

vez mais a legislação de proteção ao consumidor por analogia para desconsiderar a personalidade jurídica liberalmente em benefício dos empregados (Salama, 2014). Segundo, as leis subsequentes reproduziram de perto a redação do Código de Defesa do Consumidor. A lei de 1998 sobre sanções penais e administrativas para infrações ambientais prevê a desconsideração da personalidade jurídica "sempre que [a] personalidade for obstáculo ao ressarcimento de prejuízos causados à qualidade do meio ambiente".[64]

Quando se trata de grupos de sociedades, a LSA dispõe explicitamente que cada sociedade pertencente ao grupo conserva personalidade e patrimônio distintos.[65] Contudo, diversas leis recentes também enfraqueceram a separação patrimonial entre empresas pertencentes ao mesmo grupo de sociedades. Por exemplo, uma lei de 1991 impõe às empresas pertencentes ao mesmo "grupo econômico" responsabilidade solidária pelos débitos junto à Seguridade Social.[66] A responsabilidade solidária dentro do grupo econômico também se aplica no contexto fiscal se as empresas envolvidas tiverem participado de atividade tributável e/ou tiverem interesse nela.[67] A Lei de Defesa da Concorrência e Anticorrupção de 2011 faz o mesmo, impondo responsabilidade solidária às empresas pertencentes ao mesmo grupo econômico e prevendo a desconsideração da personalidade jurídica em caso de insolvência, falência, encerramento ou inatividade causada por "má administração".[68] De igual modo, a lei anticorrupção de 2013 dispõe que "as sociedades controladoras, controladas, coligadas ou, no âmbito do respectivo contrato, as consorciadas serão solidariamente responsáveis pela prática dos atos previstos nesta lei, restringindo-se tal responsabilidade à obrigação de pagamento de multa e reparação integral do dano causado".[69] Embora essa responsabilidade não atinja os acionistas controladores individuais, ela abrange explicitamente as "sociedades coligadas",

[64] Lei n. 9.605, de 12 de fevereiro de 1998, DOU de 13.02.1998, art. 4º.

[65] LSA, art. 266. Isso não depende das regras que regem as transações entre partes relacionadas dentro de grupos formais ou *de facto*.

[66] Lei n. 8.212, de 24 de julho de 1991, DOU de 25.7.1991, art. 30, IX.

[67] Lei n. 5.172, de 25 de outubro de 1966, DOU de 27.10.1966, art. 124, I; ver também *e.g.* Superior Tribunal de Justiça (2007).

[68] Lei n. 12.529, de 30 de novembro de 2011, DOU de 01.12.2011, arts. 33, 34.

[69] Lei n. 12.846, de 1 de agosto de 2013, DOU de 02.08.2013, art. 4º, § 2º.

definidas como companhias que estão sob "influência significativa" de outra, mas sem que haja controle.[70]

Os tribunais também desconsideraram a personalidade jurídica de grupos de sociedades com bastante liberalidade, até na ausência de regimes legais especiais. Um estudo empírico constatou que, entre 2005 e 2010, o Tribunal de Justiça de São Paulo decidiu 214 casos sobre desconsideração da personalidade jurídica em grupos econômicos que não envolviam qualquer lei especial (Margoni, 2011, p. 10, 150). Desses, o tribunal desconsiderou a autonomia patrimonial em 134 casos, ou seja, quase dois terços do total (Margoni, 2011, p. 153).

O direito falimentar é outro campo que tem superado cada vez mais a responsabilidade limitada e, mais amplamente, a própria noção de personalidade jurídica. Ele tem desconsiderado os limites internos de grupos de sociedades e combinado as entidades num único conjunto de bens e grupo de credores. Tal qual a desconsideração da personalidade jurídica, esse mecanismo, conhecido no direito dos EUA como consolidação substancial (*substantial consolidation*), não é exclusivo do Brasil. A diferença está, uma vez mais, na maior propensão dos tribunais brasileiros para usá-lo.[71]

Em outras áreas, como o direito tributário, os tribunais superiores adotaram uma postura relativamente restritiva com relação à desconsideração da personalidade jurídica, impondo a responsabilização somente dos administradores e acionistas controladores que tenham cometido atos ilícitos para além do não pagamento de impostos.[72] Não obstante, o direito na prática (*law in action*) pinta uma figura diferente. As autoridades fiscais emitem com frequência guias de recolhimento contra acionistas e administradores, que enfrentam então o pesado ônus de depositar as quantias cobradas antes de poderem contestar a cobrança judicialmente. Essa prática, aliada a interpretações favoráveis ao governo por parte das cortes inferiores e ao fato de que o pagamento dos impostos extingue possíveis penas criminais no direito brasileiro, leva ao

[70] LSA, art. 243, § 1º.

[71] A restruturação judicial da Rede Energia é um exemplo dessa abordagem mais liberal com relação à consolidação substancial no Brasil comparada à dos tribunais estadunidenses. Ver *in re* Rede Energia S.A., 515 B.R. 69 (Bankr. S.D.N.Y. 2014).

[72] Ver *e.g.* Superior Tribunal de Justiça (2010).

que se pode chamar de sistema de "extorsão judicial" contra acionistas e administradores.[73]

Em sua maior parte, o Judiciário não apenas endossou, mas expandiu os fundamentos legais para a responsabilização dos acionistas. Os tribunais trabalhistas, em particular, desconsideram rotineiramente a personalidade jurídica para alcançar os bens dos acionistas (incluindo, em várias ocasiões, acionistas minoritários) de companhias fechadas com base numa lógica de "bolsos profundos" (*deep pockets*) – ou, em sua formulação doutrinária, o princípio não escrito da "não imputação dos riscos da empresa ao empregado" (Tribunal Superior do Trabalho, 2013; Tribunal Superior do Trabalho Jurisprudência, 2013).[74] É verdadeiramente notável que a responsabilidade imposta aos administradores e acionistas seja solidária, e não *pro rata*.[75] Praticamente todos esses casos envolvem sociedades fechadas, de modo que a aplicabilidade da desconsideração da personalidade jurídica a companhias abertas continua em grande parte não testada. Há, porém, um precedente do Tribunal Superior do Trabalho (TST) que permitiu a desconsideração da personalidade jurídica numa companhia aberta para alcançar os bens de um acionista que tinha sido diretor antes da contratação do empregado (Tribunal Superior do Trabalho, 2013).

A proliferação de exceções não erradica a proteção da responsabilidade limitada em sua totalidade. Em contratos privados fora dos contextos trabalhista e do consumidor, a responsabilidade limitada geralmente é mantida.[76] A desconsideração da personalidade jurídica nesse caso está sujeita aos requisitos mais rigorosos estipulados no art. 50 do Código Civil, que exigem "desvio de finalidade" ou "confusão patrimonial". Diferentemente de sua postura em outras áreas, os tribunais têm relutado em desconsiderar a personalidade jurídica nos contextos civil e comercial, a ponto de impor condições que vão além daquelas prescritas pelo Código Civil. Por exemplo, uma decisão plenária do STJ sustentou

[73] A expressão é de Salama (2014, p. 185).

[74] Mas algumas decisões restringem a imposição de responsabilidade aos acionistas controladores. Ver *e.g.* Tribunal Superior do Trabalho (2015).

[75] Sobre os benefícios da responsabilidade *pro rata* com relação à responsabilidade solidária, ver Hansmann e Kraakman (1991, p. 1879, 1892-1924).

[76] Salama (2014, p. 211) nota que, ao contrário de outras áreas, a responsabilidade ilimitada em assuntos civis e comerciais é "bastante restrita".

que a desconsideração da personalidade jurídica não se aplica na ausência de fraude ou dolo, apesar dessa exigência não poder ser encontrada no texto legal (Superior Tribunal de Justiça, 2014).

Ademais, um importante precedente do Supremo Tribunal Federal (STF) adotou a visão arrojada de que a interferência legislativa na responsabilidade limitada pode até mesmo violar a Constituição. A decisão do STF diz respeito a uma lei federal de 1993 que tornava os sócios de sociedades limitadas solidariamente responsáveis pelos débitos junto à Seguridade Social.[77] A decisão unânime entendeu que a disposição era inconstitucional por ser irrazoável e indevidamente restritiva da iniciativa privada e por violar o direito constitucional à liberdade de trabalho, ofício e profissão, bem como a garantia da livre iniciativa (CF, art. 5º, XIII, e art. 170, parágrafo único, da Constituição) (Supremo Tribunal Federal, 2011).

No entanto, de modo geral, a aplicação frequente da desconsideração da personalidade jurídica no Brasil contradiz o entendimento convencional de que os obstáculos políticos à imposição da responsabilidade ilimitada aos acionistas são insuperáveis (Conti-Brown, 2012, p. 409, 460). É interessante que essa drástica erosão da responsabilidade limitada tenha ocorrido num contexto em que as elites existentes têm sido bastante eficazes em opor-se aos esforços de reforma para aumentar a proteção aos investidores (Gilson, Hansmann e Pargendler, 2013, p. 475, 482-486).

Embora a comunidade empresarial e os juristas tenham criticado reiteradamente a aplicação abrangente e indiscriminada da responsabilidade ilimitada pelo Judiciário brasileiro, as principais tentativas de reforma foram até agora de alcance bastante limitado. O novo Código de Processo Civil de 2015 criou salvaguardas processuais para a aplicação da desconsideração da personalidade jurídica em decorrência de preocupações acerca do devido processo e de esforços de *lobby* por parte de associações empresariais. A lei agora condiciona explicitamente a desconsideração da personalidade jurídica: (i) à inclusão de pedido nesse sentido na petição inicial e à citação dos acionistas ou administradores como réus; ou (ii) ao pedido de uma das partes ou do Ministério Público para instaurar um incidente com esse efeito a qualquer momento

[77] Lei n. 8.620, de 5 de janeiro de 1993, DOU de 6.106.01.1993, art. 13.

durante o processo judicial.[78] Essa disposição incomum é uma reação à prática judicial anterior: os tribunais simplesmente redirecionavam a execução das quantias devidas contra os acionistas ou administradores, sem participação anterior deles como réus na ação judicial, numa aparente violação do devido processo legal.

O Brasil reformulou profundamente sua legislação trabalhista em 2017, incorporando várias disposições com vistas a refrear o uso descontrolado da desconsideração da personalidade jurídica pelos tribunais trabalhistas.[79] A reforma trabalhista, de modo geral, é considerada drástica e altamente controversa, pois aconteceu no mandato de um presidente que acedeu ao cargo em decorrência do *impeachment* de sua predecessora e que contava com o apoio da comunidade empresarial e não necessariamente de apoio popular.[80] Embora importantes, as novas restrições à desconsideração da personalidade jurídica são modestas, em que pese o esforço de reforma ambicioso em outras áreas, e surpreendentemente sancionam a imposição de responsabilidade aos sócios por dívidas trabalhistas. A lei emendada contempla explicitamente uma clara prioridade para a satisfação de dívidas trabalhistas, com a empresa empregadora em primeiro, seguida pelos sócios atuais e só depois pelos ex-sócios. Estes últimos agora só podem ser responsabilizados em ações ajuizadas até dois anos depois da transferência das participações na ausência de fraude.[81] De igual modo, somente a empresa sucessora numa reorganização empresarial pode ser responsabilizada por obrigações trabalhistas na ausência de fraude.[82] A reforma restringe a imposição de responsabilidade solidária às empresas integrantes de um grupo econômico aos casos em que houver interesse integrado, efetiva comunhão de interesses e atuação conjunta, explicitando ser insuficiente a mera identidade de sócios.[83] A alteração também dispõe explicitamente que as novas salvaguardas processuais da desconsideração da personalidade

[78] Lei n. 13.105, de 16 março de 2015, DOU de 17.03.2015, arts. 133-37.

[79] Lei n. 13.467, de 13 de julho de 2017, DOU de 14.07.2017.

[80] Para uma descrição e avaliação da reforma, ver "Bye-Bye, Benito", *The Economist*, 20 jul. 2017, p. 59. Disponível em: https://www.economist.com/business/2017/07/20/an-overhaul-of-brazilian-labour-law-should-spur-job-creation. Acesso em: 24 ago. 2020.

[81] Lei n. 13.467, de 13 de julho de 2017, DOU de 14.07.2017, art. 10-A.

[82] Lei n. 13.467, de 13 de julho de 2017, DOU de 14.07.2017, art. 448-A.

[83] Lei n. 13.467, de 13 de julho de 2017, DOU de 14.07.2017, art. 2º, § 2º. Até a reforma, os tribunais trabalhistas costumavam impor a responsabilidade solidária às companhias que

jurídica criadas pelo Código de Processo Civil de 2015 aplicam-se igualmente às ações trabalhistas.[84]

A nova Lei da Liberdade Econômica de 2019 – que busca promover a liberalização do direito privado e a desregulamentação empresarial no Brasil – é igualmente tímida no tratamento da desconsideração da personalidade jurídica.[85] Impressiona que o parágrafo único do novo art. 49-A do Código Civil ofereça uma justificativa normativa para a separação patrimonial, afirmando que "a autonomia patrimonial das pessoas jurídicas é um instrumento lícito de alocação e segregação de riscos, estabelecido pela lei com a finalidade de estimular empreendimentos, para a geração de empregos, tributo, renda e inovação em benefício de todos".[86] Além disso, a lei especifica e limita o alcance do art. 50 do Código Civil, que previa as regras para a desconsideração da personalidade jurídica em relações civis e comerciais, cuja interpretação já era bastante restritiva.[87] O novo art. 50 afirma explicitamente que a desconsideração da personalidade jurídica só pode atingir os bens de sócios ou administradores que se beneficiaram direta ou indiretamente pelo abuso e que a mera existência de grupo econômico na ausência de abuso e confusão patrimonial não autoriza a desconsideração da personalidade jurídica.[88] A reforma, contudo, deixa intocadas as áreas do direito (como trabalhista, do consumidor e ambiental) em que a desconsideração da personalidade jurídica é verdadeiramente desenfreada.

1.3. Administração delegada sob estrutura de conselho

O terceiro atributo central do tipo de sociedade anônima é a existência de administração delegada com estrutura de conselho. Num nível básico, esse elemento também está presente no direito societário brasileiro.

tinham um acionista em comum, mesmo se não fosse controlador – um regime que era especialmente incômodo para as indústrias de *private equity* e capital de risco.

[84] Lei n. 13.467, de 13 de julho de 2017, DOU de 14.07.2017, art. 855-A.

[85] Lei n. 13.874, de 20 de setembro de 2019, DOU de 20.09.2019.

[86] Lei n. 13.874, de 20 de setembro de 2019, DOU de 20.09.2019, art. 7º.

[87] A nova lei esclarece que: (i) desvio de finalidade exige fraude com o propósito de lesar credores ou prática de atos ilícitos de qualquer natureza e (ii) confusão patrimonial significa ausência de separação de fato entre os patrimônios. Lei n. 13.874, de 20 de setembro de 2019, DOU de 20.09.2019, art. 7º *§ 1º e 2º*.

[88] Lei n. 13.874, de 20 de setembro de 2019, DOU de 20.09.2019, art. 7º, *caput* e § 5º do art. 50.

Os acionistas não são representantes da empresa e não podem vinculá-la por contrato. Essa prerrogativa cabe aos diretores – devidamente eleitos pelos acionistas ou pelo conselho de administração – ou mandatários dos diretores agindo dentro dos limites de seus poderes.[89]

No entanto, vários aspectos do direito e da prática societária brasileira mitigam drasticamente a força da administração delegada. Primeiro, as companhias abertas brasileiras costumam ter uma propriedade altamente concentrada nas mãos de um único acionista ou grupo de acionistas controlador. Embora o nível de concentração da propriedade tenha decrescido no Brasil na última década, a propriedade dispersa continua bastante rara. Em geral, a presença de acionistas controladores tende a reduzir a delegação da administração – já que há maior probabilidade de coincidência entre administradores e acionistas –, e o Brasil não é exceção. A propriedade concentrada é a estrutura de propriedade prevalente no mundo todo e é particularmente difundida nos mercados emergentes.[90]

Outras divergências aparecem examinando-se o equilíbrio de poder entre os acionistas e administradores instituído pelo direito societário brasileiro. No direito comparado, há uma variação bem estabelecida entre diferentes países nessa área, com os países europeus geralmente conferindo direitos muito maiores aos acionistas que o direito estadunidense, centrado nos conselhos (Cools, 2005, p. 697, 765-766). A diferença aqui é de grau, com o direito societário brasileiro sendo até mais centrado nos acionistas do que esses países que já são favoráveis aos acionistas.

Como ponto de partida, a LSA permite que os acionistas tomem a maioria das decisões na companhia, com exceção dos pouquíssimos assuntos que são de competência privativa dos administradores.[91] O art. 121 dispõe que "a assembleia-geral, convocada e instalada de acordo com a lei e o estatuto, tem poderes para decidir *todos os negócios relativos ao objeto da companhia e tomar as resoluções que julgar convenientes* à *sua defesa e desenvolvimento*".[92] Esse poder é amplo, especialmente porque a

[89] LSA, art. 144. Para uma descrição da estrutura de conselho disponível no direito brasileiro e sua aplicabilidade, ver *infra* nota 103 e texto a que se refere.

[90] Ver *e.g.* Pargendler (2017).

[91] Ver *infra* nota 99 e texto a que se refere.

[92] LSA, art. 121 (grifo meu).

lei confere aos acionistas que representem 5% do capital social o direito de convocar a assembleia a qualquer momento quando o conselho não atender ao pedido de convocação.[93]

A LSA é incomum ao alargar não somente as matérias que os acionistas *podem* decidir, mas também as que *devem* decidir. Como em outros sistemas jurídicos, o direito brasileiro exige que os acionistas aprovem certas decisões fundamentais da companhia. Se o Brasil segue outros países ao impor o voto dos acionistas com respeito a reforma do estatuto, fusão, incorporação e dissolução, ele vai além da prática internacional ao exigir também a aprovação dos acionistas para abertura de falência e emissão de debêntures em companhias fechadas.[94] Em caso de urgência, os administradores precisam ainda obter a concordância informal do acionista controlador para confessar falência, e uma assembleia de acionistas deve ser realizada imediatamente para manifestar-se sobre a decisão.[95] Enquanto o movimento de "*say on pay*" só se espalhou recentemente pelo mundo (e mesmo assim não é vinculante na maioria dos casos), o direito brasileiro exige desde 1976 que os acionistas aprovem o montante global dos pacotes de remuneração dos administradores.[96]

Ao contrário dos Estados Unidos, mas como outros países, o direito brasileiro exige a aprovação dos acionistas para distribuição de dividendos.[97] Ademais, tal qual outros países associados à tradição francesa (mas não a França), o direito brasileiro impõe dividendos obrigatórios (La Porta *et al.*, 1998, p. 1132), fixados por lei, quando o estatuto for omisso, em pelo menos 25% do lucro líquido.[98] Isso vai contra o entendimento internacional prevalecente de que "os conselheiros têm discricionariedade para decidir se um dividendo deve ser declarado ou não" e que "os acionistas não têm o direito a exigir dividendos" (Stout *et al.*, 2016).

Em face dos amplos poderes dos acionistas, o conselho de administração tem consequentemente um papel discreto no direito societário

[93] LSA, art. 123, c-d.

[94] LSA, art. 122. A emenda de 2011 à LSA agora permite que o conselho de administração de companhias abertas delibere sobre a emissão de debêntures.

[95] LSA, art. 122 (§ único).

[96] LSA, art. 152.

[97] LSA, art. 132, II.

[98] LSA, art. 202.

brasileiro. De acordo com a LSA, as funções necessárias do conselho de administração são: (i) fixar a orientação geral dos negócios da companhia, (ii) eleger os diretores e fiscalizar seu desempenho, (iii) convocar a assembleia dos acionistas (embora, como dito, 5% dos acionistas também possam convocá-la se o conselho deixar de fazê-lo), (iv) escolher e destituir os auditores independentes, se houver, e (v) autorizar a alienação de bens não circulantes e a prestação de garantias.[99] Embora essa lista possa parecer longa, decisões fundamentais não vêm explicitamente incluídas. A lei não exige, tecnicamente, a autorização ou opinião do conselho com respeito a mudanças fundamentais como fusões, incorporações, aquisições, dissolução ou reformas ao estatuto. Essas mudanças podem ser iniciadas e devem ser aprovadas por acionistas. Exceto no caso das reformas estatutárias – que exigem tipicamente a iniciativa do conselho nos Estados Unidos, mas não em outros países – essas decisões fundamentais geralmente exigem a ação do conselho na maioria dos países (Rock *et al.*, 2017).

Um dos mecanismos mais controversos do sistema brasileiro de governança corporativa é o poder conferido aos acordos de acionistas. Contrariamente às normas internacionais, e para desespero dos defensores de boas práticas de governança corporativa, o direito brasileiro permite que os acordos de acionistas vinculem o voto dos conselheiros. Desde a emenda de 2001 à LSA, os votos proferidos com infração de acordo devidamente arquivado não são computados nas assembleias de acionistas e reuniões do conselho.[100] Por outro lado, se os acionistas ou conselheiros vinculados pelo acordo estiverem ausentes da assembleia ou reunião, a outra parte pode votar em seu lugar.[101] Por certo, a LSA dispõe expressamente que um acordo de acionistas não pode se sobrepor aos deveres fiduciários dos acionistas controladores.[102] Não obstante, os acordos de acionistas são autoexecutáveis, restando aos acionistas lesados buscar contestar as decisões ordenadas por tais acordos em uma árdua batalha.

Tudo isso sugere que a administração das S.A. brasileiras, inclusive quanto às companhias abertas, não é tão delegada. Uma distinção

[99] LSA, art. 142.

[100] LSA, art. 118, § 8º.

[101] LSA, art. 118, § 9º.

[102] LSA, art. 118, § 2º.

adicional se aplica à qualificação da administração delegada "*com estrutura de conselho*". A discussão até aqui fez alusão ao conselho de administração, que é obrigatório para companhias abertas, sociedades de economista e companhias sujeitas ao regime de capital autorizado conforme a LSA.[103] Antes da atual LSA de 1976, o conceito de conselho de administração sequer existia no direito positivo brasileiro, pois a lei acionária anterior de 1940 dispunha apenas que todas as S.A. teriam um ou mais diretores e um "conselho fiscal" eleito pelos acionistas para monitorar as contas da empresa.[104]

Até hoje, no entanto, as companhias fechadas não necessitam de um conselho de administração, mas apenas de uma "diretoria". Tomar a diretoria por um conselho, contudo, seria um equívoco. Embora a LSA disponha que a diretoria deve ter pelo menos dois diretores e contemple reuniões da diretoria conforme determinado pelo estatuto, a lei não exige que os diretores tomem decisões colegiadas, pois eles podem vincular a companhia agindo unilateralmente de acordo com seus poderes legais e estatutários. Assim, pode-se concluir que o direito acionário no Brasil atribui um papel modesto ao conselho de administração, quando ele existe, e dispensa totalmente a estrutura de conselho em outros contextos.

O Brasil não ficou imune à onda internacional das melhores práticas de governança corporativa, que enfatiza o fortalecimento e a independência do conselho de administração. A Comissão de Valores Mobiliários (CVM) recorre crescentemente a comitês independentes para lidar com conflitos de interesse.[105] Não obstante, a ascensão da centralidade do conselho muitas vezes é ilusória, seja porque os acionistas estão presentes ou representados no conselho, seja porque os acordos de acionistas determinam com antecedência os votos do conselho. Isso não quer dizer que se negue a existência da administração delegada no Brasil. A diferença é mais sutil e de grau, mas acaba sendo crítica para avaliar o grau de "corporatização" de que dispõe a organização.

[103] LSA, art. 138, § 2º, art. 239.

[104] Decreto n. 2.627, de 16 de setembro de 1940, DOU de 01.10.1940, arts. 116, 124.

[105] Ver *e.g.* Parecer de Orientação, Comissão de Valores Mobiliários [CVM] n. 35, 2008.

1.4. Ações transferíveis

O quarto elemento do tipo de sociedade anônima são as ações transferíveis. Comparativamente ao que se dá quanto aos outros atributos centrais da sociedade anônima, a mitigação desse elemento no direito brasileiro é menos evidente e mais nuançada. Não é tanto que o direito brasileiro seja anômalo por restringir a circulação de ações, embora certas limitações se apliquem. Ocorre é que as limitações mais importantes à transferência são efeitos colaterais das regras jurídicas que regem a alienação de controle e do esvaziamento da responsabilidade limitada.

Tal como em outros países, a regra geral no direito brasileiro é que companhias fechadas podem impor restrições à circulação de ações por disposição estatutária, "contanto que regule minuciosamente tais limitações e não impeça a negociação, nem sujeite o acionista ao arbítrio dos órgãos de administração da companhia ou da maioria dos acionistas".[106] A limitação à circulação de ações imposta por emenda subsequente ao estatuto não vincula os acionistas dissidentes.[107] Esses aspectos do direito brasileiro não surpreendem, já que a imposição de restrições à transferência de ações em companhias fechadas prevalece no contexto internacional (Armour *et al.*, 2017, p. 10).

Se as restrições legais à circulação de ações parecem relativamente modestas, as restrições práticas podem ser significativas. No Brasil, como em outros lugares, geralmente não há mercado líquido, ou mercado algum, para ações minoritárias de companhias fechadas. O Brasil também tem um número particularmente grande de companhias listadas formalmente cujas ações são raramente negociadas e carecem de liquidez, reduzindo os benefícios práticos da livre circulação

Outro obstáculo à transferibilidade nas companhias abertas vem da regra de oferta obrigatória de aquisição (OPA) imposta por lei (conhecida no Brasil como "direito de *tag along*") e das "*poison pills*" ao modo brasileiro, que são regras de OPA mais estritas adotadas por disposição estatutária.[108]

[106] LSA, art. 36.

[107] LSA (§ único).

[108] Essas "*poison pills*" são tipicamente acionadas na aquisição de um patamar inferior de ações (*e.g.* 15 a 30%) e muitas vezes exigem o pagamento de um prêmio significativo acima do preço de mercado das ações num dado período.

A regra de oferta obrigatória exige que o adquirente do controle da companhia faça uma oferta para comprar as ações restantes. De acordo com a LSA, a regra de OPA obrigatória se aplica somente a ações ordinárias e exige o pagamento de pelo menos 80% do preço pago aos acionistas controladores.[109] As regras dos segmentos especiais de listagem da bolsa de valores, como Novo Mercado e Nível 2, ultrapassam o mínimo legal impondo o pagamento do mesmo preço recebido pelos acionistas controladores a todos os acionistas minoritários. Contudo, é bem sabido que a regra de OPA obrigatória desincentiva tanto as transferências de controle eficientes quanto as ineficientes.[110]

Todavia, esse efeito dissuasório é provavelmente mais acentuado no Brasil. Segundo o estudo influente de Dyck e Zingales, o Brasil apresentou o nível mais alto de benefícios particulares do controle numa amostra de 39 países durante os anos 1990 (Dyck e Zingales, 2004, p. 538).[111] Altos benefícios particulares do controle significam que as ações com poder de controle são desproporcionalmente mais valiosas que as ações minoritárias. Ao permitir que os acionistas minoritários vendam suas ações por um preço igual ou equivalente àquele pago aos acionistas controladores – o que provavelmente excede em muito o valor das suas ações minoritárias – a regra de OPA obrigatória torna exorbitantemente cara a aquisição de controle nas companhias abertas brasileiras.

As sociedades de economia mista, nas quais o governo detém participação majoritária, enfrentam restrições jurídicas ainda maiores à transferibilidade. Essas entidades são criadas por lei para atingir objetivos de política pública e obtenção de lucro e desempenham um papel essencial no mercado de capitais brasileiro. Contudo, o governo não pode abrir mão de sua participação com poder de controle nessas entidades na ausência de autorização legal. Na verdade, os tribunais têm entendido que até a transferência parcial de certos direitos de decisão ou de veto a acionistas privados por meio de acordo de acionistas exige

[109] LSA, art. 254-A.

[110] Ver *e.g.* Bebchuk (1994).

[111] Dyck e Zingales (2004) analisam o prêmio de controle pago em transações de venda de controle e estimam os benefícios particulares do controle, que vão de +65% no Brasil a −4% no Japão.

autorização legal específica (Tribunal de Justiça do Estado de Minas Gerais, 2001).

Talvez a maior limitação à transferibilidade no direito brasileiro provenha dos desincentivos a transferências de ações impostos por outras características do regime jurídico. A mitigação da responsabilidade limitada desempenha um papel importante aqui. Há numerosas decisões de tribunais trabalhistas que responsabilizam ex-acionistas por obrigações da empresa para com os empregados.[112] Vários precedentes limitam a extensão da responsabilidade aos acionistas controladores e aos ex-acionistas que deixaram a empresa nos últimos dois anos, como ditado pela regra do Código Civil que rege as sociedades (Tribunal Superior do Trabalho, 2015).[113] Contudo, pelo menos uma decisão confirmada pelo Tribunal Superior do Trabalho sustentou que o fato de deter ações com direito a voto, mesmo sem poder de controle, desqualificava um ex-acionista como "mero investidor" e resultava em sua responsabilidade continuada por obrigações trabalhistas independente do limite de tempo de dois anos (Tribunal Superior do Trabalho, 2013).

Fora da esfera trabalhista, outras potenciais responsabilidades dos ex-acionistas também podem obstruir fusões e aquisições. Por exemplo, grupos empresariais têm hesitado antes de vender subsidiárias que têm contratos de longo prazo com consumidores por receio de que continuariam expostas a futuras responsabilidades. A maioria dos tribunais tem decidido que não há prazo prescricional para a desconsideração da personalidade jurídica para alcançar os bens de ex-acionistas.[114]

A responsabilidade continuada dos acionistas vendedores pode desincentivar as transferências de ações, mesmo se limitada a um período de dois anos e baseada unicamente em atos que ocorreram antes da venda. No contexto laboral, por exemplo, os empregados tipicamente não processam a companhia senão após a extinção voluntária ou involuntária do vínculo empregatício. Como a conduta pós-venda da empresa pode

[112] Ver *e.g.* Tribunal Superior do Trabalho (2015).

[113] Ver também CC art. 1.003 (§ único) ("Até dois anos depois de averbada a modificação do contrato, responde o cedente solidariamente com o cessionário, perante a sociedade e terceiros, pelas obrigações que tinha como sócio"). Ver *e.g.* ribunal Superior do Trabalho (2014).

[114] Para um exemplo dessa abordagem mais rigorosa, ver Superior Tribunal de Justiça (2011). Nesse caso, contudo, havia indícios de fraude.

afetar as demissões voluntárias e involuntárias levando à responsabilidade dos ex-acionistas, a venda de controle acionário produz um problema de risco moral. Portanto, os acionistas controladores podem preferir manter controle sobre as operações da empresa para reduzir seu risco de responsabilidade futura. Embora as partes possam conceber soluções contratuais para lidar com esses problemas (por exemplo, cláusulas de declarações e garantias, bem como de indenização, em contratos de compra e venda de ações), esses mecanismos não são infalíveis e podem enfrentar dificuldades de efetivação.[115]

Tudo isso sugere que as restrições legais e obstáculos práticos à transferibilidade de ações no Brasil são maiores do que se esperaria com base na experiência internacional. A próxima seção trata do último elemento do tipo de sociedade anônima – a propriedade de investidores – que também é mais fraco no contexto brasileiro.

1.5. Propriedade de investidores

A propriedade de investidores significa que os acionistas da empresa estão interessados precipuamente no retorno financeiro do seu investimento e que o direito societário opera conforme os interesses dos investidores. Porém, a propriedade de investidores está longe de ser o único paradigma das sociedades anônimas no Brasil. A propriedade estatal, diretamente ou por meio de investidores institucionais sob controle estatal, continua difundida no país. Empresas estatais e investidores institucionais controlados pelo Estado (como o BNDES e os fundos de pensão de empresas estatais) são atores importantes no mercado de capitais brasileiro (Pargendler, 2015).

O Estado, obviamente, não é um investidor típico. Como acionista controlador numa sociedade de economia mista, o Estado não administra a empresa simplesmente para maximizar o lucro – inclusive, segundo a doutrina constitucionalista e administrativista, sequer poderia fazê-lo.[116] Se a intervenção do Estado for permitida, a maximização do lucro provavelmente será inapropriada. Ademais, até nos contextos em que a maximização do lucro pode ser apropriada, como no caso de fundos

[115] Sobre os desafios da execução contratual no Brasil, ver World Bank, 2019; Arida *et al.*, 2005.

[116] Ver *e.g.* Pinto Jr. (2009, p. 256, 263).

de pensão de empresas estatais ou, em menor medida, investimentos do BNDES, a interferência política com vistas a outros objetivos está muitas vezes presente.

O comportamento efetivo das estatais ou pseudo-estatais confirma a suspeita de que o Estado não age como investidor típico. Em 2011, por exemplo, investidores institucionais sob controle estatal cederam à pressão do então presidente Lula para demitir o presidente da Vale, não obstante o seu desempenho financeiro espetacular na época, em razão de preocupações acerca de demissões excessivas de empregados e baixo investimento no País (Pargendler, 2015). Posteriormente, a Petrobras sofreu perdas graves devido ao controle do preço do petróleo imposto pelo governo para conter a inflação, o que levou a companhia a comprar petróleo a um preço internacional (mais alto) e vendê-lo pelo preço controlado (mais baixo) – o oposto do que faria um investidor racional (Milhaupt e Pargendler, 2017, p. 473).

A presença do Estado como um importante acionista controlador e minoritário moldou o direito brasileiro de maneira significativa ao longo do tempo. O Estado usou sua influência política para aumentar seu poder como acionista e reduzir as proteções dos acionistas minoritários.[117] Também empurrou o direito das S.A. em direções que são menos talhadas aos interesses de investidores externos. Por exemplo, a LSA dispõe que o acionista controlador infringe seus deveres fiduciários quando orienta a companhia para fim estranho ao objeto social ou lesivo ao "interesse nacional".[118] Ademais, a LSA também dispõe que os administradores devem cumprir seus deveres com vistas ao interesse da companhia, mas levando em conta as "exigências do bem público e da função social da empresa".[119]

2. Avaliando o enfraquecimento dos atributos da sociedade anônima no Brasil

O que pensar da fragilização dos elementos do tipo de sociedade anônima no Brasil? Será que esse desvio do padrão dominante internacionalmente é uma distorção danosa, como se presume convencionalmente

[117] Para uma versão expandida desse argumento, ver Pargendler (2012, p. 2917).

[118] LSA, art. 117, § 1º(a).

[119] LSA, art. 154.

com respeito às peculiaridades jurídicas de países em desenvolvimento, ou poderia ser uma adaptação proveitosa às peculiaridades locais? Ou poderia o Brasil estar na vanguarda da evolução jurídica, liderando a adoção de um regime superior do ponto de vista da eficiência ou distribuição? A análise que segue dá apenas o primeiro passo na consideração de diferentes argumentos acerca das propriedades de eficiência e distribuição da tendência à descorporatização no Brasil. Contudo, não se pretende assumir uma postura rígida quanto às consequências e aos méritos desse novo modelo, cuja avaliação definitiva certamente requer novas pesquisas.

2.1. Eficiência

À primeira vista, examinar a eventual eficiência do enfraquecimento dos atributos da sociedade anônima no Brasil parece uma estranha empreitada. Existe uma ampla e robusta literatura que ressalta a importância do tipo de sociedade anônima e a eficiência de seus elementos centrais.[120] A difusão da sociedade anônima ao longo do tempo e por todo o globo oferece mais provas de sua funcionalidade. Uma conclusão intuitiva seria a de que a descorporatização observada no Brasil não resulta de considerações de eficiência, mas de algum outro fator.

Porém, ao invés de descartar de plano o argumento da eficiência, vale explorá-lo mais detidamente. Existem pelo menos três variações do argumento de eficiência. A primeira versão postula que a melhor resposta a certos problemas de agência e externalidades produzidas pelo tipo de sociedade anônima é mitigar a força de seus elementos centrais. Este é um argumento de aplicabilidade geral que não depende das características específicas do ambiente institucional brasileiro. Em contrapartida, as outras duas variações do argumento da eficiência são, em essência, argumentos *second-best*.

A segunda versão do argumento da eficiência baseia-se na noção de complementariedades institucionais.[121] Postula-se que os elementos centrais do tipo de sociedade anônima só funcionarão de modo satisfatório na presença de mecanismos complementares de proteção dos acionistas, proteção dos credores e regulação para proteger grupos

[120] Ver *e.g.* Easterbrook e Fischel (1991); Armour *et al.* (2017).

[121] O termo vem de Hall e Soskice (2001).

externos. A ausência de um regime jurídico forte nesse sentido, por sua vez, pode justificar a mitigação dos elementos do tipo de sociedade anônima nos países em desenvolvimento. Esse argumento sugeriria avanços semelhantes nas economias emergentes com deficiências institucionais semelhantes para além do Brasil.

A terceira interpretação da eficiência, que reforça os dois argumentos anteriores, baseia-se na interdependência entre os elementos do tipo de sociedade anônima. Dada a forte complementariedade entre eles, a eliminação de um ou mais atributos enfraquece o argumento a favor da permanência dos demais. Como na teoria geral da *second-best* em microeconomia (Lipsey e Lancaster, 1956, p. 11), a eliminação de um dos pilares de um regime eficiente pode erodir a justificativa para os outros.

2.1.1. Responsabilidade limitada

Para investigar se considerações de eficiência podem explicar a mitigação das características da S.A. no Brasil, começaremos com o atributo da responsabilidade limitada. A aplicação da responsabilidade limitada aos credores involuntários é controversa há tempos.[122] Uma simples análise econômica sugere que a responsabilidade limitada incentiva a imposição de externalidades a terceiros, já que os acionistas se beneficiam com as vantagens das atividades de risco, mas não são responsáveis se certos custos (*e.g.* de natureza sistêmica ou ambiental) se materializarem. Consequentemente, eminentes doutrinadores insurgiram-se contra a proteção da responsabilidade limitada no âmbito da responsabilidade civil extracontratual (Hansmann e Kraakman, 1991).

Lucian Bebchuk e Jesse Fried (1996, p. 857) traçaram uma distinção mais geral entre credores que ajustam ou não ajustam os termos de seus contratos ao risco de crédito da contraparte (*adjusting creditors* e *non-adjusting creditors*).[123] Até mesmo credores contratuais como empregados e consumidores podem não ter capacidade de ajuste se suas pretensões relativamente pequenas (combinadas com informação e antevisão limi-

[122] Ver *e.g.* Posner (1976, p. 499, 520). Nota que constituir empresas separadas a fim de escapar à responsabilidade civil permite a externalização de custos e é socialmente ineficiente.
[123] Para uma discussão da distinção entre credores com e sem capacidade de ajuste no contexto da responsabilidade limitada, ver "Transações com credores" (Armour *et al.*, 2017).

tadas) os impedirem de ajustar seus termos contratuais para levar em conta o risco de inadimplência – sendo, portanto, comparáveis a vítimas de ato ilícito extracontratual (Bebchuk e Fried, 1996, p. 883). Estender o argumento contra a responsabilidade limitada de credores por ato ilícito extracontratual a credores negociais sem capacidade de ajuste é um passo relativamente pequeno. Ao dá-lo, concluir-se-á que a mitigação da responsabilidade limitada no Brasil em prol dos empregados, dos consumidores e das vítimas de danos ambientais é o resultado eficiente não somente no Brasil, mas globalmente. Isso significa que, embora o direito brasileiro ainda não chegue a eliminar a responsabilidade limitada contra todos os credores sem capacidade de ajuste, ele ainda assim estaria na vanguarda relativamente a outros países ao superar a inércia e a pressão dos grupos de interesse que bloqueiam a adoção desse regime mais eficiente.

O argumento para aplicar a responsabilidade limitada e bloqueio do capital do capital no contexto de um grupo de sociedades é menos convincente que aquele para fazê-lo fora do contexto grupal (Easterbrook e Fischel, 1991, p. 111; Hansmann e Squire, 2017, p. 145). A separação patrimonial no interior do grupo de sociedades – o que Hansmann e Squire (2017) chamam de "separação interna" – gera custos mais altos mas proporciona somente uma fração dos benefícios relativamente à "separação externa" com relação aos acionistas pessoas naturais. Alguns dos benefícios do bloqueio do capital e da responsabilidade limitada, como liquidez e menor necessidade de monitorar outros acionistas, geralmente não estão disponíveis em grupos de sociedades não piramidais. Outros benefícios, como custos mais baixos de informação para os credores, são frequentemente indisponíveis em razão do uso generalizado de garantias cruzadas (Hansmann e Squire, 2017). Por outro lado, os custos desses atributos são mais altos porque eles incentivam o oportunismo dos devedores ao realocar bens entre diferentes companhias do grupo (Hansmann e Squire, 2017). Essa linha de raciocínio sugere que a maior inclinação dos tribunais brasileiros para conceder a consolidação substancial na falência pode garantir o resultado mais eficiente.

De igual modo, a existência da responsabilidade limitada para os acionistas de instituições financeiras sofre há tempos críticas dos doutrinadores (Macey e Miller, 1992), que recrudesceram após a crise financeira global de 2008. A rejeição da responsabilidade limitada nesse contexto segue a mesma lógica: a tomada de risco por parte de instituições financeiras pode beneficiar os acionistas, mas o fracasso de instituições financeiras sistemicamente importantes impõe à economia externalidades negativas significativas. Em outras palavras, a responsabilidade limitada exacerba o problema do risco moral com que se deparam as instituições financeiras (Djelic e Bothello, 2014).

A resposta tradicional a esse problema é a imposição pelo Estado de regulação prudencial e a instituição de garantias de depósito. Não obstante, a percepção de que a regulação governamental nos Estados Unidos falhou em prevenir a crise financeira global[124] – e, de fato, a noção concorrente de que a intervenção estatal pode ter até mesmo promovido um comportamento de risco por parte das instituições financeiras[125] – lançou dúvida sobre a eficácia dessa solução. Por conseguinte, novos apelos por uma mitigação ou eliminação da responsabilidade limitada para instituições financeiras ressurgiram de várias formas.[126] Embora essas propostas ainda não tenham sido adotadas nos países ricos ocidentais,[127] o direito brasileiro eliminou a proteção da responsabilidade limitada para instituições financeiras décadas atrás.[128] Como sustentam autores brasileiros, a erosão da responsabilidade limitada para instituições financeiras no País intervém nos incentivos *ex ante* dos acionistas controladores e administradores de bancos e apresenta uma opção regulatória que pode ser mais eficaz que uma estratégia regulatória de comando e controle (*command-and-control*) (Franco e Rosman, 2009; Franco, 2012). Ademais, como os bancos brasileiros apresentam propriedade concentrada, a imposição de responsabilidade aos acionistas controladores tem mais probabilidade de ser eficaz para desencora-

[124] Ver *e.g.* Posner (2011); McCoy, Pavlov e Wachter (2009, p. 493); Stout (2011, p. 1).

[125] Ver *e.g.* Rajan (2010) (interpreta a promoção governamental de crédito e consumo como uma tentativa de contrabalançar a desigualdade crescente); Wallison (2008, p. 365).

[126] Ver *e.g.* Conti-Brown (2012); Djelic e Bothello (2014); Dowd (2009, p. 141); Buiter (2009).

[127] Mas os Estados Unidos impuseram responsabilidade aos acionistas de companhias controladoras de bancos desde a Lei Dodd-Frank, se não antes. Ver Zeng (2017, p. 285, 290).

[128] Ver *supra* notas 53-58 e texto a que se referem.

jar a tomada de risco no país do que a aplicação da responsabilidade dos acionistas no contexto de propriedade dispersa prevalente nos EUA.[129]

Se a postura do Brasil com relação à responsabilidade ilimitada merece ser amplamente emulada é discutível. Uma visão mais moderada, mas ainda controversa, é que a eficiência da responsabilidade limitada dos acionistas por obrigações da companhia depende essencialmente da capacidade do regime jurídico de coibir o oportunismo com relação a credores contratuais e restringir a capacidade da companhia de impor externalidades a terceiros. Se o regime jurídico fracassar nesses aspectos, o argumento a favor da responsabilidade limitada também periclita.

Certas fragilidades no ambiente institucional do Brasil ajudam a explicar o padrão de responsabilidade ilimitada observado. Como discutido anteriormente, os tribunais brasileiros tendem a superar a responsabilidade limitada em três contextos: (i) pretensões de credores involuntários ou sem capacidade de ajuste, como empregados, consumidores e vítimas de dano ambiental, (ii) grupos de sociedades e (iii) instituições financeiras. Na presença de responsabilidade limitada, a proteção de credores involuntários ou sem capacidade de ajuste exige uma infraestrutura regulatória direcionada e eficaz. Tal capacidade estatal pode frequentemente estar ausente no Brasil.

As mesmas dificuldades aparecem com respeito à regulação de instituições financeiras. A indústria financeira geralmente é capaz de esquivar-se dos esforços regulatórios porque é politicamente poderosa, dinâmica e complexa. Mas fragilidades no aparato regulatório e a alta concentração do setor financeiro brasileiro em poucos grupos "grandes demais para quebrar" (*too big to fail*) exacerbam o risco sistêmico. A visão prevalecente é que o sistema financeiro brasileiro é ao mesmo tempo forte e conservador (Franco, 2012, p. 90). Ao elogiar o desempenho e a resiliência do sistema financeiro brasileiro após a crise financeira global, o acionista controlador do BTG Pactual, o maior banco de investimento do Brasil, destacou explicitamente o papel da responsabilidade ilimitada. Como ele disse ao *Financial Times*: "Se alguma coisa der errado

[129] Como a contribuição dos bancos estadunidenses para a crise financeira foi firmemente estabelecida, algumas propostas acadêmicas enfocaram a imposição de padrões mais fortes de responsabilidade aos conselheiros dos bancos em vez dos acionistas, mas elas não foram adotadas até agora. Ver *e.g.* Armour e Gordon (2014, p. 35-85).

com o Pactual, as pessoas podem pegar minha casa", o que "é uma filosofia muito diferente dos Estados Unidos e da Europa" (Leahy, 2011).

A aplicação da responsabilidade limitada aos grupos de sociedades é mais controversa devido aos seus benefícios mais limitados e maior potencial de abuso.[130] Coibir o oportunismo das empresas com relação aos credores num contexto de grupos exige que os tribunais vigiem satisfatoriamente as transações entre partes relacionadas dentro do grupo e apliquem com rigor as proteções contratuais negociadas pelos credores da empresa. Mas vigiar as transações entre partes relacionadas é uma tarefa extremamente difícil que os tribunais brasileiros parecem não desempenhar bem.[131] A execução judicial de contratos também é subótima no Brasil. De acordo com o relatório *Doing Business* do Banco Mundial, o Brasil está na 48ª posição em termos de execução contratual e tem desempenho muito ruim no que tange à longa duração de seus procedimentos legais (World Bank, 2019). Além disso, eminentes economistas brasileiros apontaram a existência de um viés anticredor nos tribunais brasileiros (Arida *et al.*, 2005, p. 271-273).

Finalmente, o grau ótimo da responsabilidade limitada depende de características complementares do tipo de sociedade anônima. Primeiro, há uma relação próxima entre bloqueio do capital e responsabilidade limitada: eles constituem dimensões opostas da separação patrimonial entre a empresa e seus proprietários. Enquanto a responsabilidade limitada retira os bens dos acionistas do alcance dos credores da empresa, o bloqueio do capital garante que os credores da empresa terão prioridade sobre os bens da empresa. A ascensão da dissolução parcial de S.A. no Brasil inverte essa lógica, permitindo que os acionistas descontentes retirem bens da empresa antes que os credores sejam integralmente pagos. A dissolução parcial não oferece qualquer tipo de proteção aos credores da empresa (que efetivamente perdem prioridade para alguns acionistas), reduzindo assim a avaliação de crédito da companhia. Isso, por sua vez, reforça o argumento a favor de mais proteção dos credores através da responsabilidade ilimitada.

Segundo, também há uma interdependência próxima entre responsabilidade limitada e administração delegada. Uma das principais justi-

[130] Ver Easterbrook e Fischel (1985); Armour *et al.* (2018).

[131] Os níveis extremamente altos de benefícios particulares do controle no Brasil sugerem que isso realmente acontece.

ficativas da responsabilidade limitada é reconhecer e incentivar a delegação do controle societário. Parece injusto responsabilizar os acionistas por decisões sobre as quais não tenham ingerência. Ocorre que a administração delegada é muito mais fraca no Brasil: o mercado de capitais é apenas relativamente desenvolvido, a maioria das companhias abertas têm acionistas controladores, e o direito societário desincentiva a delegação concedendo poderes incomumente fortes aos acionistas.

Terceiro, a responsabilidade limitada também está relacionada à transferibilidade, tanto indiretamente, incentivando a administração delegada, quanto diretamente, permitindo a fixação uniforme do preço das ações independentemente da condição financeira dos acionistas. De fato, outra justificativa tradicional para a responsabilidade limitada é que ela permite a fixação uniforme do preço das ações e facilita assim as aquisições de controle hostis (*hostile takeovers*), as quais servem como recurso poderoso contra os custos de agência gerenciais. Contudo, a estrutura de propriedade concentrada da maioria das companhias brasileiras impossibilita as aquisições hostis (Gorga, 2009, p. 439), eliminando essa justificativa.

Enfim, o paradigma da propriedade por investidores apoia fortemente a responsabilidade limitada, porquanto busca limitar a exposição ao risco de acionistas com motivação financeira e incentivar a participação em empreendimentos arriscados, mas potencialmente proveitosos. A responsabilidade limitada é muito menos relevante no contexto da propriedade estatal, até mesmo porque não está claro se, do ponto de vista prático, as empresas estatais efetivamente apresentam responsabilidade limitada. A experiência internacional e as percepções dos investidores sugerem que, ao contrário, os Estados tendem a socorrer suas controladas, sendo que a adoção do tipo de sociedade anônima com responsabilidade limitada não se apresenta como um compromisso crível em sentido inverso (Jara-Bertín, Wagner e Musacchio, 2018).[132] De fato, a exclusão formal das empresas estatais da Lei de Falência e Recuperação Judicial no Brasil também corrobora esse raciocínio.[133]

[132] Constatam que as estatais têm acesso a condições de financiamento mais favoráveis devido a expectativas de garantia implícita.

[133] Lei n. 11.101, de 9 de fevereiro de 2005, DOU de 09.02.2005, art. 2º.

2.1.2. Bloqueio do capital

Também há um argumento de eficiência para conferir aos acionistas minoritários direitos de retirada mais amplos em companhias fechadas. Ao abolirem o bloqueio do capital para companhias fechadas, os tribunais brasileiros implementaram sem saber recomendações de certos juristas estadunidenses que datavam de 1950.[134] A justificativa usual para essa visão está na falta de proteção e liquidez para os acionistas minoritários, que permite um comportamento abusivo dos acionistas controladores. Provas históricas e contemporâneas sugerem que os investidores favorecem direitos de retirada mais flexíveis quando os custos de agência são particularmente elevados.[135]

Uma versão modificada do argumento da eficiência da mitigação do bloqueio do capital leva em consideração a existência de instituições complementares. Até mesmo a forte defesa do bloqueio do capital por Edward Rock e Michael Wachter (1999, p. 915) baseia-se explicitamente na premissa de "vigorosa aplicação judicial" da regra que exige distribuições *pro rata*. Entretanto, a ausência de tal efetivação judicial vigorosa no Brasil é notória. Recordemos que as estimativas existentes situam o nível de benefícios particulares do controle extraídos das companhias abertas no Brasil entre os mais altos do mundo.[136] Dada a falta de supervisão regulatória e opções de saída para os acionistas minoritários, a oportunidade de abuso tende a ser maior nas companhias fechadas. Tudo isso sugere que há argumentos comparativamente mais fortes para proteger os acionistas minoritários mediante direitos de saída nesse contexto.

Além disso, o declínio do bloqueio do capital no Brasil está imbricado de modo importante a modificações de outros atributos do tipo de S.A. Se o desaparecimento do bloqueio do capital reforça o argumento a favor da responsabilidade ilimitada, o inverso também é verdade. A ascensão da responsabilidade ilimitada milita a favor de fornecer uma opção de saída justa aos acionistas minoritários, que não têm controle sobre as operações societárias, mas são confrontados com uma potencial

[134] Ver Israels (1952); Hetherington e Dooley (1977).

[135] Para provas históricas, ver Lamoreaux e Rosenthal (2006). Para provas contemporâneas das diferentes estruturas de transação usadas pela indústria de capital de risco, ver Litvak (2006).

[136] Ver *supra* nota 111 e texto a que se refere.

responsabilidade futura relativamente aos empregados, consumidores e vítimas de danos ambientais.

Não somente o bloqueio do capital acarreta custos mais altos no Brasil, mas alguns dos seus supostos benefícios tendem a ser menos presentes. Especificamente, os benefícios do bloqueio do capital ao proteger investimentos específicos de *stakeholders* não acionistas pressupõem um poder limitado dos acionistas. Contudo, a maioria das companhias no Brasil têm poderosos acionistas controladores. O bloqueio do capital sabidamente não se aplica relativamente aos acionistas controladores, pois o direito societário geralmente permite que a maioria ou uma maioria qualificada dos acionistas decida pela dissolução da companhia (Stout, 2016, p. 685, 689).[137] A administração delegada e a independência do conselho também são particularmente frágeis no Brasil, o que reforça a capacidade dos acionistas controladores de bloquear outros *stakeholders* (Stout, 2016, p. 685, 689).[138] Portanto, a promoção de investimentos específicos como justificativa para o bloqueio do capital é comparativamente menos importante no contexto brasileiro.

Embora menos aparente, há uma conexão plausível entre a falta de bloqueio do capital e o declínio da propriedade por investidores. A ausência de bloqueio do capital reduz a capacidade das companhias privadas de contrair dívidas e comprometer-se com projetos de longo prazo, o que reforça o argumento em favor da propriedade estatal. As sociedades de economia mista, em contrapartida, dispõem de uma versão mais forte do bloqueio do capital, já que o Estado não pode dissolver a companhia ou vender uma parte substancial de seus bens na ausência de autorização legislativa específica. Finalmente, o bloqueio do capital é o reverso da moeda da livre circulação de ações: é precisamente porque as ações são transferíveis que se nega aos acionistas a opção de saída na forma de retirada de capital. Na medida em que o direito societário e a estrutura de mercado brasileira inibem a transferibilidade, também há um argumento relativamente mais forte para abolir o bloqueio do capital e permitir retiradas ao arbítrio dos acionistas.

[137] "É muito mais difícil bloquear bens numa companhia que tem acionistas controladores".

[138] "Somente quando os conselheiros se tornam independentes dos acionistas o bloqueio do capital dos bens se torna possível".

3. Administração delegada

O grau ótimo de delegação da administração e empoderamento dos acionistas é uma questão central, e em grande parte não resolvida, no âmbito da governança corporativa contemporânea.[139] Certos doutrinadores alegaram que há espaço para muito mais poder dos acionistas do que o direito dos EUA tradicionalmente permite. Bebchuk, o defensor mais veemente do empoderamento dos acionistas, sustenta que os acionistas devem, no mínimo, poder decidir as regras do jogo mediante o controle do processo de reforma estatutária (Bebchuk, 2005, p. 833). O direito brasileiro vai muito além do sonho de Bebchuk, pois a natureza cogente da maioria das regras de direito societário torna difícil que as reformas ao estatuto tolham os poderes da maioria dos acionistas em companhias abertas.[140]

Em contraste com a abordagem do direito brasileiro de responsabilidade limitada e bloqueio do capital, daí não decorre que essa forma diluída de delegação da administração tenha mais probabilidade de ser eficiente. Contudo, a erosão da administração delegada pode ser uma resposta plausível a um ambiente institucional deficiente. Um sistema que protege tão mal os acionistas minoritários provavelmente também permitiria altos custos de agência gerenciais se a propriedade fosse dispersa. Um alto nível de envolvimento dos acionistas controladores na administração poderia ser uma resposta a esses custos. Contudo, a relação de causalidade pode operar na direção oposta, com a falta de administração delegada facilitando a obtenção de benefícios particulares do controle extraordinários. Em outras palavras, os acionistas controladores podem ser capazes de explorar os acionistas minoritários com tamanha facilidade justamente porque não se deparam com contrapeso algum dentro da companhia.

Outra visão é que a delegação administrativa fraca é uma resposta *second-best* ao esmaecimento de outros elementos do tipo de sociedade anônima. A erosão da responsabilidade limitada dos acionistas desincentiva a diversificação e promove a participação ativa na administração da companhia. Inversamente, como os acionistas controladores tomam

[139] Para uma discussão das escolhas envolvidas, ver Goshen e Squire (2017, p. 767).

[140] Ver *e.g.* LSA, art. 36, que permite apenas às companhias fechadas adotar exigências de aprovação da supermaioria para decisões dos acionistas.

parte ativa na administração, o argumento a favor da responsabilidade limitada é consequentemente mais fraco.

Há também complementariedades com outros elementos. A proteção conferida pelo bloqueio do capital aos investimentos específicos de vários *stakeholders* pressupõe a ausência de controle dos acionistas. A administração delegada caminha de mãos dadas com a livre circulação das ações. Contudo, a relação entre administração delegada e propriedade estatal é menos clara. Do ponto de vista da economia política, pode-se afirmar que os interesses do Estado como acionista acabaram por reforçar o poder dos acionistas e enfraquecer o papel do conselho. No entanto, argumento da eficiência vai provavelmente na direção oposta, visto que diretrizes influentes sobre governança das empresas estatais defendem conselhos fortes e independentes para melhorar o desempenho das empresas (OECD, 2015).

4. Ações transferíveis

A livre circulação de ações é a característica menos controversa do tipo de sociedade anônima. Embora a circulação *per se* não gere custos importantes, esse atributo se torna polêmico quando se trata de transferência de controle. No contexto internacional, o principal debate nessa área está relacionado à capacidade do conselho de frustrar aquisições hostis, permitidas pelo direito de Delaware mediante o uso de *poison pills*, ou proibidas pela regra de não frustração no direito da UE.[141] Esse debate, contudo, perde grande parte de sua relevância prática no contexto brasileiro, pois as aquisições hostis são praticamente inexistentes devido à prevalência da propriedade concentrada.

Em seu lugar, o principal debate normativo nessa área diz respeito ao alcance e méritos de uma regra de OPA obrigatória em caso de alienação de controle. Enquanto acadêmicos de Direito e Economia questionam a eficiência da regra de *tag-along* obrigatório (Bergström, Högfeldt e Molin, 1997, p. 433, 447-448; Easterbrook e Fischel, 1982, p. 698, 716, 737; Kahan, 1993, p. 368, 378), os investidores no Brasil geralmente veem o mecanismo com bons olhos. A regra de oferta obrigatória foi adotada nos padrões de listagem mais rigorosos da bolsa de

[141] Para uma discussão desses mecanismos, ver Davis *et al.* (2017).

valores (Gilson, Hansmann e Pargendler, 2013, p. 491), o que sugere que a atratividade dessa regra pode depender do contexto em questão.

Finalmente, reitere-se que importantes obstáculos à transferibilidade no Brasil decorrem dos desincentivos às transferências de ações gerados pela responsabilidade ilimitada. A escolha de uma regra temporal para atribuir responsabilidade aos acionistas é particularmente relevante aqui. A limitação à circulação é mais forte quando decisões judiciais impõem responsabilidade aos acionistas por obrigações contraídas, ou ações movidas, em períodos que extrapolam sua atuação como acionistas – isto é, antes de comprarem ou depois de venderem suas ações. É particularmente difícil justificar com argumentos de eficiência a imposição de responsabilidade a ex-acionistas por contratos ou atos ilícitos extracontratuais que ocorreram depois da transferência das ações, como fizeram alguns tribunais brasileiros em ações trabalhistas (Hansmann e Kraakman, 1991, p. 1896-1898).[142]

5. Propriedade por investidores

A visão convencional hoje é a de que a propriedade por investidores privados é geralmente a forma mais eficiente de organização empresarial.[143] Por outro lado, críticas heterodoxas e alguns estudos empíricos apontam para a eficiência da propriedade estatal em certos contextos.[144] Nessa visão, que é particularmente popular em alguns países latino-americanos, a prevalência da propriedade estatal no Brasil constitui um sinal de progresso econômico e social.

Uma concepção mais amplamente aceita é que certas deficiências no ambiente institucional podem, por vezes, fazer pender a balança em favor da propriedade estatal nos países em desenvolvimento. Até mesmo defensores ferrenhos da propriedade privada reconhecem que sua superioridade se calca na existência de instituições contratuais adequadas.[145] Há também uma longa tradição de defesa do papel da propriedade estatal no processo de modernização em ambientes caracterizados por

[142] Os autores propõem um sistema pelo qual as ações seriam transferidas aos acionistas sem responsabilidade por atos anteriores.

[143] Ver *e.g.* Megginson e Netter (2001, p. 321, 380). Os autores concluem que "empresas privadas são mais eficientes e mais rentáveis que empresas estatais comparáveis".

[144] Ver *e.g.* Chang (2003, p. 225-226).

[145] Ver *e.g.* Shleifer (1998, p. 133, 144).

falhas no mercado de capitais que impedem investimentos consideráveis em projetos de longo prazo.[146]

Como foi sugerido anteriormente, o declínio dos outros elementos do tipo de sociedade anônima pode desempenhar um papel no enfraquecimento da capacidade de investimento da empresa privada e, por conseguinte, reforçar o argumento a favor da propriedade estatal. A erosão da responsabilidade limitada aumenta o risco e diminui a recompensa do empreendedorismo privado. Mesmo quando a aplicação da responsabilidade limitada é ineficiente, como relativamente aos credores involuntários ou sem capacidade de ajuste, ela constitui um subsídio, e, portanto, um incentivo para a tomada de risco privada. A eliminação do bloqueio do capital, por sua vez, desestimula investimentos em projetos de risco ou de longo prazo e prejudica a continuidade da empresa no tempo.

5.1. Distribuição

Outra linha de interpretação é que considerações de distribuição, e não de eficiência, explicariam melhor o fenômeno da descorporatização no Brasil. Essa interpretação apoia-se na narrativa generalizada de que a (re)distribuição – especificamente, a promoção de "justiça social" – é um objetivo central da Constituição brasileira e um fator marcante na motivação das decisões judiciais. Nas últimas décadas, o Brasil parece ter favorecido políticas distributivas em vez de crescimento (Barbosa Filho e Pessoa, 2014).

Múltiplas considerações dificultam a avaliação dessa justificativa. Primeiro, embora a redistribuição possa incrementar o bem-estar social, não há um consenso quanto ao grau ótimo de desigualdade e, portanto, ao nível ótimo de redistribuição. Segundo, políticas voltadas para a distribuição resultantes da pressão de grupos de interesse podem facilmente ser regressivas e, por conseguinte, diminuir o bem-estar social. Terceiro, há o conhecido risco de que uma política de direito privado que visa reduzir a desigualdade ou pobreza pode produzir o resultado oposto, prejudicando justamente as pessoas ou grupos que busca ajudar. A breve discussão que segue não tentará resolver essas questões espinhosas. Ao contrário, as considerações que seguem limitam-se a exa-

[146] Ver, em geral, Gerschenkron (1962).

minar se as intenções distributivas oferecem uma explicação *prima facie* plausível para o declínio dos atributos do tipo de sociedade anônima no Brasil e a refletir preliminarmente sobre a promessa dessas estratégias para reduzir a desigualdade.

À primeira vista, o argumento da distribuição parece ter influência significativa, particularmente para explicar características do direito brasileiro que não podem ser totalmente explicadas por considerações de eficiência, como a imposição de responsabilidade solidária entre acionistas nos casos de desconsideração da personalidade jurídica. A ampla desconsideração da personalidade jurídica no direito brasileiro favorece as partes que são supostamente mais fracas, como empregados e consumidores, ao passo que eliminação do bloqueio do capital favorece os acionistas minoritários relativamente aos controladores.[147] Considerações distributivas são também uma justificativa plausível para a propriedade estatal.

Embora novas investigações sejam necessárias para determinar os efeitos dessa abordagem voltada para a distribuição, há razões para um certo ceticismo acerca de sua eficácia para lidar com o problema mais amplo da desigualdade no Brasil. A desconsideração da personalidade jurídica no direito trabalhista só beneficia os empregados formais, que constituem pouco mais da metade da mão de obra brasileira. Os empregados informais, que são muitas vezes os mais pobres, continuam desprotegidos. Os efeitos da propriedade estatal sobre a redistribuição de renda também são dúbios.

Em alguns aspectos, o direito brasileiro parece corresponder à realização do sonho de acadêmicos progressistas do direito societário no âmbito internacional, mas resta observar seus efeitos. A persistente desigualdade social no Brasil sugere que transfigurar a sociedade anônima não é uma panaceia e pode ser contraproducente, na medida em que desincentiva o investimento e induz acionistas e administradores a ocultar seus bens no exterior. Os problemas de agência e as externalidades geradas pelo tipo de sociedade anônima podem até valer a pena, sendo do interesse da sociedade subsidiar a atividade empreendedora por

[147] Enquanto a desconsideração da personalidade jurídica *per se* poderia ser explicada em termos de eficiência, a imposição de responsabilidade solidária pelos tribunais trabalhistas carece de explicação pela eficiência, portanto pode ser mais bem entendida em termos de distribuição.

meio de um forte compromisso com a responsabilidade limitada, devido ao seu impacto potencial sobre a inovação.[148] Essa profunda questão, no entanto, continua sem solução.

5.2. O significado da descorporatização

Finalmente, pode-se ponderar sobre o alcance real da descorporatização e suas implicações práticas. Como descrito anteriormente, a erosão dos elementos do tipo de sociedade anônima como o bloqueio do capital e a responsabilidade limitada no Brasil parece ter maior aplicação às companhias fechadas do que às mais escassas companhias abertas. Isso suscita a pergunta: será que o enfraquecimento dos atributos da sociedade anônima no Brasil tem relevância prática e teórica?

Para começar, a tendência à descorporatização no Brasil não se limita às companhias fechadas. A mitigação da administração delegada, da transferibilidade de ações e da propriedade por investidores está claramente presente no contexto das companhias abertas. O uso da dissolução parcial e a desconsideração da personalidade jurídica no contexto das companhias abertas não foi descartado, mas permanece pouco testado. De fato, as únicas decisões judiciais referentes a companhias abertas nessa área dispensaram o bloqueio do capital e a responsabilidade limitada.[149]

Porém, mesmo se a descorporatização no Brasil se limitasse às companhias fechadas, será que isso tornaria o fenômeno trivial? Não necessariamente. As companhias fechadas importam tanto pela sua quantidade como por seu cacife econômico. A vasta maioria das sociedades anônimas são fechadas e representam setores essenciais da economia. Isso é verdade não somente no Brasil, cujo mercado de capitais é relativamente pouco desenvolvido,[150] mas no mundo todo. As *startups* do Vale do Silício também são constituídas como companhias fechadas para beneficiar-se do bloqueio do capital e evitar o problema de pedidos de dissolução intempestivos ou oportunistas (Rock e Wachter, 1999, p. 915).

[148] Para um argumento semelhante, ver Presser (1992, p. 172).

[149] Ver *supra* nota 32 e Tribunal Superiordo Trabalho (2013).

[150] Até agosto de 2018, o Brasil tinha menos de 500 companhias abertas listadas na bolsa de valores, cujo valor de mercado era de aproximadamente 40% do PIB, e quase 19.000 empresas registradas como sociedade anônima apenas no estado de São Paulo.

Assim, os atributos centrais parecem desempenhar uma função econômica valiosa em pelo menos certos tipos de companhias fechadas.

Outra possibilidade é que a descorporatização *formal* não acarrete necessariamente uma descorporatização *funcional* se houver substitutos extrajurídicos para os atributos centrais do tipo de sociedade anônima. O precedente sobre dissolução parcial envolvendo a Cocelpa é um exemplo (Superior Tribunal de Justiça, 2007). Embora os acionistas tenham movido a ação em 1991 e obtido uma decisão final reconhecendo o direito a uma dissolução parcial do Superior Tribunal de Justiça em 2007, os procedimentos ainda estão em curso, e os acionistas minoritários retirantes ainda não receberam as quantias devidas. Isso mostra que, mesmo se as partes não dispuserem mais do bloqueio do capital por lei, um Judiciário moroso pode efetivamente oferecer o bloqueio do capital na prática e mitigar o problema da descapitalização intempestiva da empresa devido a pedidos oportunistas por acionistas minoritários ou a suas necessidades idiossincráticas de liquidez.

De forma mais geral, o uso de várias táticas para ocultar os bens como forma de proteção contra credores – de transferências fraudulentas para amigos e parentes ao uso crescente de sociedades controladoras *offshore* – pode restabelecer a responsabilidade limitada em diversos contextos. Evidentemente, isso não significa que esses substitutos serão sempre eficazes ou sem custo – um tema que também merece mais investigação. Porém, se os atributos da S.A. não importarem para companhias fechadas, ou se houver substitutos extrajurídicos eficazes, devemos repensar o papel da sociedade anônima na economia moderna e a contribuição do direito para esse modelo.

6. Além do Brasil

A discussão que precede suscita a pergunta sobre se a experiência do Brasil com a descorporatização é excepcional ou representa uma tendência mais ampla entre outros países e, em particular, países em desenvolvimento. Trata-se de uma pergunta difícil de responder. Embora a prevalência da propriedade estatal na Europa continental e nos mercados emergentes seja bem documentada (Pargendler, 2017), ainda sabemos pouco acerca das possíveis variações na força dos outros elementos centrais do tipo de sociedade anônima.

A literatura existente nessa área concentra-se sobretudo na responsabilidade limitada e nas exceções criadas pela doutrina da desconsideração da personalidade jurídica. De modo geral, os países em desenvolvimento parecem ser retardatários no reconhecimento de exceções ao atributo da responsabilidade limitada. Recordemos que esse também era o caso do Brasil, onde essa doutrina só ganhou terreno nas últimas décadas. Contudo, muitos países emergentes parecem ter sido mais lentos que o Brasil em incorporar mesmo a versão mais contida da desconsideração da personalidade jurídica baseada na existência de fraude ou abuso – cuja adoção levaria à convergência, e não à divergência, em torno do padrão observado nas economias maduras.

Estudos recentes continuam a descrever aplicação da desconsideração da personalidade jurídica na Espanha e na América Hispânica como tendo alcance relativamente mais estreito.[151] Existem, porém, indícios de desconsideração da personalidade jurídica e da aplicação da mitigação da responsabilidade limitada no contexto de grupos de sociedades em prol de empregados e autoridades fiscais em certos países latino-americanos (Figueroa, 2012, p. 738, 772-775). A lei de falências da Colômbia explicitamente presume a responsabilidade das companhias controladoras pelas dívidas de suas subsidiárias.[152] Não obstante, prevalece o entendimento geral de que os tribunais relutam em desconsiderar a personalidade jurídica nos países de direito romano-germânico (Ventoruzzo *et al.*, 2015, p. 130-131, 170-171). Grupos de *lobby* empresarial conseguiram se opor a um recente projeto de lei no Equador que procurava eliminar a responsabilidade limitada dos acionistas com respeito aos processos tributários (Tapia, 2017).

Existe agora uma literatura considerável sobre a adoção e uso crescente da desconsideração da personalidade jurídica na China, cuja evolução pode indicar uma tendência mais ampla em direção à descorporatização. Antes de 2006, o direito chinês não reconhecia formalmente a doutrina da desconsideração da personalidade jurídica. Embora houvesse alguns casos isolados de aplicação judicial do conceito, os juristas consideravam o *status quo* insuficiente para coibir os usos abusivos da personalidade jurídica em detrimento dos credores da empresa.[153]

[151] Ver *e.g.* Navarro (2016); Figueroa (2012, p. 683).

[152] Lei n. 1.116, de 27 de dezembro de 2006, *Diário Oficial* (Colômbia).

[153] Ver *e.g.* Albert (2002, p. 873, 884, 896).

Como parte da reforma do direito societário chinês em 2006, a China promulgou regras legais específicas sobre a desconsideração da personalidade jurídica pela primeira vez. O art. 20 da lei das sociedades anônimas chinesa prevê a responsabilidade solidária dos acionistas nos casos em que o abuso da condição independente da companhia "lesa gravemente os interesses de qualquer credor" (XI, 2011, p. 413-414). O art. 64 também contém uma regra específica para companhias unipessoais que inverte o ônus da prova, responsabilizando o acionista único quando este for incapaz de provar a separação patrimonial.[154] Essas disposições foram supostamente produto de um compromisso político que levou em conta a hostilidade do governo para com a desconsideração da personalidade jurídica em decorrência de seu interesse como acionista majoritário em empresas estatais (Huang, 2012, p. 772-773).

Desde a reforma de 2006, a China parece ser muito mais propensa a desconsiderar a personalidade jurídica do que as economias maduras. Num estudo da aplicação judicial da desconsideração da personalidade jurídica entre 2006 e 2010, Hui Huang (2012, p. 748-749) encontrou 99 sentenças proferidas nessa área – um número que ele descreve como "excepcionalmente alto" numa perspectiva comparada – e uma decisão pela desconsideração em quase dois terços dessas sentenças. Um estudo mais recente de Kimberly Bin Yu e Richard Krever (2015, p. 63, 80) mostrou que esses casos cresceram exponencialmente nos cinco anos após o levantamento de Huang, sendo que a taxa de sucesso dos credores também aumentou significativamente. Pelo menos algumas dessas decisões parecem fazer uma leitura abrangente da lei. Enquanto o art. 20 parece tratar apenas da "desconsideração vertical" entre a controladora e suas subsidiárias, os tribunais também permitem a "desconsideração horizontal" entre companhias sob controle comum (XI, 2011, p. 413, 429). Ademais, os reguladores chineses condicionaram a formação de bancos comerciais privados, permitida desde 2003, a um acordo de 5% dos acionistas para compensar as perdas causadas aos depositários até um teto especificado (Zeng, 2017, p. 3, 29, 36-37).[155]

[154] Para uma tradução e discussão das disposições relevantes, ver Wu (2007, p. 329, 333-335).

[155] Zeng (2017, p. 29) atribui o regime chinês de responsabilidade dos acionistas à falta de capacidade regulatória. O teto é o capital investido ou 500.000 RMB para cada depositante público.

Os comentadores propuseram numerosas explicações para a incidência surpreendentemente alta da desconsideração da personalidade jurídica na China. Elas vão da falta de sofisticação e atitude paternalista dos juízes chineses aos pormenores da redação da lei, que transfere o ônus da prova no caso de companhias unipessoais (Yu e Krever, 2015, p. 81-82). Porém, esses relatos geralmente deixam de considerar uma das hipóteses centrais propostas neste capítulo – a saber, que o enfraquecimento dos atributos da sociedade anônima pode ser uma resposta *second-best* a um ambiente institucional deficiente.

Outrossim, há indícios de que o enfraquecimento dos traços característicos da sociedade anônima na China vai além da erosão da responsabilidade limitada. Curtis Milhaupt (2017, p. 296) mostrou que, pelo menos com respeito às empresas estatais que dominam a economia chinesa, cada um dos elementos do tipo de S.A. assume uma forma modificada e mais branda – fenômeno que ele atribui à "adaptabilidade" da sociedade anônima. Também há indícios de que algumas características peculiares do sistema chinês – como o papel do Partido Comunista Chinês em tolher a atuação do conselho de administração (Milhaupt, 2017, p. 291) – não se limitam ao contexto das empresas estatais, mas estão igualmente presentes em companhias privadas. Na visão de Milhaupt, o tipo de sociedade anônima tem "uma capacidade camaleônica de assumir as características da economia política onde opera" (2017, p. 296). Essa visão, contudo, pode subestimar o grau de divergência quanto à relevância dos atributos do tipo de sociedade anônima. É possível que, em algum ponto dessa transformação para adaptar-se às características locais, a organização em questão deixe de se assemelhar a uma sociedade anônima, tornando-se algo bastante diferente. Verificar a existência e extensão da descorporatização no mundo, assim como suas potenciais causas, certamente exige pesquisa adicional. A afirmação deste capítulo sobre a erosão significativa dos elementos do tipo de sociedade anônima no Brasil é inédita, não havendo sido documentada até então. Ao contrário, as descrições disponíveis do direito societário brasileiro por doutrinadores e profissionais não costumam salientar seu significativo afastamento quanto ao padrão internacional. Ademais, trata-se de um fenômeno recente, que pode estar começando só agora a firmar-se em outros lugares. Qualquer verificação da incidência e grau de descorporatização em outros contextos exigirá que os estudiosos mergulhem além dos relatos superficiais disponíveis em manuais e realizem estudos específicos voltados ao "direito em ação" de cada país.

Conclusões

O entendimento convencional é o de que a história da sociedade anônima é marcada por um sucesso contínuo e por sua inevitável expansão em diferentes contextos. Outrora restritos pelo Estado, entende-se que os atributos do tipo de sociedade anônima seriam cada vez mais amplamente disponíveis, independentemente de velhas restrições como a tributação desfavorável ou um excesso de regramentos cogentes. Contudo, o direito brasileiro contemporâneo demonstra um certo grau de involução e, portanto, subverte esse entendimento convencional.

Embora os juristas tenham questionado, do ponto de vista teórico, a abrangência de certos atributos do tipo de S.A. – mais notavelmente quanto à responsabilidade limitada –, tais críticas são geralmente descartadas como exercícios impraticáveis de imaginação institucional que não têm qualquer chance de implementação efetiva. Todavia, a experiência brasileira recente leva a questionar a inevitabilidade dos traços centrais da sociedade anônima. Mediante uma série de reformas legais e decisões judiciais, o direito brasileiro tem enfraquecido significativamente os elementos canônicos do tipo de sociedade anônima. A versão forte do tipo de sociedade anônima, que geralmente se presume ser universal, não se encontra mais disponível no direito brasileiro. As raízes da descorporatização observada na S.A. brasileira provavelmente não têm uma causa única, mas há argumentos eficientes para a maioria desses desenvolvimentos institucionais, embora certamente não para todos. Tal como acontece com a maior parte das regras e institutos jurídicos, a eficiência dos elementos do tipo de sociedade anônima pode depender do ambiente institucional subjacente.

O experimento brasileiro com a descorporatização aponta para novas direções para o direito comparado e a análise econômica. O debate persistente sobre o grau de convergência ou persistência na governança corporativa presume ora a aproximação dos sistemas jurídicos, ora a conservação de diferenças arraigadas. A maioria das análises de transformações jurídicas em economias emergentes enfatiza os transplantes estrangeiros provenientes de economias maduras, descontando em boa parte o grau de criatividade e originalidade locais. A possibilidade de divergências recentes que se originam em países em desenvolvimento é geralmente desconsiderada. Finalmente, os trabalhos na área de governança corporativa comparada têm enfocado o conteúdo do direito societário, desprezando as diferenças na força e operação dos elementos do tipo de sociedade anônima, os quais podem ser muito mais substanciais do que geralmente se reconhece.

Para o bem ou para o mal, a persistência de uma versão forte do tipo de sociedade anônima não parece ser inevitável. Ao mesmo tempo que a trajetória brasileira mostra que a história do instituto não acabou, ela também enseja uma reflexão ainda mais premente sobre os méritos dos diferentes atributos do tipo de sociedade anônima. Felizmente, essas mudanças oferecem um laboratório interessante, mas até agora subutilizado, para tais finalidades.

Referências

ALBERT, David M. Addressing abuse of the corporate entity in the people's Republic of China: new thoughts on China's need for a defined veil piercing doctrine. *University of Pennsylvania Journal of International Economic Law*, v. 23, 2002.

ARIDA, Pérsio *et al.* Credit, interest, and jurisdictional uncertainty: conjectures on the case of Brazil. *In*: GIAVAZZI, Francesco; GOLDFAJN, Ilan; HERRERA, Santiago (ed.) *Inflation targeting and debt: the case of Brazil.* Cambridge: MIT Press, 2005.

ARMOUR, John; HANSMANN, Henry; KRAAKMAN, Reinier; PARGENDLER, Mariana. What is corporate law? *In*: KRAAKMAN, Reinier *et al.* (ed.). *The anatomy of corporate law*: a comparative and functional approach. 3. ed. Oxford: Oxford University Press, 2017.

ARMOUR, John; HANSMANN, Henry; KRAAKMAN, Reinier; PARGENDLER, Mariana. Transactions with Creditors. *In*: KRAAKMAN, Reinier *et al.* (ed.). *The anatomy of corporate law*: a comparative and functional approach. 3. ed. Oxford: Oxford University Press, 2017.

ARMOUR, John; GORDON, Jeffrey N. Systemic harms and shareholder value. *Journal of Legal Analysis*, v. 6, p. 35-85, 2014.

BACHMANN, Gregor *et al. Regulating the closed corporation.* Berlin: De Gruyter, 2014.

BAINBRIDGE, Stephen M. Abolishing veil piercing. *Journal of Corporation Law*, v. 26, 2001.

BAINBRIDGE, Stephen M.; HENDERSON, M. Todd. *Limited liability:* a legal and economic analysis. UK: Edward Elgar Publishing, 2016.

BARBOSA FILHO, Fernando de Holanda; PESSOA, Samuel de Abreu. A desaceleração veio da nova matriz, não do contrato social. *In*: BONELLI, Régis; VELOSO, Fernando (ed.). *Ensaios IBRE de economia brasileira*, São Paulo: FGV IBRE, 2014. v. II.

BEBCHUK, Lucian A. Efficient and inefficient sales of corporate control. *The Quartely Journal of Economics*, v. 109, 1994.

BEBCHUK, Lucian A. The case for increasing shareholder power. *Harvard Law Review*, v. 118, 2005.

BEBCHUK, Lucian A.; FRIED, Jesse M. The uneasy case for the priority of secured claims in bankruptcy. *The Yale Law Journal*, v. 105, 1996.

BERGSTRÖM, Clas; HÖGFELDT, Peter; MOLIN, Johan. The optimality of the mandatory bid rule. *The Journal of Law, Economics, & Organization*, v. 13, n. 2, 1997.

BERKOWITZ, Daniel *et al.* The transplant effect. *The American Journal of Comparative Law*, v. 51, n. 1, p. 163-204, 2003.

BLAIR, Margaret M. Locking in capital: what corporate law achieved for business organizers in the nineteenth century. *UCLA Law Review*, v. 51, 2003.

BOYD, Christina L.; HOFFMAN, David A. Disputing limited liability. *Northwestern University Law Review*, v. 104, 2010.

BUITER, Willem H. *Lessons from the global financial crisis for regulators and supervisors* (Discussion Paper Series, Discussion Paper n. 635, 2009). Disponível em: http://www.lse.ac.uk/fmg/assets/documents/papers/discussion-papers/DP635.pdf [https://perma.cc/Y47N-HYMQ]. Acesso em: 25 ago. 2020.

CARVALHOSA, Modesto. *Comentários à Lei de Sociedades Anônimas*. 5. ed. São Paulo: Saraiva, 2011.

CLARK, Robert Charles. *Corporate law*. New York: Aspen Publishers, 1986.

CHANG, Ha-Joon. *Globalisation, economic development, and the role of the state*. London and New York: Zed Books; Penang, Malaysia: Third World Network, 2003.

CONTI-BROWN, Peter. Elective shareholder liability. *Stanford Law Review*, v. 64, 2012.

COOLS, Sofie. The real difference in corporate law between the United States and Continental Europe: distribution of powers. *Delaware Journal of Corporate Law*, v. 30, 2005.

DAVIS, Paul *et al.* Control Transactions. *In*: KRAAKMAN, Reinier *et al.* (ed.). *The anatomy of corporate law*: a comparative and functional approach. 3. ed. Oxford: Oxford University Press, 2017.

DEAKIN, Simon *et al.* Legal institutionalism: capitalism and the constitutive role of law. *Journal of Comparative Economy*, v. 45, 2017.

DJANKOV, Simeon *et al.* The law and economics of self-dealing. *Journal of Financial Economic*, v. 88, n. 3, 2008.

DJELIC, Marie-Laure; BOTHELLO, Joel. Limited liability and moral hazard implications: an alternative reading of the financial crisis, 2014. Disponível em: http://ssrn.com/abstract=2418901 [https://perma.cc/6SDC-P2TT]. Acesso em: 25 ago. 2020.

DOWD, Kevin. Moral hazard and the financial crisis. *CATO Journal*, v. 29, 2009.

Dyck, Alexander; Zingales, Luigi. Private benefits of control: an international comparison. *The Journal of Finance*, v. 29, abr. 2004.

Easterbrook, Frank H.; Fischel, Daniel R. Corporate control transactions. *Yale Law Journal*, v. 91, 1982.

Easterbrook, Frank H; Fischel, Daniel R. Limited liability and the corporation. *University of Chicago Law Review*, v. 52, 1985.

Easterbrook, Frank H.; Fischel, Daniel R. *The economic structure of corporate law*. Cambridge: Harvard University Press, 1991.

Eizirik, Nelson. *A lei das S/A comentada*. São Paulo: Quartier Latin, 2011.

Enriques, Luca; Hansmann, Henry; Kraakman, Reinier; Pargendler, Mariana. The basic governance structure: minority shareholders and non-shareholder constituencies. *In*: Kraakman, Reinier *et al.* (ed.). *The anatomy of corporate law*: a comparative and functional approach. 3. ed. Oxford: Oxford University Press, 2017.

Fennell, Lee Anne; McAdams, Richard H. The distributive deficit in law and economics. *Minnesota Law Review*, v. 100, p. 1051-1129, 2016.

Ferreira, Waldemar. *Sociedades por quotas*. 5. ed. São Paulo: Monteiro Lobato, 1958.

Figueroa, Dante. Comparative aspects of piercing the corporate veil in the United States and Latin America. *Duquesne Law Review*, v. 50, 2012.

França, Erasmo Valladão Azevedo; Von Adamek, Marcelo Vieira. *Affectio Societatis*: um conceito jurídico superado no moderno direito societário pelo conceito de fim social. *In*: *Direito Societário Contemporâneo*. São Paulo: Quartier Latin, 2009.

Franco, Gustavo H. B. *As leis secretas da economia*: revisitando Roberto Campos e as leis do Kafka. Rio de Janeiro: Zahar, 2012.

Franco, Gustavo H. B.; Rosman, Luiz Alberto C. A responsabilidade ilimitada em instituições financeiras no Brasil. *In*: Carneiro, Dionisio D.; Bolle, Monica Baumgarten de (orgs.). *A reforma do sistema financeiro americano:* nova arquitetura internacional e o contexto regulatório brasileiro. São Paulo: LTC, 2009.

Gerschenkron, Alexander. *Economic backwardness in historical perspective*: a book of essays. Cambridge: Harvard University Press, 1962.

Gilson, Ronald J.; Hansmann, Henry; Pargendler, Mariana. Regulatory dualism as a development strategy: corporate reform in Brazil, the United States, and the European Union. *Stanford Law Review*, v. 63, 2013.

Gorga, Érica. Changing the paradigm of stock ownership from concentrated towards dispersed ownership? Evidence from Brazil and consequences for emerging countries. *Northwerstern Journal of International Law & Business*, v. 29, 2009.

Goshen, Zohar; Squire, Richard. Principal costs: a new theory for corporate law and governance. *Columbia Law Review*, v. 117, 2017.

GRINOVER *et al.*, Ada Pellegrini. *Código de Defesa do Consumidor*: comentado pelos autores do anteprojeto, 8. ed. Rio de Janeiro: Forense Universitária, 2005.

GUINNANE, Timothy *et al.* Putting the corporation in its place. *Enterprise & Society*, v. 8, n. 3, 2007.

HALL, Peter A.; Soskice, David (ed.). *Varieties of capitalism:* the institutional foundations of comparative advantage. Oxford: Oxford University Press, 2001.

HANSMANN, Henry; KRAAKMAN, Reinier. The essential role of organizational law. *The Yale Law Journal*, v. 110, n. 3, 2000.

HANSMANN, Henry; KRAAKMAN, Reinier. Toward unlimited shareholder liability for corporate torts. *The Yale Law Journal*, v. 100, n. 7, 1991.

HANSMANN, Henry; KRAAKMAN, Reinier; SQUIRE, Richard. Law and the rise of the firm. *Harvard Law Review*, v. 119, 2006.

HANSMANN, Henry; SQUIRE, Richard. External and internal asset partitioning: corporations and their subsidiaries. *In*: *Oxford Handbook of Corporate Law and Governance*. Oxford: Oxford University Press, 2017.

HETHERINGTON, John A. C.; DOOLEY, Michael P. Illiquidity and exploitation: a proposed statutory solution to the remaining close corporation problem. *Virginia Law Review*, v. 63, 1977.

HOPT, Klaus *et al.* (ed.). *Corporate governance in context:* corporations, states, and markets in Europe, Japan, and the US. Oxford: Oxford University Press, 2005.

HORWITZ, Morton J. *The transformation of American law*, 1870-1960. Cambridge: Harvard University Press, 1992.

HUANG, Hui. Piercing the corporate veil in China: where is it now and where is it heading? *American Journal of Comparative Law*, v. 60, 2012.

ISRAELS, Carlos L. The sacred cow of corporate existence: problems of deadlock and dissolution. *University of Chicago Law Review*, v. 19, 1952.

JARA-BERTÍN, Mauricio; WAGNER, Rodrigo Andres; MUSACCHIO, Aldo. Implicit bailouts and the debt of wholly state-owned enterprises (26 jul. 2018) (versão de trabalho). Disponível em: http://ssrn.com/abstract=2670899 [https://perma.cc/K7YA-RM35]. Acesso em: 25 ago. 2020.

KAHAN, Marcel. Sales of corporate control. *The Journal of Law, Economics, & Organization*, v. 9, 1993.

KAPLOW, Louis; SHAVELL, Steven. Why the legal system is less efficient than the income tax in redistributing income. *The Journal of Legal Studies*, v. 23, p. 667-681, 1994.

LA PORTA, Rafael *et al.* Law and finance. *Journal of Political Economy*, v. 106, n. 6, p. 1113-1155, dez. 1998.

LAMOREAUX, Naomi R.; ROSENTHAL, Jean-Laurent. Corporate governance and the plight of minority shareholders in the United States before the Great Depression. *In*: GLAESER, Edward; GOLDIN, Claudia (ed.). *Corruption and reform*: lessons from America's economic history. Chicago: The University of Chicago Press, 2006.

LEAHY, Joe. Brazil banks outshine global rivals: reforms over the past 20 years appear to be paying off for the sector. *Financial Times* (6 nov. 2011). Disponível em: https://www.ft.com/content/497aeb38-085f-11e1-bc4d-00144feabdc0 [https://perma.cc/QU2P-BHVP]. Acesso em: 25 ago. 2020.

LEEBRON, David. Limited liability, tort victims, and creditors. *Columbia Law Review*, v. 91, 1991.

LIPSEY, Richard George; LANCASTER, Kelvin. The general theory of second best. *The Review of Economic Studies*, v. 24, 1956.

LISCOW, Zachary D. Reducing inequality on the cheap: when legal rule design should incorporate equity as well as efficiency. *The Yale Law Journal*, v. 123, n. 7, 2014.

LITVAK, Kate. Firm governance as a determinant of capital lock-in. *University of Texas Law, Law & Economics Research Paper*, n. 95, 2006.

MACEY, Jonathan R.; MILLER, Geoffrey P. Double liability of bank shareholders: history and implications. *Wake Forest Law Review*, v. 27, 1992.

MACEY, Jonathan; MITTS, Joshua. Finding order in the morass: the three real justifications for piercing the corporate veil. *Cornell Law Review*, v. 100, 2014.

MARGONI, Anna Beatriz Alves. *A desconsideração da personalidade jurídica nos grupos de sociedades*. 2011. Dissertação (Mestrado em Direito Comercial) – Faculdade de Direito, Universidade de São Paulo, São Paulo, 2011.

MCCAHERY, Joseph A. *et al.* A primer on the uncorporation. *European Business Organization Law Review*, v. 14, n. 3, 2013.

MCCOY, Patricia A.; PAVLOV, Andrey D.; WACHTER, Susan M. Systemic risk through securitization: the result of deregulation and regulatory failure. *Connecticut Law Review*, v. 41, 2009.

MEGGINSON, William L.; NETTER, Jeffry M. From state to market: a survey of empirical studies on privatization. *Journal of Economic Literature*, v. 39, 2001.

MILHAUPT, Curtis J. Chinese corporate capitalism in comparative context. *In*: CHEN, Weitseng (ed.). *The Beijing consensus?* How China has changed the western ideas of law and economic development. Cambridge: Cambridge University Press, 2017.

MILHAUPT, Curtis J.; PARGENDLER, Mariana. Governance challenges of listed state-owned enterprises around the world: national experiences and a framework for reform. *Cornell International Law Journal*, v. 50, 2017.

NAVARRO, José María Lezcano. *Piercing the corporate veil in Latin American jurisprudence*. New York: Routledge, 2016.

NOVAES e FRANÇA, Erasmo Valladão Azevedo; VON ADAMEK, Marcelo Vieira. *Affectio Societatis:* um conceito jurídico superado no moderno direito societário pelo conceito de fim social. *In*: Azevedo, Erasmo Valladão (coord.). *Direito Societário Contemporâneo*. São Paulo: Quartier Latin, 2009.

OECD (Org. para Coop. e Desenv. Econ.). *OECD Guidelines on corporate governance of state-owned enterprises*, 2015.

Oh, Peter. Veil piercing. *Texas Law Review*, v. 89, 2010.

Pargendler, Mariana. Corporate governance in emerging markets. *In*: Gordon, Jeffrey N.; Wolf- Ringe, Georg (ed.). *Oxford Handbook of Corporate Law and Governance*. Oxford: Oxford University Press, 2017.

Pargendler, Mariana. Direito societário em ação: análise empírica e proposições de reforma. *Revista de Direito Bancário e do Mercado de Capitais*, v. 59, 2013.

Pargendler, Mariana. Governing state capitalism: the case of Brazil. *In*: Liebman, Benjamin H.; Milhaupt, Curtis J. (ed.). *Regulating the Visible Hand? The Institutional Implications of Chinese State Capitalism*. Oxford: Oxford University Press, 2016.

Pargendler, Mariana. State ownership and corporate governance. *Fordham Law Review*, v. 80, 2012.

Penteado, Mauro Rodrigues. *Dissolução e liquidação de sociedades*. 2. ed. São Paulo: Saraiva, 2000.

Pinto Jr., Mário Engler. A atuação empresarial do Estado e o papel da empresa estatal. *Revista de Direito Mercantil: Industrial, Econômico e Financeiro*, n. 151-152, 2009.

Posner, Richard. *A failure of capitalism:* the crisis of '08 and the descent into depression. Cambridge: Harvard University Press, 2011.

Posner, Richard A. The rights of creditors of affiliated corporations. *The University of Chicago Law Review*, v. 43, 1976.

Presser, Stephen B. Thwarting the killing of the corporation: limited liability, democracy, and economics. *Northwestern University Law Review*, v. 87, 1992.

Rajan, Raghuram G. *Fault Lines: How Hidden Fractures Still Threaten the World Economy*. Princeton: Princeton University Press, 2010.

Rajan, Raghuram; Zingales, Luigi. The great reversals: the politics of financial development in the twentieth century. *Journal of Financial Economics*, v. 69, n. 1, jul. 2003.

Requião, Rubens. Abuso de direito e fraude através de personalidade jurídica (Disregard Doctrine). *Revista dos Tribunais*, v. 58, n. 410, 1969.

Ribstein, Larry E. *The rise of the uncorporation*. Oxford: Oxford University Press, 2010.

Roe, Mark J. *Political determinants of corporate governance:* political context, corporate impact. Oxford: Oxford University Press, 2003.

Rock, Edward B.; Wachter, Michael. Waiting for the omelet to set: match-specific assets and minority oppression in close corporations. *The Journal of Corporation Law*, v. 24, 1999.

ROCK, Edward *et al.* Fundamental Changes. *In*: KRAAKMAN, Reinier *et al.* (ed.). *The anatomy of corporate law*: a comparative and functional approach. 3. ed. Oxford: Oxford University Press, 2017.

RUSSEL, Alfredo. *Curso de Direito Comercial brasileiro.* Rio de Janeiro: Livraria Científica, 1923.

SALAMA, Bruno Meyerhof. *O fim da responsabilidade limitada no Brasil.* São Paulo: Malheiros, 2014.

SANCHIRICO, Chris. Taxes versus legal rules as instruments for equity: a more equitable view. *The Journal of Legal Studies*, v. 29, p. 797-820, 2000.

SANTOS, André Luiz Cardoso. *Apuração de haveres na sociedade limitada:* uma análise crítica da jurisprudência. 2015. Dissertação (Mestrado em Direito) – Fundação Getulio Vargas, São Paulo, 2015.

SHLEIFER, Andrei. State versus private ownership. *Journal of Economic Perspectives*, v. 12, 1998.

STOUT, Lynn A. Derivatives and the legal origin of the 2008 credit crisis. *Harvard Business Law Review*, v. 1, 2011.

STOUT, Lynn. On the nature of corporations. *Illinois Law Review*, p. 253-268, v. 2005.

STOUT, Lynn A. The corporation as time machine: intergenerational equity, intergenerational efficiency and the corporate form. *Seattle University Law Review*, v. 38, 2016.

STOUT, Lynn *et al. The Modern Corporation Statement on Company Law* 2 (out. 2016). Disponível em: https://ssrn.com/abstract=2848833 [https://perma.cc/2TJL-MBU3]. Acesso em: 25 ago. 2020.

SUPERIOR TRIBUNAL DE JUSTIÇA (STJ). Agravo Regimental no Recurso Especial n. 1.106.072-MS, Rel.: Min. Marco Buzzi, 02.09.2014, DJ, 18.09.2014.

SUPERIOR TRIBUNAL DE JUSTIÇA (STJ). Agravo Regimental no Recurso Especial n. 1.106.072-MS, Rel.: Min. Marco Buzzi, 02.09.2014, DJ, 18.09.2014.

SUPERIOR TRIBUNAL DE JUSTIÇA (STJ). Embargos de Divergência em Recurso Especial n. 111.294-PR, Rel.: Min. Castro Filho, 28.06.2006, DJ, 10.09.2007.

SUPERIOR TRIBUNAL DE JUSTIÇA (STJ). Embargos de Divergência em Recurso Especial n. 419.174-SP, 28.05.2008, Rel.: Min. Aldir Passarinho, DJ, 04.08.2008.

SUPERIOR TRIBUNAL DE JUSTIÇA (STJ). Embargos de Divergência em Recurso Especial n. 306.553-SC, Rel.: Min. Maria Isabel Gallotti, 10.12.2014, DJ, 12.12.2014.

SUPERIOR TRIBUNAL DE JUSTIÇA (STJ). Embargos de Divergência em Recurso Especial n. 306.553-SC, Rel.: Min. Maria Isabel Gallotti, 10.12.2014, DJ, 12.12.2014.

SUPERIOR TRIBUNAL DE JUSTIÇA (STJ). Recurso Especial n. 388.423-RS, Rel.: Min. Sálvio de Figueiredo Teixeira, 13.05.2003, DIÁRIO DA JUSTIÇA (DJ), 04.08.2003.

SUPERIOR TRIBUNAL DE JUSTIÇA (STJ). Recurso Especial n. 279.273-SP, Rel.: Min. Ari Pargendler, Rel. p/ Acórdão: Min. Nancy Andrighi, 02.12.2003, DJ, 03.03.2004.

SUPERIOR TRIBUNAL DE JUSTIÇA (STJ). Recurso Especial n. 859.616-RS, Rel.: Min. Luiz Fux, 18.09.2007, DJ, 15.10.2007.

SUPERIOR TRIBUNAL DE JUSTIÇA (STJ). Recurso Especial n. 1.141.977-SC, Rel.: Min. Benedito Gonçalves, 21.10.2010, DJ, 04.10.2010.

SUPERIOR TRIBUNAL DE JUSTIÇA (STJ). Recurso Especial n. 1.128.431-SP, Rel.: Min. Nancy Andrighi, 11.10.2011, DJ, 25.10.2011.

SUPERIOR TRIBUNAL DE JUSTIÇA (STJ). Recurso Especial n. 1.180.714-RJ, Quarta Turma. Rel.: Min. Luís Felipe Salomão. 05.04.2011, *Diário do Judiciário Eletrônico* (DJE), 06.05.2011.

SUPERIOR TRIBUNAL DE JUSTIÇA (STJ). Recurso Especial n. 917.531-RS, Rel.: Min. Luís Felipe Salomão, 17.11.2011, DJ, 01.02.2012.

SUPREMO TRIBUNAL FEDERAL (STF). Recurso Extraordinário n. 9.929, Rel.: Min. Flamínio de Rezende, 04.01.1946, *Revista dos Tribunais* [RT] 166/843.

SUPREMO TRIBUNAL FEDERAL (STF). Recurso Extraordinário n. 89.464, Rel.: Min. Cordeiro Guerra, 12.12.1978.

SUPREMO TRIBUNAL FEDERAL (STF). Recurso Extraordinário n. 562.276-PR, Rel.: Min. Ellen Gracie, 03.11.2010, DJ, 10.02.2011.

STURZENEGGER, Luiz Carlos. Apontamentos sobre responsabilidade civil de controladores e administradores de instituições financeiras. *Revista de Direito Bancário e Mercado de Capitais*, v. 52, 2011.

TAPIA, Evelyn. La propuesta de que accionistas respondan por deudas tributarias genera cuestionamientos. *El Comercio* (9 nov. 2017). Disponível em: https://www.elcomercio.com/actualidad/propuesta-accionistas-deudas-tributarias-economia.html [https://perma.cc/K7QT-W5Z2]. Acesso em: 25 ago. 2020.

TEIXEIRA, Egberto Lacerda. *Das sociedades por quotas de responsabilidade limitada*. São Paulo: Max Limonad, 1956.

THOMPSON, Robert B. Piercing the corporate veil: an empirical study. *Cornell Law Review*, v. 76, 1991.

THOMPSON, Robert B. Piercing the veil: is the common law the problem? *Connecticut Law Review*, v. 37, 2005.

THOMPSON, Robert B. The shareholder's cause of action for oppression. *The Business Lawyer*, v. 48, 1993.

TRIBUNAL DE JUSTIÇA DE SÃO PAULO (TJSP). Ap. Civ. N. 003.299-4/0, Rel.: Des. Mohamed Amaro, 19.02.1998.

TRIBUNAL DE JUSTIÇA DO ESTADO DE MINAS GERAIS (TJMG). Ap. Civ. n. 1.0000.00.199781-6/000(1), Rel.: Des. Garcia Leão, 07.08.2001, Diário de Tribunal de Justiça do Estado de Minas Gerais (DJMG), 07.09.2001.

TRIBUNAL DE JUSTIÇA DO ESTADO DE RIO GRANDE DO SUL (TJRS). Ap. Civ. n. 70071296446, Rel.: Des. Luís Augusto Coelho Braga, 29.06.2017, DJ, 12.07.2017.

TRIBUNAL SUPERIOR DO TRABALHO (TST). Agravo de Instrumento em Recurso de Revista n. 1365.56, Rel.: Min. Lélio Bentes Corrêa, 21.08.2013, TSTJ, 21.08.2013.

TRIBUNAL SUPERIOR DO TRABALHO (TST). Agravo de Instrumento em Recurso de Revista n. 3262200-18, Rel.: Des. José Maria Quadros de Alencar, 27.11.2013, TSTJ, 17.12.2013.

TRIBUNAL SUPERIOR DO TRABALHO (TST). Agravo de Instrumento em Recurso de Revista n. 7300-66, Rel.: Min. João Oreste Dalazen, 13.08.2014, TSTJ, 14.08.2014.

TRIBUNAL SUPERIOR DO TRABALHO (TST). Agravo de Instrumento em Recurso de Revista n. 17200-66.2000, Rel.: Min. Márcio Eurico Vitral Amaro, 15.04.2015, TSTJ, 15.04.2015.

TRIBUNAL SUPERIOR DO TRABALHO (TST). Agravo de Instrumento em Recurso de Revista n. 119600.07, Rel.: Min. José Roberto Freire Pimenta, 22.04.2015, TSTJ, 23.04.2015.

VENTORUZZO, Marco *et al. Comparative corporate law*. Minnesota: West Academic Publishers, 2015.

WALLISON, Peter J. Cause and effect: government policies and the financial crisis. *Critical Review: A Journal of Politics and Society*. AEI Online, v. 21, 2008.

WEINSTEIN, Mark I. Share price changes and the arrival of limited liability in California. *The Journal of Legal Studies*, v. 32, 2013.

WHITMAN, James Q. The two western cultures of privacy: dignity versus liberty. *The Yale Law Journal*, v. 113, 2004.

WORLD BANK. *Doing Business*. Ease of doing business in Brazil (Acesso em: 9 out. 2019). Disponível em: http://www.doingbusiness.org/data/exploreeconomies/brazil/#enforcing-contratos. [https://perma.cc/Q78G-EADT]. Acesso em: 25 ago. 2020.

WU, Mark. Piercing China's corporate veil: open questions from the New Company Law. *The Yale Law Journal*, v. 117, p. 329-338, 2007.

XI, Chao. Piercing the corporate veil in China: how did we get there? *Journal of Business Law*, n. 5, 2011.

YU, Kimberly Bin; KREVER, Richard. The high frequency of piercing the corporate veil in China. *Asia Pacific Law Review*, v. 23, 2015.

ZENG, James Si. Internal and external shareholder liability in the financial industry: a comparative approach. *Review of Banking & Financial Law*, v. 37, 2017.

Capítulo 5
A Dissolução Parcial de Sociedade Anônima Funciona? Um Estudo Sobre os Limites e as Dificuldades da Dissolução Parcial da Cocelpa

João Guilherme Rache Gebran[1]

Introdução

Nos últimos anos, o direito comercial brasileiro passou por uma grande transformação em relação ao tratamento concedido às sociedades anônimas. O Superior Tribunal de Justiça (STJ) alterou diametralmente o seu entendimento sobre o exercício do direito de retirada nas companhias, pois consagrou a dissolução parcial como instrumento apto a realizar a "retirada" do acionista minoritário insatisfeito da sociedade. Tal posicionamento contrasta com o entendimento consolidado da doutrina internacional sobre a blindagem patrimonial da empresa.

A doutrina internacional é uníssona em reconhecer que a separação entre o patrimônio da sociedade e o patrimônio individual de cada acio-

[1] O autor agradece à professora Doutora Mariana Pargendler, pela orientação e contribuições em seu conteúdo, bem como à professora Doutora Flavia Püschel e à professora Doutora Viviane Prado pela leitura atenta do artigo e pelos comentários. Naturalmente, qualquer deslize no texto é de integral responsabilidade do autor.

nista é o elemento mais basilar das sociedades anônimas,[2] pois o direito societário, ao distinguir a pessoa da sociedade da pessoa de seus sócios, permite que os indivíduos possam trabalhar conjuntamente de maneira mais fácil e reduz os custos de monitoramento da empresa (Kraakman *et al.*, 2018, p. 39). Todos os ordenamentos jurídicos do mundo reconhecem, em larga medida, que os acionistas não possuem direito sobre os bens da companhia.

A referida separação patrimonial possui o aspecto de blindar o patrimônio da sociedade (*capital lock-in* ou *entity shielding*) dos acionistas e seus credores (Blair, 2003, p. 393), o que se traduz em duas regras distintas. Primeiro, a regra da prioridade, na qual se estabelece que a sociedade responderá prioritariamente pelas obrigações que contrair. Segundo, a regra da "proteção contra liquidação", que prevê que os acionistas não podem retirar o patrimônio investido na sociedade a seu bel-prazer (Kraakman *et al.*, 2018, p. 40). Entretanto, a jurisprudência brasileira veio gradualmente mitigando a blindagem patrimonial da empresa, esvaziando as regras que a compõem (Pargendler, 2019, p. 3), e, portanto, autorizando o acesso dos acionistas ao capital investido na sociedade.

O processo de extinção da blindagem patrimonial da empresa iniciou-se em meados de 1940, com a flexibilização do direito potestativo de o sócio requerer a dissolução total da sociedade limitada. Até então, a jurisprudência brasileira, com fulcro no art. 335, V, do Código Comercial de 1850,[3] possibilitava ao sócio insatisfeito pleitear – a qualquer tempo e independentemente de justificativa – a dissolução total de sociedade limitada por prazo indeterminado, o que já representava um tratamento heterodoxo em relação aos sócios minoritários se comparado ao tratamento dado por outros ordenamentos (Pargendler, 2019, p. 11). Aos poucos, esse posicionamento cedeu lugar para uma posição em favor da preservação da sociedade e dos seus sócios, resultado da crescente preocupação com a função social da empresa e do enfraqueci-

[2] Ver Hasmann e Kraakman (2006, p. 1336); Rock e Wachter (1999, p. 920); Dari-Mattiacci *et al.* (2013, p. 6); Blair (2003, p. 393).

[3] O art. 335, V, do Código Comercial de 1850 previa que: "Art. 335. As sociedades reputam-se dissolvidas: [...] V – Por vontade de um dos sócios, sendo a sociedade celebrada por tempo indeterminado".

mento da doutrina individualista presente no Código Comercial de 1850 (Vieira, 2014, p. 174).

Assim, o Supremo Tribunal Federal (STF) – ao julgar o Recurso Extraordinário (RE) n. 9.929/SP (Brasil, 1946), o RE n. 19.874/BA (Brasil, 1957) e o RE n. 89.464/SP (Brasil, 1978), os quais serviram de paradigma – sedimentou a construção pretoriana da teoria da dissolução parcial, autorizando a retirada do sócio insatisfeito mediante o recebimento dos seus haveres, e sepultando a blindagem patrimonial na sociedade limitada.

Já após a Constituição de 1988, o STJ consolidou o entendimento adotado pelo STF em sua jurisprudência e passou a aprimorar a aplicação do instituto da dissolução parcial em sociedades limitadas. O STJ estabeleceu os critérios para a apuração de haveres, a necessidade de levantamento de balanço especial, coibiu o locupletamento indevido das partes e reconheceu a quebra da *affectio societatis* como elemento apto a gerar a dissolução parcial. Destaca-se a importância do Recurso Especial (REsp) n. 38.160-6/SP (BRASIL, 1993a), que passou a ser citado como precedente em outros julgados.

A revolução jurisprudencial promovida pela dissolução parcial passou ao largo da sociedade anônima, pois se reconhecia que esta possuía regime jurídico próprio – a Lei das Sociedades por Ações (Lei das S.A – Lei n. 6.404/1976 e, anteriormente, Decreto-Lei n. 2.627/1940) – e não se sujeitava ao Código Comercial de 1850. Portanto, permaneceu firme a blindagem patrimonial gozada pela sociedade anônima.

Entretanto, em meados dos anos 2000, o STJ reviu a sua jurisprudência sobre dissolução parcial e alargou a aplicação do instituto para também abranger as sociedades anônimas familiares, abandonando de vez a blindagem patrimonial como um atributo característico das companhias (Pargendler, 2019)[4] e promovendo uma nova revolução no direito comercial.

O acórdão do REsp n. 111.294/PR (BRASIL, STJ, 2000) do Caso Cocelpa foi a decisão paradigmática, no qual a Quarta Turma do STJ autorizou o cabimento do instituto da dissolução parcial à sociedade

[4] Nas palavras de Pargendler (2019, p. 15): "While the first precedents on this subject date back to the 1980s and 1990s, it was in the middle and late 2000s that Brazilian law effectively abandoned lock-in as an attribute of close corporations".

anônima, inaugurando o posicionamento no STJ e abrindo o precedente para os demais tribunais nacionais. No caso em questão, o STJ entendeu que a Cocelpa era passível de dissolução parcial – tal qual as sociedades limitadas –, pois (i) tratar-se-ia de sociedade anônima familiar com natureza *intuitu personae*, na qual o vínculo (*affectio societatis*) estaria desgastado, e (ii) a sociedade não estaria atendendo ao seu fim social, pois há tempos não distribuía dividendos. Posteriormente, a Segunda Seção do Tribunal, em sede de Embargos de Divergência (BRASIL, STJ, 2006), pacificou o entendimento das turmas cíveis sobre a matéria e esclareceu que o rompimento da *affectio societatis* representa verdadeiro impedimento ao fim social da sociedade, e a sua ruptura é elemento suficiente para justificar a dissolução parcial.

Apesar de a ação de dissolução ter sido proposta em 1991 e ter se tornado o *leading case* para a consolidação do cabimento de dissolução parcial de S.A., o caso Cocelpa continua em trâmite e sem perspectiva de desfecho iminente. No momento, a ação dissolutória encontra-se em fase de Cumprimento de Sentença (BRASIL, 1ª Vara de Falências e Recuperação Judicial de Curitiba, 1996) e aguarda a apuração dos haveres. Ademais, recentemente, a Cocelpa requereu a sua Recuperação Judicial (BRASIL, 1ª Vara de Falências e Recuperação Judicial de Curitiba, 2017), alegando que, "em que pese os resultados negativos que vêm sendo acumulados pelas Requerentes, as empresas possuem a expertise e todas as condições estruturais necessárias à sua recuperação".

O caso Cocelpa assentou os alicerces do instituto da dissolução parcial de sociedade anônima no ordenamento jurídico brasileiro; entretanto, permanecem obscuros os contornos da tramitação judicial do processo de dissolução parcial e a efetivação (*enforcement*) da decisão, ainda mais tendo em vista o pioneirismo do caso e o fato de o processo continuar em trâmite mesmo depois de passados 29 anos do seu ajuizamento. Nesse sentido, vale questionar: quais as razões para o processo ainda não ter sido concluído?

Enquanto a literatura jurídica discute o mérito do cabimento da dissolução parcial de sociedade anônima, pouco se discute sobre a efetividade (*enforceability*) da dissolução parcial, o que coloca em xeque a sua própria eficácia como instituto jurídico. Assim, o presente trabalho propõe-se a identificar, a partir da dissolução parcial da Cocelpa, por meio da análise do trâmite processual do caso, não apenas o modo como o STJ construiu a possibilidade jurídica de dissolução parcial de sociedade anônima, mas também refletir sobre o objetivo, a adequação e a efetividade para verificar as limitações de tal solução jurisprudencial. Para tanto, no item 1 se reconstruirão a história de fundo do processo de dissolução parcial da Cocelpa, o trâmite do processo de conhecimento, seus incidentes processuais e as decisões judiciais. No item 2 serão explorados o processo de cumprimento de sentença, o pedido de recuperação judicial e as dificuldades que vêm sendo enfrentadas pela sociedade. No item 3 será feita uma análise sobre o instituto da dissolução parcial a partir da sua aplicação no caso Cocelpa. Por fim, haverá uma breve conclusão.

1. O processo de dissolução parcial da Cocelpa

A Companhia de Celulose e Papel do Paraná (Cocelpa S.A.) iniciou suas atividades no ano de 1963, por seu fundador, Antônio de Pauli, e seus cinco filhos, no ramo de fabricação de papel, celulose e produtos afins. Nos anos que se seguiram, a sociedade obteve grande sucesso no mercado e expandiu sua atividade para o nordeste com a constituição da Companhia Nordestina de Papel (Conpel), em 1967, e, em seguida, com a constituição da Arpeco S.A. – Artefatos de Papéis, em 1976, para produção de sacarias de papel. As três empresas encontravam-se sob o controle da *holding* Antonio de Pauli S.A. e, conjuntamente, formavam o Grupo De Pauli (atualmente denominado Grupo Ecoverdi).[5] Na década de 1990, entretanto, as sociedades começaram a enfrentar dificuldades financeiras e perda de espaço no mercado para seus concorrentes.

Nesse mesmo período, deflagraram-se as desavenças entre membros da família De Pauli e a disputa pelo controle da Antonio de Pauli S.A. e da Cocelpa. De um lado, o bloco de controle – composto pelos acionistas Antônio Eloi Fontana de Pauli, Onivaldo Fontana de Pauli e José Fontana de Pauli –, que conjuntamente detinha 42,3% da Antonio de Pauli S.A, indiretamente controlava 64,54% da Cocelpa e ocupava os cargos de administração de ambas as companhias. Do outro lado, figura o acionista minoritário Espólio de Aurélio Fontana de Pauli – repre-

[5] Sobre a história da Cocelpa e do Grupo De Pauli, ver: Diário da Indústria e Comércio (2012).

sentado por Rosa Maria Mader de Pauli (viúva) e Luiz Carlos Mader de Pauli (filho do *de cujus*) –, que detinha 14,1% da Antonio de Pauli S.A e 5,34% da Cocelpa. Também participavam da Cocelpa Jacob Fontana de Pauli, que igualmente detinha 14,1% da Antonio de Pauli S.A e 5,34% da Cocelpa e se manteve inicialmente neutro na disputa societária, e o BNDESPAR – BNDES Participações S.A., que detinha 19,81% da Cocelpa por meio de ações preferenciais sem direito a voto e figurava apenas como agência de fomento.

Em síntese, a estrutura societária da Cocelpa à época era a representada na Figura 1.

Figura 1. Estrutura societária da Cocelpa

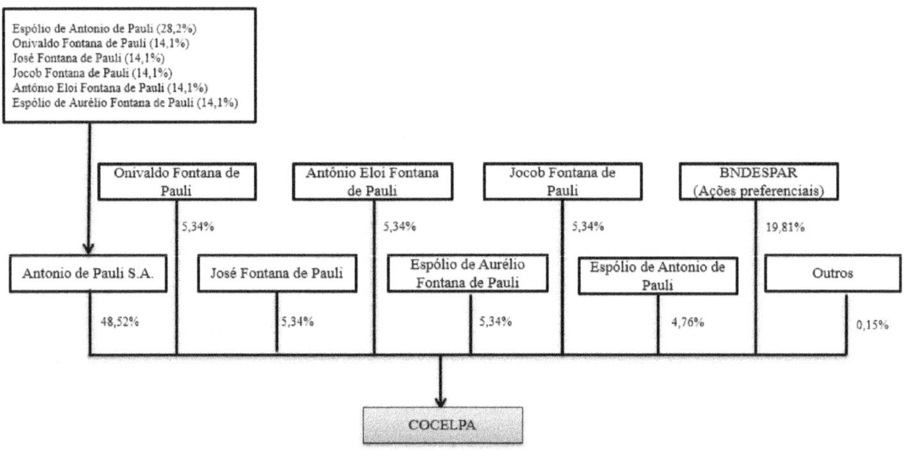

Fonte: Elaboração do autor conforme dados disponíveis no processo de inventário de bens 328/1974 referente ao falecido Antônio de Pauli de 1979.

Ocorre que os herdeiros de Aurélio Fontana de Pauli (os sobrinhos e a cunhada do patriarca) acreditavam que o patrimônio da sociedade vinha sendo expropriado pelos acionistas controladores (seus tios), razão pela qual ajuizaram a ação de dissolução total da sociedade com pedido alternativo de dissolução parcial.

Hoje (2020), as disputas judiciais entre as partes já perduram por 29 anos, tendo como palco principal o processo de dissolução parcial da sociedade, o seu cumprimento de sentença e seus inúmeros recursos. Entretanto, deve-se destacar que a desavença ultrapassa os limites desses processos e engloba o processo de inventário de Antônio de Pauli (Brasil, 15ª Vara de Cível de Curitiba, 1979), o processo de dissolução parcial da sociedade Antonio de Pauli S.A. (Brasil, 1ª Vara de Falências e Recuperação Judicial de Curitiba, 1991), o processo de exibição de acordo de acionistas da Cocelpa (Brasil, 2012), diversas ações para anulação de assembleias da Antonio de Pauli S.A.[6] e o recente processo de recuperação judicial da Cocelpa (Brasil, 1ª Vara de Falências e Recuperação Judicial de Curitiba, 2017).

1.1. O processo em primeiro grau de jurisdição

Em 25 de novembro de 1991, o Espólio de Aurélio Fontana de Pauli (doravante denominado simplesmente "Acionista Dissidente")[7] propôs a ação para dissolução de sociedade (Brasil, 1ª Vara de Falências e Recuperação Judicial de Curitiba, 1991) em face da Cocelpa e dos acionistas controladores. O pedido de dissolução fundamenta-se em dois pontos principais: (i) a não atenção do seu fim social, devido ao fato de que a sociedade "sequer tem distribuído os dividendos legais nos últimos 16 anos", e (ii) a quebra da *affectio societatis*, devido às "barbaridades administrativas cometidas pela requerida através da sua Gerência, em detrimento dos Sócios minoritários e afastados da direção".

Na petição inicial, o Acionista Dissidente narra que os acionistas controladores (i) suprimiram a participação do Acionista Dissidente como acionista da Cocelpa nas atas de assembleias posteriores ao falecimento do patriarca (Antônio de Pauli); (ii) excluíram o Acionista Dissidente da direção da Cocelpa por meio de rescisão imotivada do vínculo

[6] O Acionista Dissidente alega que os administradores da Antonio de Pauli S.A. buscam dilapidar o patrimônio das sociedades em seu detrimento, razão pela qual busca a anulação das assembleias extraordinárias que determinaram a venda de parcela do patrimônio da sociedade. São elas: Brasil 19ª Vara Cível de Curitiba. Ação Anulatória de Assembleia Geral Extraordinária 0022996-17.2013.8.16.0001. Distribuída em 16 de maio de 2013; Brasil, 9ª Vara Cível da Comarca de Curitiba, 2016; Brasil, 9ª Vara Cível da Comarca de Curitiba, 2015a; Brasil, 9ª Vara Cível da Comarca de Curitiba, 2015b.

[7] Conceitualmente, o termo mais adequado seria "Acionista Insatisfeito" ou "Acionista Retirante", entretanto a jurisprudência consagrou o termo "Acionista Dissidente" para se referir ao acionista que ajuíza ação de dissolução parcial de sociedade buscando como resultado a sua retirada. Apesar de discordar da nomenclatura utilizada pela jurisprudência – pois cabível apenas para o acionista que se retira espontaneamente da sociedade com fundamento no art. 137 da Lei das S.A. –, por tratar-se de termo consolidado jurisprudencialmente e presente nos julgados colacionados no presente trabalho, utilizar-se-á o termo "Acionista Dissidente".

empregatício existente; (iii) recusaram-se a prestar informações sobre os atos de administração da Cocelpa e da Antonio de Pauli S.A., bem como a apresentar os livros sociais das empresas; (iv) agiram com imperícia na gestão da companhia, impossibilitando que a produção atingisse os níveis normais projetados – nesse tocante, citam a ausência de manutenção de maquinários e erro na escolha do público consumidor; (v) aumentaram nominalmente a própria participação na Cocelpa sem o devido aporte de capital; (vi) apropriaram-se indevidamente de bens – imóveis, alugueres e madeira de corte – pertencentes à Cocelpa em detrimento da sociedade. Conclui que "as atitudes de per si dos membros da Trinca dirigente configuram de forma inexorável o abuso de poder".

Posteriormente, o Espólio de Jacob Baptista de Pauli (doravante Acionista Anuente), que até então se mantivera neutro na disputa societária, manifestou-se de maneira lacônica anuindo com o pedido de dissolução da sociedade formulado pelo Acionista Dissidente, entretanto sem pedir a dissolução da sua parcela.

Em contestação, a Cocelpa e seus controladores negaram os fatos que lhes foram imputados, esclarecendo (i) que "as pretensas irregularidades acionárias não são da Cocelpa, mas sim da empresa Antonio de Pauli S.A., sendo irrelevante o fato desta ser sócia daquela. Com o devido respeito, uma empresa não pode ser dissolvida por 'irregularidades' a ela estranhas", e (ii) que

> não é possível fundamentar um pedido de dissolução de sociedade anônima na ausência de *affectio societatis* entre os sócios. E fica ainda mais claro em casos como o presente, em que um dos acionistas é uma empresa pública federal, qual seja BNDES PARTICIPAÇÕES S.A. – BNDESPAR, caso em que nenhuma significação tem o *affectio societatis*, pois não há como se falar em sociedade familiar, sendo relevante tão somente o interesse público.

A sentença, proferida em 26 de outubro de 1994, julgou procedente a ação para decretar a dissolução parcial da sociedade Cocelpa, mediante a retirada do Acionista Dissidente e do Acionista Anuente. A decisão reconheceu que, "embora sociedade anônima, aí sem dúvida imperou para a sua constituição o aspecto pessoal, a confiança, até mesmo predominante sobre o caráter capitalista", e complementa que

> da leitura do elenco de denúncias contra atos da administração, uns arbitrários que estão demonstrados documentalmente, outros por irregularidades, conclui-se que foram os Réus, os sócios majoritários, que causaram a quebra ou ruptura da "affectio societatis" para com os minoritários, no caso não se trata de mera divergência ou discordância, mas de severa inimizade e desconfiança, de sorte que tendo sido os réus que conduziram a companhia a tal situação, só por esse aspecto já se impõe a dissolução parcial.

Considerou também que o "elemento ensejador da dissolução parcial se afigura presente que é a impossibilidade de atingir o seu fim [...] pois o fim da sociedade é a obtenção de lucros, repartíveis entre os sócios, através da atividade traçada no estatuto, isto é, da realização do objeto social". Por fim, relegou a apuração dos haveres para liquidação de sentença, mediante balanço especial levantado depois da liquidação.

1.2. O processo no Tribunal de Justiça do Paraná (TJPR)

Irresignadas, ambas as partes recorreram da sentença e contrarrazoaram o recurso da parte contrária. Em síntese, o Acionista Dissidente apelou apenas em relação ao valor fixado a título de honorários advocatícios, enquanto a Cocelpa e os acionistas controladores reiteraram as preliminares anteriormente levantadas e no que se refere ao mérito aduziram que (i) as hipóteses do exercício de retirada na sociedade anônima estão elencadas no art. 137 da Lei das S.A. e são *numerus clausus*; (ii) não há necessidade de *affectio societatis* em companhias; e (iii) o julgamento foi *extra petita*, uma vez que o Espólio de Jacob Batista de Pauli apenas anuiu com a saída do Acionista Dissidente e não requereu a sua retirada da empresa.

O extinto Tribunal de Alçada do Paraná (TAPR), em 28 de junho de 1995, por unanimidade de votos, deu parcial provimento ao recurso interposto pela Cocelpa (Brasil, TAPR, 1995), reformando a sentença apenas em relação ao valor da sucumbência. Nesse sentido é a ementa do acórdão:

> Ação de dissolução de sociedade. Dissolução parcial – Sociedade anônima. Impossibilidade jurídica do pedido – Inocorrência. Agravo retido – Não provimento – Incompetência – Inocorrência – BNDES – Sociedade de economia mista – Ausência de cerceamento de defesa – *Affectio*

> *societatis* – Ausência de distribuição de lucros – Réu anuente. Princípio da economia processual e da instrumentalidade. Sentença declaratória. Honorários advocatícios – Artigo 20 § 4º CPC.

Por fim, a Cocelpa interpôs recurso especial e extraordinário, sendo o primeiro admitido e o segundo não.

1.3. O processo no Superior Tribunal de Justiça (STJ)

O recurso especial interposto pela Cocelpa se assentava em dois pontos principais: (i) na negativa de vigência do art. 206, II, "b", da Lei das S.A. (Lei n. 6.404/1976), alegando que a não distribuição de dividendos não constituía causa de dissolução de sociedade, e (ii) no dissídio jurisprudencial, tendo como paradigma o acórdão do Agravo Regimental no Agravo de Instrumento (AgRg no Ag) n. 34.120-8/SP de 1993 (BRASIL, STJ, 1993b), que reconhecia que na sociedade anônima o direito de retirada do acionista era restrito às hipóteses do art. 137 da Lei das S.A.

O julgamento do REsp n. 111.294/PR (Brasil, STJ, 2000) – como mencionado anteriormente – modificou o entendimento da Corte, reconhecendo a possibilidade de dissolução parcial de sociedade anônima, e gerou intenso debate entre os ministros sobre o sentido em que a jurisprudência deveria avançar e sucessivos pedidos de vistas. A única certeza entre os ministros era de que "é controvertida, tanto na doutrina como na jurisprudência, a questão relativa à possibilidade de decretar-se a dissolução parcial de sociedade anônima, com a apuração de haveres dos sócios minoritários dissidentes", conforme trecho de abertura do voto do ministro relator.

O Ministro Relator Barros Monteiro, evocando o voto do Ministro Dias Trindade no REsp n. 22.814-5/SP (Brasil, STJ, 1993c), entendeu que "não se podem aplicar às sociedades anônimas (organizadas sob o princípio de *intuitus pecuniae*) normas e critérios das sociedades erigidas consoante o *intuitus personae*", argumentando que, uma vez evidenciado que a sociedade anônima não pode preencher o seu fim social, deve ser dissolvida em sua integralidade, pois a atividade do negócio estará comprometida por inteiro.

O voto-vista do Ministro Cesar Asfor Rocha abriu a divergência, destacando a especificidade do caso em concreto e suscitando que

> a quebra da *affectio societatis* conjugada à inexistência de lucro e de distribuição de dividendos da sociedade anônima, por longos anos, pode se constituir em elemento ensejador da dissolução da sociedade, pois seria injusto manter o acionista prisioneiro da sociedade, com seu investimento improdutivo, na expressão de Rubens Requião.

Por fim, concluiu o ministro que: "Dir-se-ia, então que o caso seria de dissolução integral da sociedade anônima. Contudo, em respeito ao princípio da preservação da sociedade e de sua utilidade social, deve-se mantê-la viva".

O Ministro Ruy Rosado de Aguiar, vogal e presidente da turma, acompanhou a divergência, destacando, ainda, que "não aceitar essa solução seria submetê-lo indefinidamente ao controle do outro".

De igual modo votou o Ministro Aldir Passarinho Jr., o qual ressalvou a necessidade de avaliar os pedidos de dissolução parcial de sociedade anônima caso a caso e que, "na espécie dos autos, trata-se de uma sociedade anônima, mas sem as características típicas de uma S/A, na verdade, é uma sociedade limitada travestida de sociedade anônima".

Por fim, votou o Ministro Sálvio de Figueiredo Teixeira, que também acompanhou o voto divergente, sem ressalva.

Assim, vencido o Ministro Relator Barros Monteiro, a Quarta Turma do STJ, por maioria de votos, negou provimento ao recurso, conforme acórdão de lavra do Ministro Cesar Asfor Rocha, ementado nos seguintes termos:

> Direito comercial. Sociedade anônima. Grupo familiar. Inexistência de lucros e de distribuição de dividendos há vários anos. Dissolução parcial. Sócios minoritários. Possibilidade.
>
> Pelas peculiaridades da espécie, em que o elemento preponderante, quando do recrutamento dos sócios, para a constituição da sociedade anônima envolvendo pequeno grupo familiar, foi a afeição pessoal que reinava entre eles, a quebra da *affectio societatis* conjugada à inexistência de lucros e de distribuição de dividendos, por longos anos, pode se constituir em elemento ensejador da dissolução parcial da sociedade, pois seria injusto manter o acionista prisioneiro da sociedade, com seu investimento improdutivo, na expressão de Rubens Requião.

> O princípio da preservação da sociedade e de sua utilidade social afasta a dissolução integral da sociedade anônima, conduzindo à dissolução parcial.
>
> Recurso parcialmente conhecido, mas improvido.

Ante o acórdão, a Cocelpa interpôs embargos de declaração, embargos de divergência e apresentou um pedido de nulidade do processo. Os embargos de declaração não foram conhecidos, mantendo-se hígido o teor do acórdão, enquanto os embargos de divergência foram indeferidos liminarmente e, posteriormente, admitidos em juízo de reconsideração.

Em 28 de junho de 2006, a Segunda Seção do STJ julgou os Embargos de Divergência no REsp n. 111.294/PR (Brasil, STJ, 2006), o qual pacificou o entendimento sobre o cabimento de dissolução parcial em sociedades anônimas em âmbito nacional, e alijou ainda mais o atributo da blindagem patrimonial. Preliminarmente, em relação ao pedido de nulidade do processo, os ministros entenderam que não houve prejuízo a qualquer das partes e que, portanto, o pedido deveria ser rejeitado. No mérito, o recurso foi palco de acalorado debate entre os ministros sobre a aplicabilidade do instituto da dissolução parcial sobre sociedade anônima.

Em seu voto, ponderou o Ministro Castro Filho que "a realidade da economia brasileira revela a existência, em sua grande maioria, de sociedades anônimas de médio e pequeno porte, em regra de capital fechado, que concentram na pessoa de seus sócios um de seus elementos preponderantes", e concluiu que,

> reconhecida a existência da *affectio societatis* como fator preponderante na constituição da empresa, não me parece possa essa circunstância ser desconsiderada por ocasião da dissolução. Do contrário, e de que é exemplo a hipótese em tela, a ruptura da *affectio societatis* representa verdadeiro impedimento a que a companhia continue realizar o seu fim, com a obtenção de lucro e distribuição de dividendos [...] já que dificilmente pode prosperar uma sociedade em que a confiança, a harmonia, a fidelidade e o respeito mútuo entre os seus sócios tenham sido rompidos.

A mudança de posicionamento pelo STJ é relevante na medida em que reconheceu expressamente que o desaparecimento da *affectio socie-*

tatis, por si só, acarreta a impossibilidade de a sociedade atingir o seu fim e cumprir a sua função social e, ao mesmo tempo, permite a saída do Acionista Dissidente e a continuidade da sociedade em homenagem ao princípio da preservação da empresa (Vieira, 2014, p. 273). Em suma, ficou mantida a sentença do juízo *a quo*, a qual transitou em julgado em 26 de setembro de 2007.

2. Da liquidação e do cumprimento de sentença

2.1. Das cartas de sentença para liquidação e execução provisória

Em 1996, já tendo o processo de dissolução sido julgado em primeiro grau e confirmado pelo Tribunal de Alçada, o Acionista Dissidente deu início ao processo de liquidação provisória da sociedade por meio da Carta de Sentença n. 307/1996 (Brasil, 1ª Vara de Falências e Recuperação Judicial de Curitiba, 1996)· Foi realizado laudo pericial de avaliação e arbitramento – tomando por base o balanço de fechamento de 1991 (ano anterior ao ajuizamento da demanda) e perícia realizada sobre os bens da sociedade –, que fixou os haveres devidos aos Autores em CR$ 29.833.875.000,00 e foi homologado pelo juízo. Inconformada com o laudo pericial produzido, a Cocelpa interpôs recurso de apelação, que foi recebido apenas com efeito devolutivo.

Ante a remessa dos autos supramencionados para a instância superior, em 2004, o Acionista Dissidente extraiu uma segunda carta de sentença – a Carta de Sentença 1.615/2004 (Brasil, 1ª Vara de Falências e Recuperação Judicial de Curitiba, 2004) –, requerendo a execução provisória dos valores arbitrados pela sentença homologatória. Rejeitados os bens indicados à penhora, foi determinada a penhora mensal de 10% do faturamento da Cocelpa até o limite do valor apurado, que à época perfazia o valor de R$ 10.786.776,12.

A penhora mensal sobre o faturamento da sociedade persistiu por diversos meses, até o julgamento da apelação (Brasil, TJPR, 2006) referente à primeira carta de sentença – a Carta de Sentença n. 307/1996 –, na qual o TJPR reconheceu que "o laudo pericial é lacunoso [...], pois contém [...] irregularidades e imperfeições", anulando-o e determinando que fosse realizada nova perícia e proferida nova sentença de liquidação.

Subsequentemente, foram opostos embargos infringentes e recurso especial (Brasil, STJ, 2008a), os quais não foram conhecidos. Restou, assim, confirmada a anulação da sentença e do laudo pericial que fora produzido.

Em 2006, em razão da anulação da sentença de liquidação, o Juízo da execução provisória decidiu extinguir a Carta de Sentença n. 1.615/2004 com base no art. 475-O, II, do Código de Processo Civil (CPC).[8] No entanto, em sede de apelação (Brasil, TJPR, 2008), o TJPR reformou a decisão para "determinar a suspensão da execução até que seja promovida a nova liquidação do título, mantendo os valores já depositados na conta vinculada ao juízo".

Sucede que, quase simultaneamente à determinação de suspensão da execução provisória, houve a baixa dos autos da ação de dissolução parcial, fazendo com que o Acionista Dissidente propusesse nova execução da sentença em caráter definitivo.

2.2. Do processo de execução de sentença

Assim, em 2008, o Acionista Dissidente promoveu a execução da sentença em face da sociedade no valor de R$ 85.989.047,08, tomando por base cálculo aritmético e o balanço social de 1991.

A Cocelpa apresentou exceção de executividade, alegando, em síntese, tratar-se de título ilíquido e existir litispendência entre a ação de execução em caráter definitivo e a ação de execução provisória advinda da Carta de Sentença n. 1.615/2004. Entendeu o Juízo de Araucária pela intimação da Cocelpa para o pagamento voluntário dentro do prazo de quinze dias, sob pena da aplicação da multa prevista no art. 475-J do CPC/1973.[9]

A Cocelpa interpôs agravo de instrumento com os mesmos fundamentos, o qual foi recebido com efeito suspensivo. Em resposta, o

[8] Dispõe o art. 475-O, II, do CPC/1973, que: "II – Fica sem efeito, sobrevindo o acórdão que modifique ou anule a sentença objeto da execução, restituindo-se as partes ao estado anterior e liquidados eventuais prejuízos nos mesmos autos, por arbitramento".

[9] Dispõe o art. 475-J do CPC/1973 que: "Caso o devedor, condenado ao pagamento de quantia certa ou já fixada em liquidação, não o efetue no prazo de quinze dias, o montante da condenação será acrescido de multa no percentual de dez por cento e, a requerimento do credor e observado o disposto no art. 614, inciso II, desta Lei, expedir-se-á mandado de penhora e avaliação".

Acionista Dissidente apresentou impugnação, alegando a liquidez da sentença por tratar-se execução definitiva auferida por arbitramento. Sobreveio a decisão acolhendo a exceção de pré-executividade, reconhecendo a iliquidez da sentença e condenando o Acionista Dissidente ao pagamento de honorários advocatícios.

Em flagrante tom de beligerância, as partes continuaram atacando uma à outra e sucessivamente recorrendo das decisões proferidas.[10] Não houve nenhuma novidade em termos de argumentação jurídica, apenas uma persistente quebra de braço entre as partes com base nos argumentos já suscitados e a condenação do Acionista Dissidente em litigância de má-fé (Brasil, TJPR, 2009) por ter omitido do Juízo da Execução a existência do processo de execução provisória (a Carta de Sentença n. 1.615/2004) e ajuizado a execução de sentença em duplicidade.

Nesse *iter*, o BNDESPAR veio aos autos esclarecer a sua posição no processo de dissolução parcial da Cocelpa e se manifestar sobre os honorários de sucumbência devidos aos advogados do Acionista Dissidente pelo trabalho realizado no processo de conhecimento. A empresa pública informou que só foi mantida na lide por ter sido acionista minoritária da Cocelpa à época do ajuizamento da ação dissolutória, mas que, em 27 de abril de 1997, alienou a totalidade da sua participação acionária por meio de leilão especial de ações realizado na Bolsa de Valores do Rio de Janeiro.[11] Assim, requereu a sua exclusão da lide ou, subsidiariamente, a limitação de eventual débito à participação do BNDESPAR na Cocelpa.

A controvérsia somente veio a ser solucionada depois da inadmissão do Agravo Regimental no Recurso Especial n. 1.285.695/PR (Brasil, STJ, 2013), mantendo hígido o acórdão proferido pelo TJPR na Apelação n. 565.979-8 e permitindo a continuidade do trâmite processual em

[10] A fim de demonstrar o grau de animosidade existente entre as partes, vale mencionar que estas apresentaram apelação, contrarrazões, embargos de declaração, recurso especial, recurso adesivo ao recurso especial e agravo regimental da decisão que negou seguimento aos recursos especiais.

[11] As ações leiloadas foram alienadas pelo BNDESPAR para os acionistas controladores da Cocelpa, isto é, para Antônio Eloi Fontana de Pauli, Onivaldo Fontana de Pauli e José Fontana de Pauli.

primeiro grau. A Cocelpa, então, manifestou-se alegando existir causa superveniente de extinção da obrigação, devido ao fato de o Acionista Dissidente deter, no máximo, participação de 0,548%.[12]

Por fim, sobreveio o despacho determinando a suspensão do processo, nos seguintes termos:

> [...]
>
> **Da duplicidade de procedimentos**
>
> Da análise do que consta deste processo e dos autos nº 162-41.1996, verifica-se que se referem à mesma sentença, havendo, portanto, duplicidade de procedimentos. Por esta razão, a fim de evitar tumulto ainda maior do que o já verificado nas demandas que envolvem as mesmas partes, prudente a suspensão da presente execução, vez que aqueles autos se encontram em fase mais avançada, já tendo sido determinada a realização de perícia para liquidação da sentença.
>
> Assim, determina-se a suspensão da presente execução, até o julgamento definitivo dos autos nº 162-41.1996. Repise-se que as partes devem observar tal determinação, não apresentando petições desnecessárias no feito, sob pena de restar caracterizada litigância de má-fé.
>
> Apense-se o presente processo aos autos nº 162-41.1996.

Em suma, restou decidido no processo de execução de sentença que (i) deve ser promovida nova avaliação da sociedade e apuração dos valores devidos ao Acionista Dissidente na liquidação de sentença, (ii) os autos da execução permanecerão suspensos até a liquidação de sentença e (iii) a execução da multa por litigância de má-fé e os honorários de sucumbência devidos à Cocelpa e ao seu patrono deverão dar-se em autos apartados ou aguardar o deslinde da liquidação de sentença.

[12] A maior parte das ações representativas do capital de titularidade do Acionista Dissidente havia sido recebida em doação feita pelo falecido Antônio de Pauli a seus filhos varões na 10ª Assembleia Geral e Extraordinária da Cocelpa, a qual foi declarada nula pelo juízo da 15ª Vara Cível de Curitiba, nos autos da Ação Anulatória n. 1.309/1995, proposta pela herdeira prejudicada, Odette Nazarena de Pauli Bettega.

2.3. Da nova liquidação de sentença

Simultaneamente à tramitação do processo de execução da sentença, continuou a tramitar a Carta de Sentença n. 307/1996 (Brasil, 1ª Vara de Falências e Recuperação Judicial de Curitiba, 1996) de liquidação provisória da sociedade.

Recapitulando, o TJPR havia anulado a decisão que homologou o laudo pericial e determinado a realização de nova perícia. O Acionista Dissidente interpôs recurso especial (Brasil, STJ, 2008a), que, conforme narrado anteriormente, ensejou a suspensão da execução provisória (*vide* item 2.1).

Os autos baixaram para a vara de origem, e novos peritos – os segundos – foram nomeados para a avaliação da sociedade. O Acionista Dissidente impugnou a nomeação dos peritos, requerendo a intimação destes para comprovarem capacidade técnica, e apresentou rol de quesitos. De igual modo, a Cocelpa apresentou o seu rol de quesitos.

Foi determinada a intimação da Cocelpa para proceder com o pagamento dos valores incontroversos, e, em um *dejá vu*, as partes tornaram a discutir o valor do quinhão pertencente ao Acionista Dissidente e a sua liquidez do crédito. De um lado, o Acionista Dissidente requeria o pagamento do valor incontroverso correspondente a 0,584% da companhia. De outro lado, a Cocelpa sustentava a necessidade de realização de perícia para liquidar a sentença e invocava as decisões proferidas anteriormente pelo TJPR. Sucedeu-se uma nova enxurrada de manifestações, embargos de declaração e agravos de ambas as partes.

Para clarear os fatos, o Juízo requereu a intimação do Acionista Dissidente para que, na qualidade de inventariante, apresentasse a partilha formalizada no inventário de Antônio de Pauli. Em resposta, foi informado que a partilha ainda não fora concluída.

Por fim, em 11 de maio de 2016, a 1ª Vara Cível de Araucária pôs fim aos embates, delimitando os termos controversos:

> [...]
>
> **– Dos embargos de declaração**
>
> No que se refere ao pagamento dos valores incontroversos, alegação contida em inúmeros petitórios da parte exequente, esclarece-se que a questão já foi decidida à seq. 70.1, bem como à seq. 1.108 dos autos

principais, de nº 148-33.1991 (decisão esta posteriormente confirmada no julgamento da AC 565.979-8 – seq. 1.125 daqueles autos). Frise-se, ainda, que quando do julgamento da AC nº 287.042.4, restou expressamente consignado que o laudo do assistente técnico da parte executada, assim como a perícia de seq. 1.149/1.150, não poderia ser acolhido, vez que eivado de omissões (item 8, fl. 2, seq. 1.224).

Contudo, embora a parte exequente tenha apresentado o mesmo pedido diversas vezes em petitórios distintos, não se vislumbra, por ora, má-fé em sua conduta. Cabe ressaltar, no entanto, que a apresentação de nova petição com o mesmo conteúdo poderá configurar litigância de má-fé, porquanto a questão do pagamento imediato de valores incontroversos encontra-se definitiva e expressamente afastada.

Pelo exposto, rejeitam-se os embargos de declaração opostos pela parte executada à seq. 129.1.

– Da partilha e perícia

Depreende-se dos autos que dois são os pontos sobre os quais ainda pendem discussão: o percentual devido aos exequentes e a apuração dos haveres da empresa Cocelpa. Quanto ao primeiro, conforme já decidido na r. decisão de seq. 40.1, o percentual do espólio deverá se adequar à partilha a ser realizada nos autos de inventário de Antonio de Pauli. Desta forma, o deslinde do presente feito inexoravelmente dependerá do término do inventário que tramita sob nº 328/79, perante a 15ª Vara Cível de Curitiba (seq. 51.2).

Por outro lado, verifica-se imprescindível a realização de perícia a fim de apurar os haveres da empresa (conforme já decidido inúmeras vezes, em especial na AC nº 287.042.4), sendo demasiadamente contraproducente que se aguarde para realizar a perícia apenas quando da definição do percentual devido ao exequente.

Os antigos peritos nomeados foram substituídos por outro perito – o terceiro –, o qual solicitou que as partes fossem intimadas para organizar os seus quesitos detalhando o rol de cada área técnica devido à complexidade do caso concreto. Ambas as partes apresentaram quesitos detalhados, e o perito apresentou a sua proposta de honorários periciais.

A proposta de honorários periciais foi impugnada por ambas as partes, bem como a imparcialidade do perito. As partes também debateram a quem recaia a obrigação do recolhimento dos honorários periciais. Dessa feita, foi determinada nova substituição do perito e aplicada a regra da inversão do ônus da prova para que a Cocelpa arcasse com os custos dos honorários periciais.

O novo perito – o quarto – apresentou sua proposta de honorários periciais – em igual patamar ao anterior –, razão que levou ambas as partes a impugnarem a proposta. Ainda, por meio de embargos de declaração, as partes voltaram a debater a distribuição do ônus das custas periciais.

Enfim, no presente momento, o processo aguarda (i) a determinação do Juízo em relação à impugnação do perito e (ii) o julgamento do recurso de embargos de declaração sobre a distribuição do ônus das custas periciais, bem como (iii) o julgamento do REsp n. 1.686.412, o qual fora interposto em face do Acórdão do Agravo de Instrumento 1.210.782-5 (BRASIL, TJPR, 2015), que considerou preclusa a alegação de causa superveniente de extinção da obrigação.

2.4. Da recuperação judicial da Cocelpa

Complicando ainda mais o processo de dissolução parcial, em 1º de junho de 2017, a Cocelpa, em conjunto com a Arpeco, ingressou com o pedido de recuperação judicial (Brasil, 1ª Vara de Falências e Recuperação Judicial de Curitiba, 2017). As empresas alegaram, em síntese, que, "em que pese os resultados negativos que vêm sendo acumulados pelas Requerentes, as empresas possuem a expertise e todas as condições estruturais necessárias à sua recuperação".

A petição inicial da recuperação judicial, por um lado, narra que: (i) a crise das empresas começou na década de 1990, quando a Cocelpa teve dificuldade de se manter atualizada com a melhor qualidade de maquinário, o que acarretou a perda de espaço de mercado para seus concorrentes, (ii) a crise financeira de 2008 também prejudicou a empresa, devido à retração do mercado de celulose e embalagens, e (iii) problemas internos na companhia – como o incêndio em uma das unidades em 2011, o término do estoque em 2015 e a quebra do turbo gerador em 2016 –, além de lhe causarem prejuízo financeiro, implicaram a paralisação de fábricas, o que agravou as suas dificuldades financeiras.

Por outro lado, a petição inicial apresenta perspectiva futura otimista da empresa, que ressalta que "os indicativos e previsões de mercado para o setor de celulose e produção de papel para os próximos anos são positivos" e que "várias correções operacionais foram iniciadas nas empresas, inclusive com a retomada de equipamentos parados, melhorias em qualidade, além da forte redução de custos e gastos gerais das companhias".

Em 13 de junho de 2017, o Juízo Falimentar deferiu o processamento da recuperação judicial das empresas em litisconsórcio ativo, nomeou a empresa Credibilitá como administradora judicial e suspendeu as ações e execuções em face da Cocelpa pelo prazo de 180 dias úteis, nos termos do art. 6º, § 4º, da Lei de Recuperação Judicial e Falência.[13]

O edital com a relação de credores foi publicado em 23 de agosto de 2017 e retificado em 15 de setembro de 2017, com os valores apresentados na Tabela 1.

TABELA 1. Relação de credores[14]

Classe I	R$ 3.907.567,02
Classe II	R$ 34.335.120,20
Classe III	R$ 18.706.897,41 (moeda nacional)
Classe III	USD 8.940,43 (moeda estrangeira)
Classe IV	R$ 2.710.598,77
TOTAL	R$ 59.689.329,20

Fonte: Tabela disponível na manifestação do Administrador Judicial datada de 12 de março de 2019 e apresentado na mov. 1557.1 dos autos da Recuperação Judicial n. 0005462-46.2017.8.16.0025.

[13] Dispõe o art. 6º, § 4º, da Lei de Recuperação Judicial e Falência que: "Na recuperação judicial, a suspensão de que trata o *caput* deste artigo em hipótese nenhuma excederá o prazo improrrogável de 180 (cento e oitenta) dias contado do deferimento do processamento da recuperação, restabelecendo-se, após o decurso do prazo, o direito dos credores de iniciar ou continuar suas ações e execuções, independentemente de pronunciamento judicial".

[14] Dispõe o art. 52, § 1º, da Lei de Recuperação Judicial e Falência que: "§ 1º O juiz ordenará a expedição de edital, para publicação no órgão oficial, que conterá: I – o resumo do pedido do devedor e da decisão que defere o processamento da recuperação judicial; II – a relação nominal de credores, em que se discrimine o valor atualizado e a classificação de cada crédito; III – a advertência acerca dos prazos para habilitação dos créditos, na forma do art. 7º, § 1º, desta Lei, e para que os credores apresentem objeção ao plano de recuperação judicial apresentado pelo devedor nos termos do art. 55 desta Lei".

Em 21 de agosto de 2017, o Acionista Dissidente se manifestou nos autos da falência, trazendo à baila suas críticas em relação à Cocelpa e à sua administração, pleiteando a convolação da recuperação judicial em falência. Sustentou, em síntese, que a Assembleia Geral que deu origem ao pedido de recuperação judicial foi reconhecida nula por decisão judicial (Brasil, 19ª Vara de Cível de Curitiba, 2015), devido à ausência de cumprimento dos requisitos formais para a sua instauração. Entretanto, a manifestação não foi conhecida pelo Juízo Falimentar, pois o processo ainda se encontra em trâmite e aguarda julgamento dos seus recursos.

No mês seguinte, a Cocelpa apresentou o seu plano de recuperação judicial acompanhado do laudo econômico-financeiro e de avaliação dos bens e ativos da sociedade, nos termos do art. 53 da Lei de Recuperação Judicial e Falência.[15]

Na semana subsequente à apresentação do plano de recuperação, o Acionista Dissidente e o credor Banco de Desenvolvimento do Estado do Paraná (Badep) comunicaram a interposição de agravo de instrumento em face da decisão de processamento da recuperação judicial. O Acionista Dissidente alegou que a Cocelpa omitira do Juízo Falimentar a existência do crédito possuído por ele em decorrência da ação de dissolução parcial (Brasil, 1ª Vara de Falências e Recuperação Judicial de Curitiba, 1991), bem como o fato de a ata de assembleia que deliberou pela recuperação judicial ser nula. De igual modo, o Badep alegou que a Cocelpa omitiu dolosamente as informações acerca do crédito que lhe seria devido. Entretanto, ambos os recursos não foram conhecidos pelo TJPR (BRASIL, TJPR, 2017; Brasil, TJPR, 2017a), tendo em vista que a matéria ainda não havia sido analisada pelo Juízo Singular em primeiro grau.

Ainda, o Acionista Dissidente e o credor Trombini Embalagens S.A. pugnaram pela inclusão no polo ativo de empresas indicadas que seriam vinculadas à Cocelpa, mediante o reconhecimento de grupo econômico, bem como pela convolação da recuperação em falência. Sustentam que

[15] Dispõe o art. 53 da Lei de Recuperação Judicial e Falência que: "O plano de recuperação será apresentado pelo devedor em juízo no prazo improrrogável de 60 (sessenta) dias da publicação da decisão que deferir o processamento da recuperação judicial, sob pena de convolação em falência, e deverá conter:".

os acionistas controladores da Cocelpa estabeleceram uma complexa rede societária para explorar a atividade de fabricação e transporte de papel, celulose e embalagens (em paralelo à Cocelpa e à Arpeco) e buscam com o pedido de recuperação judicial lesar terceiros e os acionistas minoritários. Narram que há, entre as Recuperandas e as sociedades supostamente pertencentes ao grupo,[16] identidade entre os administradores, controle cruzado das participações societárias e coordenação nas atividades empresariais, caracterizando verdadeiro grupo familiar, cujos sócios possuem sobrenome Bettega e De Pauli.

Em 25 de março de 2018, a Administradora Judicial apresentou a Lista de Credores com análise detalhada de cada crédito.

Sobreveio decisão que, entre diversas medidas, indeferiu o pedido de nulidade da recuperação judicial apresentado pelo Acionista Dissidente. A decisão entendeu que as nulidades suscitadas já haviam sido apreciadas e pacificadas pelo Tribunal anteriormente, pois restou reconhecido em agravo de instrumento (Brasil, TJPR, 2018) que todos os acionistas estiveram presentes na Assembleia Geral Extraordinária de 25 de maio de 2007, a qual deliberou por unanimidade de votos pelo ajuizamento da ação de recuperação judicial. Por fim, a decisão determinou a publicação dos editais.

Em 24 de junho de 2019, o Juízo Falimentar acolheu o pedido para a consolidação substancial entre a recuperação judicial da Cocelpa e a recuperação judicial da Conpel, em trâmite na Paraíba (Brasil, Vara Cível da Comarca de Conde, 2017), reconhecendo que "as empresas atuam em conjunto perante o mercado, que prestaram garantias cruzadas, que compartilham o mesmo controle e direção e que dependem uma das outras em seus negócios",[17] sendo esta a última manifestação

16 Segundo a alegação do Acionista Dissidente e do credor Trombini Embalagens S.A., além da Cocelpa e da Arpeco, compõem o grupo empresarial (i) Transpel Transportadores de Papel Ltda., (ii) Empreendimentos Florestais Paraná Ltda., (iii) EKN Embalagens Kraft do Nordeste Ltda., (iv) JCL Empreendimentos imobiliários Ltda. e (v) Plástico do Paraná Ltda.

17 O despacho explicitou de forma magistral os requisitos para o cabimento da consolidação substancial e o seu preenchimento no caso em tela, nos seguintes termos: "[...] 10. A teoria da consolidação substancial, é nova mas amplamente aceita quando algumas empresas possuem relação direta de controle e dependência, que impõe sejam tratadas pelo juízo como um único grupo ativo, passivo e gestão. 11. Se verifica quando empresas do mesmo grupo econômico se apresentam como um bloco único de atuação e são vistas pelo mercado como uma unidade para fins de responsabilidade patrimonial, observando-se um liame de inter-

relevante no processo de recuperação judicial. No que interessa ao presente capítulo, cabe destacar que a Conpel é controlada em sua integralidade pelos acionistas controladores da Cocelpa, por meio de pessoas jurídicas, e que os Acionistas Dissidentes não têm nenhuma participação nessa sociedade.

Por fim, para além do trâmite processual, cabe destacar a reação financeira da companhia ao processo de recuperação judicial. No atual momento, a Cocelpa apresenta uma aparente recuperação das atividades empresárias e certa estabilidade financeira, apesar da existência de um grande passivo e de um fluxo de caixa minguado, conforme evidenciam os demonstrativos financeiros da companhia e os relatórios mensais de atividades elaborados pelo Administrador Judicial.

Destacam-se o faturamento crescente da Cocelpa e a relativa estabilidade de faturamento da Arpeco, conforme Gráfico 1, a seguir.

dependência entre as componentes do grupo, por diversos fatores comerciais e jurídicos. A consolidação substancial e a desconsideração da personalidade jurídica são, na verdade, duas facetas de uma mesma moeda ou são ligadas por uma via de mão dupla. 12. Isso porque em situações de abuso da personalidade jurídica (artigo 50 do CC) ou até mesmo de dificuldades de ressarcimento de uma parte ou de um determinado interesse, respectivamente, t[i]dos por vulneráveis pelo ordenamento jurídico (CDC, Lei 9605/98), a desconsideração da personalidade jurídica pode ser utilizada como instrumento de ressarcimento ao impor responsabilidade patrimonial secundária para alguém que possua algum liame com o devedor originário. 13. Já para o caso de consolidação substancial, temos essa situação numa via inversa, na qual a devedora, diante de situações que ensejam liame com as outras componentes do grupo, pede recuperação judicial com o escopo de impor aos credores uma situação única e em bloco. 14. Isso traz segurança jurídica e tratamento igualitário a todos os credores de um mesmo grupo de empresas. 15. Tratando do assunto, fixou-se como requisitos para análise de eventual consolidação substancial alguns requisitos: a) interconexão das empresas do grupo econômico; b) existência de garantias cruzadas entre as empresas do grupo econômico; c) confusão de patrimônio e de responsabilidade entre as empresas do grupo econômico; d) atuação conjunta das empresas integrantes do grupo econômico no mercado; e) existência de coincidência de diretores; f) existência de coincidência de composição societária; g) relação de controle e/ou dependência entre as empresas integrantes do grupo econômico; h) existência de desvio de ativos através de empresas integrantes do grupo econômico. 16. Além da presença desses requisitos objetivos, exige-se, para autorização da consolidação substancial, que os benefícios sociais e econômicos da recuperação judicial processada em consolidação substancial justifiquem sua aplicação. Vale dizer, sua aplicação deve ser fundamental para que se consiga manter os benefícios econômicos e sociais que decorrem da preservação da atividade empresarial (empregos, riquezas, produtos, serviços, tributos, etc.) em detrimento do interesse particular de credores e devedores. 17. No caso dos autos vê-se que os requisitos estão preenchidos".

Gráfico 1. Análise do faturamento

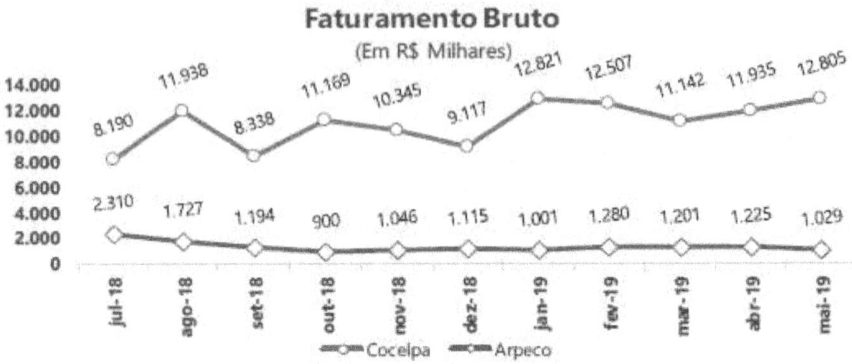

Fonte: Gráfico disponível no Relatório Mensal de Atividades referente ao mês maio de 2019 elaborado pelo Administrador judicial e apresentado na mov. 2351.1 dos autos da Recuperação Judicial n. 0005462-46.2017.8.16.0025.

Também merece atenção o incremento do nível de atividade da matriz da fábrica de papel da Cocelpa, conforme Gráfico 2, a seguir.

Gráfico 2. Nível de atividade da planta matriz da Cocelpa

Fonte: Gráfico disponível no Relatório Mensal de Atividades referente ao mês de maio de 2019 elaborado pelo administrador judicial e apresentado na mov. 2351.1 dos autos da Recuperação Judicial n. 0005462-46.2017.8.16.0025.

Em suma, o processo de recuperação judicial da Cocelpa, Arpeco e Conpel vem tramitando de forma eficiente e possibilitando o retorno da saúde financeira das companhias. O plano de recuperação apresentado pelas companhias vem funcionando e possui o respaldo de diversos credores, especialmente dos bancos. Entretanto, encontra forte oposição do Acionista Dissidente, do credor Trombini Embalagens S.A. e do credor Badep, os quais alegam que a recuperação judicial é apenas um estratagema dos acionistas controladores para frustrar seus credores e prejudicar os seus acionistas minoritários.

3. Análise do caso Cocelpa

A partir da análise do caso Cocelpa, é possível elaborar uma reflexão sobre o objetivo, a adequação e a efetividade da dissolução parcial de sociedade anônima e propor uma interpretação mais adequada de sua aplicação.

3.1. O critério para a dissolução parcial de sociedade anônima

O caso Cocelpa é especialmente relevante na construção jurisprudencial da dissolução parcial de sociedade anônima no Brasil, pois os acórdãos proferidos no REsp n. 111.294/PR (BRASIL, STJ, 2000) e nos Embargos de Divergência em REsp n. 111.294/PR (BRASIL, STJ, 2006), além de sedimentarem o entendimento do STJ sobre a matéria, estabeleceram os critérios para a aplicação da dissolução parcial.

Na ocasião do julgamento do REsp n. 111.294/PR, o STJ estabeleceu que, para a sociedade anônima ser passível de dissolução parcial, era necessária a presença de dois elementos: (i) o rompimento da *affectio societatis* e (ii) a não atenção ao seu fim social.

Posteriormente, no julgamento dos Embargos de Divergência em REsp n. 111.294/PR, o Tribunal entendeu que o rompimento da *affectio societatis* bastava para justificar a dissolução parcial da sociedade, pois "representa verdadeiro impedimento a que a companhia continu[e] a realizar o seu fim, com a obtenção de lucro e distribuição de dividendos".

Desde então, com base nos julgados do caso Cocelpa e do Caso Kirchner,[18] disseminou-se no judiciário brasileiro o falso entendimento

[18] Assim como o caso Cocelpa, o caso Kirchner foi relevante na pacificação da jurisprudência sobre dissolução parcial de sociedade anônima no STJ. Vale destacar que o caso Cocelpa e o caso kirchner tramitaram praticamente simultaneamente no STJ, tendo um complementado o entendimento firmado no outro. No caso Kirchner, o Tribunal de Justiça de São Paulo (TJSP), ao julgar a Apelação Cível n. 0003.174-0, entendeu que "a sociedade anônima é constituída essencialmente *cum intuitu personae*, para cuja formação não se prende exclusivamente à constituição do capital, mas, também, e, sobretudo, a qualidade pessoal dos sócios ou acionistas, que, por vezes, mantêm uma relação de parentesco, por isso que chamada,

de que o acionista insatisfeito pode se retirar, sem nenhuma justificativa e a qualquer tempo, da sociedade anônima mediante ação judicial própria (Albuquerque, 2017). A aplicação extremada desse entendimento levou alguns Tribunais a admitirem a aplicação de dissolução parcial em companhia aberta.[19] Ocorre que a jurisprudência de dissolução parcial de sociedade anônima construída a partir do caso Cocelpa – especialmente do acórdão dos Embargos de Divergência em REsp n. 111.294/PR (Brasil, STJ, 2006) – não estabeleceu critérios adequados para a aplicação do instituto. Dessa forma, o tom generalista da decisão possibilitou, sob o pretexto de preservar a companhia, o alargamento do instituto e estabeleceu que a mera ruptura da *affectio societatis* enseja a dissolução parcial da sociedade.

Apesar de a jurisprudência entender a dissolução parcial como uma mitigação da dissolução total a fim de preservar a companhia, compreender tal instituto como um remédio para a preservação da empresa passível de dissolução total é, no mínimo, questionável, pois funcionaria como prêmio para as empresas incompetentes e como punição para as empresas competentes. Primeiro, premiando as incompetentes, já que estaria preservando companhias incapazes de atender ao seu fim social

também, de sociedade anônima familiar. Assim, diluída a *affectio societatis*, isto é, não existindo mais a confiança mútua entre alguns acionistas, não há como obrigá-los a permanecer na sociedade". A Terceira Turma do STJ julgou procedente o REsp n. 419.174/SP, reconhecendo ser "incompatível com a natureza e o regime jurídico das sociedades anônimas o pedido de dissolução parcial, feito por acionista minoritário, porque reguladas em lei especial que não contempla tal possibilidade". Por fim, ao julgar o EREsp n. 419.174/SP, a Segunda Seção – citando o precedente fixado no EREsp n. 111.294/PR do caso Cocelpa – "adotou o entendimento de que é possível a dissolução de sociedade anônima familiar quando houver quebra da *affectio societatis*".
Sobre o caso Kirchner, ver: Brasil, TJSP, 1998; Brasil, STJ, 2002; BRASIL, STJ, 2008b.
Ainda sobre o caso Kirchner, ver: Zilveti (2011).

[19] O Tribunal de Justiça do Rio Grande do Sul (TJRGS), ao julgar a Apelação Cível n. 70071296446, entendeu ser possível aplicar a dissolução parcial de sociedade anônima para companhia de capital aberto – registrada no CVM e operando no mercado de balcão não organizado –, pois a prova dos autos revelou elevado grau de iliquidez das ações da companhia; pouca ou nenhuma circulação e venda significativa de suas ações nos últimos três anos. Entendeu o Tribunal gaúcho não estarem presentes os elementos condizentes com o exercício de sociedade anônima aberta, o que denotaria o caráter fechado e pessoal da empresa e, portanto, a aplicabilidade da dissolução parcial à companhia. Ver: BRASIL, TJRGS, 2017.

– em especial de distribuir lucros – e, portanto, mantendo empresas socialmente indesejadas e passíveis de dissolução total. Segundo, prejudicando as competentes, porque, ao permitir a livre saída do Acionista Dissidente de uma sociedade sadia, que cumpre o seu fim social, condena-a inexoravelmente a um desequilíbrio econômico-financeiro devido ao pagamento dos haveres e à redução do capital social (Gonçalves Neto, 2019). Consequentemente, depreende-se que o foco da dissolução parcial de sociedade anônima não é preservar a companhia.

Nesse sentido, uma visão holística sobre o caso Cocelpa demonstra que a dissolução parcial surgiu, primordialmente, como ato de insurgência do Acionista Dissidente contra o abuso de poder de controle perpetrado pelos acionistas controladores. Na exordial, o Acionista Dissidente explicita que a ação de dissolução parcial decorre das "barbaridades administrativas cometidas pela requerida através da sua Gerência, em detrimento dos Sócios minoritários e afastados da direção", e as "atitudes de per si dos membros da Trinca dirigente configuram de forma inexorável o abuso de poder". De igual modo, apesar não usar a expressão "abuso do poder de controle", a sentença reconheceu que,

> da leitura do elenco de denúncias contra atos da administração, uns arbitrários que estão demonstrados documentalmente, outros por irregularidades, conclui-se que foram os Réus, os sócios majoritários, que causaram a quebra ou ruptura da "affectio societatis" para com os minoritários. (Brasil, 1ª Vara de Falências e Recuperação Judicial de Curitiba, 1991)

A mudança de entendimento sobre os requisitos para a aplicação da dissolução parcial de sociedade anônima pelo STJ – ao eliminar o requisito da não persecução do fim social pela sociedade – corrobora o entendimento de que, na verdade, o objeto juridicamente tutelado pelo instituto é a proteção do acionista minoritário, e não a proteção da empresa.[20]

Assim, o estudo do caso Cocelpa ajuda a esclarecer que a dissolução parcial – como instituto jurídico – procura impedir que o acionista

[20] Nesse mesmo sentido é o entendimento de Barbi Filho (2004, p. 59-60) ao tratar da dissolução parcial de sociedade limitada.

minoritário permaneça aprisionado na sociedade, devido à absoluta iliquidez de suas ações, e suscetível aos abusos dos acionistas controladores. O argumento de que a dissolução parcial de sociedade anônima visa essencialmente preservar a sociedade (como constou expressamente na ementa do acórdão do REsp n. 111.294/PR[21] e no voto de diversos ministros) não é inteiramente verdadeiro. Apesar de ser uma mitigação da dissolução total, o aspecto central da dissolução parcial é a proteção do acionista minoritário, pois, como constou no voto vencedor, "seria injusto manter o acionista prisioneiro da sociedade"[22] e sob o arbítrio do acionista controlador.

Se o objeto juridicamente tutelado pela dissolução parcial fosse a proteção da sociedade, não haveria razão para preservar companhia incapaz de distribuir lucros e atender ao seu fim social. Fosse essa a lógica aplicada ao caso Cocelpa, deveria ter prevalecido o voto do Ministro Relator Barros Monteiro no julgamento do REsp n. 111.294/PR, que entendeu que,

> uma vez preenchidos os pressupostos insertos no art. 206, II, "b", da Lei 6.404 de 1.976, ou seja, desde que evidenciado que a "S.A." não pode preencher o fim para qual foi instituída, a única forma de admitir-se a dissolução é a total, mesmo porque, diante da previsão legal, estará comprometida por inteiro a sua própria atividade negocial.

Em suma, o STJ, ao estabelecer a quebra da *affectio societatis* como único requisito necessário para a dissolução parcial de sociedade anônima, procurou proteger a posição do acionista minoritário, e não a preservação da sociedade. Dessa maneira, percebe-se, nas entrelinhas, que o fundamento substancial da decisão do caso Cocelpa é a condição hipossuficiente do acionista minoritário ante o poder de controle do acionista controlador.

[21] Vale lembrar que consta expressamente no acórdão que "o princípio da preservação da sociedade e de sua utilidade social afasta a dissolução integral da sociedade anônima, conduzindo à dissolução parcial.
Recurso parcialmente conhecido, mas improvido". Ver: Brasil, STJ, 2000.

[22] *Vide* voto do Ministro Cesar Asfor Rocha, que abriu a divergência e redigiu o acórdão vencedor. Ver: BRASIL, STJ, 2000.

3.2. A dissolução parcial como remédio para abuso de poder de controle

Ocorre que, no direito brasileiro, os mecanismos existentes para sancionar abusos do poder de controle perpetrados pelo acionista controlador contra a minoria não se mostram efetivos o suficiente para coibir a sua prática.[23]

A responsabilização civil do acionista controlador pelos danos decorrentes de atos praticados com abuso de poder, prevista no art. 117 da Lei das S.A.,[24] tem graves falhas que inviabilizam a sua aplicação. Primeiro, porque o referido dispositivo trata, a princípio, apenas de condutas

[23] Sobre o assunto, leciona Eduardo Goulart Pimenta (2004, p. 135): "É certo que a atual lei do anonimato prevê sanções especiais para a figura do voto abusivo [...]. A verdade é que tais sanções legalmente previstas se mostram insuficientes para salvaguardar a companhia e a empresa dos acionistas que reiteradamente agirem contra os interesses daquela. Por um lado, parece-nos claro que a anulação da deliberação assemblear baseada em voto abusivo é medida que, se frequente, atravanca de modo irremediável o andamento das atividades sociais. Já a reparação mediante perdas e danos é a um só tempo demorada e complexa, faltando-lhe a devida agilidade que permita sua frequente utilização. A suspensão dos direitos do acionista, por fim, também não se mostrará eficaz quando o membro em questão permanecer violando seus deveres de colaboração para com a companhia".

[24] Dispõe o art. 117 da Lei das S.A. que: "O acionista controlador responde pelos danos causados por atos praticados com abuso de poder. § 1º São modalidades de exercício abusivo de poder: a) orientar a companhia para fim estranho ao objeto social ou lesivo ao interesse nacional, ou levá-la a favorecer outra sociedade, brasileira ou estrangeira, em prejuízo da participação dos acionistas minoritários nos lucros ou no acervo da companhia, ou da economia nacional; b) promover a liquidação de companhia próspera, ou a transformação, incorporação, fusão ou cisão da companhia, com o fim de obter, para si ou para outrem, vantagem indevida, em prejuízo dos demais acionistas, dos que trabalham na empresa ou dos investidores em valores mobiliários emitidos pela companhia; c) promover alteração estatutária, emissão de valores mobiliários ou adoção de políticas ou decisões que não tenham por fim o interesse da companhia e visem a causar prejuízo a acionistas minoritários, aos que trabalham na empresa ou aos investidores em valores mobiliários emitidos pela companhia; d) eleger administrador ou fiscal que sabe inapto, moral ou tecnicamente; e) induzir, ou tentar induzir, administrador ou fiscal a praticar ato ilegal, ou, descumprindo seus deveres definidos nesta Lei e no estatuto, promover, contra o interesse da companhia, sua ratificação pela assembleia geral; f) contratar com a companhia, diretamente ou através de outrem, ou de sociedade na qual tenha interesse, em condições de favorecimento ou não equitativas; g) aprovar ou fazer aprovar contas irregulares de administradores, por favorecimento pessoal, ou deixar de apurar denúncia que saiba ou devesse saber procedente, ou que justifique fundada suspeita de irregularidade; h) subscrever ações, para os fins do disposto no art. 170, com a realização em bens estranhos ao objeto social da companhia".

comissivas e dolosas, posição que foi posteriormente mitigada pela doutrina e jurisprudência da Comissão de Valores Mobiliários (CVM) para abranger condutas omissivas[25] e culposas.[26] Segundo, porque exige a comprovação cabal do dano e do nexo de causal.[27] Terceiro, porque é extremamente difícil para o magistrado determinar se as ações praticadas pelo controlador consistem em exercício regular da administração ou abuso de poder de controle. Quarto, e por último, porque deve haver demonstração real e efetiva do dano, capaz de ser mensurado, para que possa ser ressarcido. Assim, torna-se extremamente difícil para o acionista minoritário demonstrar todos esses elementos em juízo e responsabilizar civilmente o acionista controlador.

De igual modo, a anulação da deliberação assemblear é remédio pouco eficiente para o voto abusivo de acionista. Ademais, na prática, a anulação da deliberação assemblear não gera resultados duradouros, pois nada impede que o acionista controlador convoque uma nova assembleia e delibere em igual sentido.

A suspensão dos direitos do acionista, prevista no art. 120 da Lei das S.A.,[28] também não se mostra como medida eficiente para coibir o abuso perpetrado pelo acionista controlador, uma vez que exige deliberação em assembleia geral para ser aprovada.

Ora, nenhum dos remédios jurídicos existentes no ordenamento jurídico brasileiro é capaz de coibir de forma eficiente abusos do poder de controle e proteger o acionista minoritário. Nesse contexto de ausência de proteção específica para o acionista minoritário, a dissolução

[25] Quanto à possibilidade de responsabilização por conduta omissiva, ver: Brasil, CVM, 2005a.
Nesse mesmo sentido é o entendimento da doutrina: Comparato e Salomão Filho (2008, p. 392-393), Bulhões Pedreira e Lamy Filho (2009, p. 837).

[26] Quanto à possibilidade de responsabilização por conduta culposa, ver: Brasil, CVM, 2005b; Brasil, CVM, 2005c.

[27] Nesse sentido assevera Carvalhosa (2008, p. 509) que, para a "responsabilização, exige-se a prova do dano efetivo patrimonialmente ressarcível, razão por que deve a lesão ser concreta e atual, e não eventual, possível, hipotética ou futura".

[28] Dispõe o art. 120 da Lei das S.A. que: "A assembleia geral poderá suspender o exercício dos direitos do acionista que deixar de cumprir obrigação imposta pela lei ou pelo estatuto, cessando a suspensão logo que cumprida a obrigação".

parcial de sociedade anônima surge como alternativa à tutela dos direitos do acionista minoritário.[29]

A relação entre abuso de poder e dissolução parcial de sociedade anônima é simples: uma vez que o ordenamento jurídico brasileiro é incapaz de oferecer uma tutela satisfatória ao acionista minoritário contra o abuso de poder de controle do majoritário, o Poder Judiciário permite a sua livre saída da companhia.[30]

Apesar de o abuso de poder de controle ser o elemento central para avaliar a admissibilidade e a eficiência da dissolução parcial como remédio jurídico, tal questão teve um papel coadjuvante no julgamento do caso Cocelpa. Deveria o STJ, ao julgar o REsp e EREsp n. 111.294/PR, ter enfrentado a questão com a importância exigida pelo tema.

Uma análise holística demonstra que, na realidade, o caso versava sobre a insurgência do Acionista Dissidente contra o jugo abusivo dos Acionistas Controladores. Desse modo, mostra-se necessária uma revisão da jurisprudência vigente em matéria de sociedade anônima para reconhecer (i) que a dissolução parcial da companhia pode ser solução eficiente para lidar com o problema de abuso de poder de controle e (ii) que somente a quebra da *affectio societatis* qualificada pelo abuso de poder de controle deveria ensejar a dissolução parcial da companhia e a consequente saída do sócio minoritário.

[29] Nesse mesmo sentido é a opinião de Mariana Pargendler (2018, p. 18) quando afirma que "In recent years, Brazilian courts have come to consistently grant minority shareholders' requests for partial dissolution of closely-held corporations, even though such a remedy is not available under the Corporations Law. One might be tempted to interpret this newly recognized right as a creative solution to protect minority shareholders from abuse in situations where they would otherwise be unable to prove the existence of wrongdoing by controlling shareholders and managers. Such innovation, however, is not without costs, for it carries the risk of undermining the company's ability to 'lock in' capital, a distinguishing – and economically crucial – feature of the corporate form".

[30] Vale destacar que posição semelhante a essa é admitida, desde 1950, no direito norte-americano, conforme explica Pargendler (2019, p. 10) ao sustentar que, "Since then [1950], state legislatures and courts in the U.S. have been increasingly willing to force the corporation or controlling shareholders to buy back the minority as a remedy in cases of minority oppression. Yet, these decisions still require a showing of abuse and fall short of granting minority shareholders a put option against the Corporation".

3.3. Desafios no *enforcement* da decisão dissolutória

Não bastasse o entendimento insuficiente sobre os critérios para a aplicação da dissolução parcial de sociedade anônima, o STJ também deixou de estabelecer o procedimento e os parâmetros de aplicação da decisão dissolutória. Percebe-se, no caso Cocelpa, o problema da ausência de parâmetros para a apuração de haveres do Acionista Dissidente – que levou à anulação da perícia realizada – e a dificuldade de trazer a tempo presente o valor histórico devido. Basta dizer que, até o presente momento, não há definição sobre o valor da sociedade à época da dissolução parcial nem dos haveres devidos ao Acionista Dissidente.

A sentença de dissolução parcial proferida em 1994 determinou que

> os haveres dos sócios retirantes devem ser apurados em liquidação de sentença, mediante balanço especial levantado após avaliação real do acervo da empresa, corpóreo e incorpóreo, existente na data do ajuizamento da ação, na proporção de sua participação no capital social. (Brasil, 1ª Vara de Falências e Recuperação Judicial de Curitiba, 1991)

Ou seja, a decisão – em consonância com a jurisprudência consolidada sobre apuração de haveres na dissolução parcial de sociedade limitada – determinou que a apuração de haveres deveria ocorrer como se dissolução total fosse.

Nesse aspecto, vale ressaltar que a doutrina se divide quanto ao método de apuração de haveres. A corrente majoritária[31] entende que a forma de apuração de haveres da dissolução parcial de sociedade anônima deve acompanhar a construção lógica e teórica da qual derivou, portanto deve ser feita com base no valor patrimonial real da sociedade. A corrente minoritária[32] entende que a dissolução parcial é mera ficção jurídica, pois a companhia permanece existindo, e que a Lei das S.A. tem tratamento específico para a saída de acionistas, razão pela qual o pagamento dos haveres deve dar-se por reembolso.

[31] Nesse sentido é o entendimento de Maíra Vieira e Modesto Carvalhosa. Ver: Vieira (2014, p. 313); Carvalhosa (2011, p. 55).

[32] Nesse sentido é o entendimento de Paulo Henrique Lucon e João Paulo Silva (2012, p. 65).

A apuração de haveres com base no valor patrimonial real da sociedade é realizada por levantamento técnico elaborado por perito, nomeado pelo Juízo, destinado a verificar o valor patrimonial contábil na data presente da empresa, ou seja, é elaborado um balanço especial para avaliar a situação patrimonial como se fosse realizar a dissolução total da sociedade, razão pela qual tal método também é chamado de liquidação ficta. Esse método de apuração visa estabelecer o valor real da empresa e coibir eventual enriquecimento ilícito de qualquer uma das partes – sejam os acionistas que permanecem, sejam os acionistas retirantes –, o que exige a apuração pormenorizada dos bens antes do pagamento e, por conseguinte, um longo tempo de apuração. Vale ressaltar que a diversidade de naturezas dos bens a serem avaliados – ativos tangíveis, intangíveis, imobilizado, passivos de diversas naturezas, contas a receber, entre outros – exige muitas vezes outras perícias (Fonseca, 2003, p. 191), o que torna o processo ainda mais lento.

Por outro lado, o reembolso é modalidade de pagamentos dos haveres do sócio retirante típica do direito de recesso,[33] previsto no art. 45 da Lei das S.A.,[34] que consiste em verdadeira recompra compulsória pela

[33] O direito de recesso é a prerrogativa legal do sócio de se retirar da sociedade quando divergir de alteração de contrato social aprovada pela maioria, e está previsto no art. 136 da Lei das S.A. Ver: Barbi Filho (2004, p. 247); Franco (1989, p. 24); Carvalhosa (2011, p. 55).

[34] Dispõe o art. 45 da Lei das S.A. que: "O reembolso é a operação pela qual, nos casos previstos em lei, a companhia paga aos acionistas dissidentes de deliberação da assembleia geral o valor de suas ações. § 1º O estatuto pode estabelecer normas para a determinação do valor de reembolso, que, entretanto, somente poderá ser inferior ao valor de patrimônio líquido constante do último balanço aprovado pela assembleia geral, observado o disposto no § 2º, se estipulado com base no valor econômico da companhia, a ser apurado em avaliação (§§ 3º e 4º). § 2º Se a deliberação da assembleia geral ocorrer mais de 60 (sessenta) dias depois da data do último balanço aprovado, será facultado ao acionista dissidente pedir, juntamente com o reembolso, levantamento de balanço especial em data que atenda àquele prazo. Nesse caso, a companhia pagará imediatamente 80% (oitenta por cento) do valor de reembolso calculado com base no último balanço e, levantado o balanço especial, pagará o saldo no prazo de 120 (cento e vinte), dias a contar da data da deliberação da assembleia geral. § 3º Se o estatuto determinar a avaliação da ação para efeito de reembolso, o valor será o determinado por três peritos ou empresa especializada, mediante laudo que satisfaça os requisitos do § 1º do art. 8º e com a responsabilidade prevista no § 6º do mesmo artigo. § 4º Os peritos ou empresa especializada serão indicados em lista sêxtupla ou tríplice, respectivamente, pelo Conselho de Administração ou, se não houver, pela diretoria, e escolhidos pela assembleia geral em deliberação tomada por maioria absoluta de votos, não se computando os votos em branco, cabendo a cada ação, independentemente de sua espécie ou

sociedade das ações do acionista retirante tomando por base o último balanço aprovado. Tendo em vista a desnecessidade, *a priori*, do levantamento de balanço especial por perito judicial e os prazos bem determinados de pagamento dos valores – conforme procedimento minuciosamente descrito no art. 45 da Lei das S.A. –, o procedimento é muito mais célere, apesar de não ter a mesma abrangência e precisão da apuração do patrimônio real.

Em suma, a dissolução parcial de sociedade anônima implicou a escolha, pelo Poder Judiciário, entre um procedimento longuíssimo de apuração real do valor patrimonial e um procedimento célere de apuração meramente contábil. Entretanto, nenhum dos dois métodos é capaz de abranger a complexidade que envolve a saída do acionista dissidente por dissolução parcial de maneira satisfatória, conforme bem demonstra o caso Cocelpa.

O laudo pericial sobre o valor da Cocelpa – que foi anulado – demonstrava o problema em proceder com a avaliação do valor real pretérito de uma companhia que continua em atividade. O método utilizado foi realizar em 2004 uma avaliação do valor da companhia em 1992. Consequentemente, os valores encontrados pelo perito judicial e pelo assistente técnico da Cocelpa divergiam substancialmente: enquanto um apurou CR$ 229.833.875.000,00, o outro apurou CR$ 10.110.518.936,00. Provavelmente, nenhum dos dois valores represen-

classe, o direito a um voto. § 5º O valor de reembolso poderá ser pago à conta de lucros ou reservas, exceto a legal, e nesse caso as ações reembolsadas ficarão em tesouraria. § 6º Se, no prazo de cento e vinte dias, a contar da publicação da ata da assembleia, não forem substituídos os acionistas cujas ações tenham sido reembolsadas à conta do capital social, este considerar-se-á reduzido no montante correspondente, cumprindo aos órgãos da administração convocar a assembleia geral, dentro de cinco dias, para tomar conhecimento daquela redução. § 7º Se sobrevier a falência da sociedade, os acionistas dissidentes, credores pelo reembolso de suas ações, serão classificados como quirografários em quadro separado, e os rateios que lhes couberem serão imputados no pagamento dos créditos constituídos anteriormente à data da publicação da ata da assembleia. As quantias assim atribuídas aos créditos mais antigos não se deduzirão dos créditos dos ex-acionistas, que subsistirão integralmente para serem satisfeitos pelos bens da massa, depois de pagos os primeiros. § 8º Se, quando ocorrer a falência, já se houver efetuado, à conta do capital social, o reembolso dos ex-acionistas, estes não tiverem sido substituídos, e a massa não bastar para o pagamento dos créditos mais antigos, caberá ação revocatória para restituição do reembolso pago com redução do capital social, até a concorrência do que remanescer dessa parte do passivo. A restituição será havida, na mesma proporção, de todos os acionistas cujas ações tenham sido reembolsadas".

tava verdadeiramente o valor da companhia à época, pois trata-se de uma contabilidade anacrônica, portanto incapaz de alcançar um valor apurado da companhia.

No caso da dissolução total da companhia, tal método de apuração de haveres faz sentido, pois a companhia cessa de existir e o valor resultante é dividido proporcionalmente entre todos os sócios. Entretanto, na dissolução parcial, a companhia continua em atividade e suscetível às intempéries do mercado – tanto positiva quanto negativamente –, de modo que o seu valor de avaliação não mais condiz com a realidade econômica da empresa.

Há, ainda, outros dois elementos que agravam a impropriedade do método de apuração de haveres tal qual na dissolução total e que a tornam praticamente inexequível, ambos relacionados ao transcorrer do tempo do processo.

O primeiro elemento é a situação econômica da empresa, pois dificilmente o Acionista Dissidente requereria a dissolução parcial se a sociedade estivesse em um processo de crescimento pungente e distribuindo lucros. A tendência é que os acionistas minoritários só saiam das companhias diante de um cenário de crise, isto é, quando a sociedade está acumulando prejuízos e perdendo valor de mercado – conforme demonstra o caso Cocelpa. Ocorre que, nessa situação, a empresa no tempo zero (t_0) vale mais do que a empresa no futuro (t_x), portanto o valor que a companhia deve pagar ao acionista dissidente será maior do que a participação societária dele.

O segundo elemento que prejudica a apuração de haveres são os juros de mora devidos ao acionista dissidente. Uma vez que ele sai do quadro da companhia, o seu crédito passa a ser corrigido monetariamente e acrescido dos juros legais (hoje fixados em 1% ao mês), razão pela qual o crédito tende a crescer até que seja saldado. Em geral, tal situação não é alarmante – pelo contrário, muito usual nas relações processuais –; entretanto, quando se trata de um valor significativo em uma relação que perdura por um longo tempo, o crédito torna-se muito elevado.

Tem-se, assim, uma relação inversamente proporcional. Quanto mais tempo durar o litígio, menos valerá a companhia e maior será o crédito do acionista dissidente, o que tende a tornar o pagamento do acionista dissidente impraticável.

A título ilustrativo, imagina-se uma situação em que uma companhia dissolvida parcialmente esteja em uma situação de crise e, portanto, perca 0,1% do seu valor de mercado por mês, enquanto o acionista dissidente detém 5% do valor da companhia, o qual será acrescido de juros de mora de 1% ao mês. Ao final de 29 anos, o crédito do acionista dissidente valeria o dobro do valor atualizado da companhia. A relação seria próxima ao Gráfico 3, a seguir.

Gráfico 3. Relação entre valor da companhia e crédito do acionista dissidente

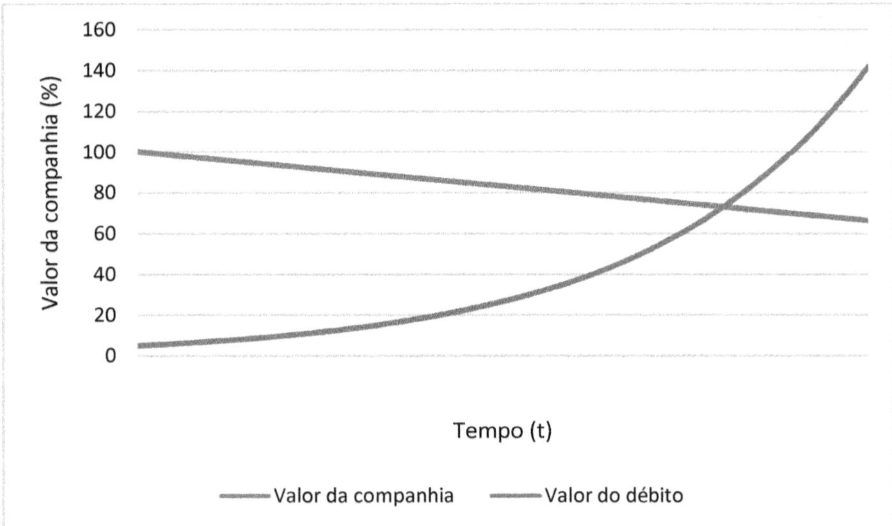

Fonte: Elaboração do autor.

É evidente que esse gráfico não ilustra uma situação real de dissolução parcial de sociedade anônima, todavia torna claro o problema existente em uma apuração de haveres anacrônica. Não se pode ignorar a incompatibilidade entre o critério de apuração de haveres na dissolução total e a preservação da sociedade. Não por acaso, o critério legal adotado para a hipótese de recesso se mostra, nesse aspecto, muito mais condizente com a estrutura societária das companhias. O art. 45, § 2º, da Lei das S.A.,[35] ao determinar que 80% do valor de reembolso será pago

[35] Dispõe o art. 45, § 2º, da Lei das S.A. que: "*§ 2º Se a deliberação da assembleia* geral ocorrer mais de 60 (sessenta) dias depois da data do último balanço aprovado, será facultado ao acionista dissidente pedir, juntamente com o reembolso, levantamento de balanço especial

imediatamente conforme balanço, não apenas protege o acionista minoritário, que recebe parcela do valor à vista, como também protege a companhia dos juros de mora do débito.

Em suma, a avaliação da companhia deve levar em conta a realidade econômica da companhia e do acionista dissidente, bem como a realidade do caso *in concreto* ao estabelecer um método para a apuração dos haveres do acionista dissidente. Não deve permitir que a apuração de haveres seja meio para o enriquecimento de qualquer das partes e deve tentar conciliar o direito de crédito do acionista dissidente à preservação da companhia. Não é possível afirmar contundentemente, a partir do presente caso, qual a forma mais adequada para apurar os haveres do acionista dissidente, entretanto a resposta provavelmente se encontra em um método que conjugue elementos da dissolução total e do direito de recesso.

Conclusões

A análise do caso Cocelpa permite refletir sobre o objetivo, a adequação e a efetividade da dissolução parcial de sociedade anônima. A análise do caso *in concreto* – com todas as suas nuances, especificidades e dificuldades – possibilita ir além da teoria (*law in books*) e verificar a aplicação prática do instituto da dissolução parcial de sociedade anônima no ordenamento jurídico brasileiro (*law in action*).

Ao analisar os acórdãos proferidos no REsp n. 111.294/PR (BRASIL, STJ, 2000) e nos Embargos de Divergência em REsp n. 111.294/PR (BRASIL, STJ, 2006), é possível identificar não apenas o critério objetivo – a quebra do *affectio societatis* – estabelecido pelo STJ para aplicar a dissolução parcial de sociedade anônima, mas verificar com maior clareza o objetivo pretendido em estabelecer tal critério como o único requisito para a aplicação do instituto. Ao abandonar o requisito da não persecução do fim social pela sociedade, o STJ deixou claro que a inviabilidade da empresa não é um problema *per se* e que o objetivo central do instituto é a proteção do acionista minoritário. Sob essa ótica, a dissolução

em data que atenda àquele prazo. Nesse caso, a companhia pagará imediatamente 80% (oitenta por cento) do valor de reembolso calculado com base no último balanço e, levantado o balanço especial, pagará o saldo no prazo de 120 (cento e vinte), dias a contar da data da deliberação da assembleia geral".

parcial de sociedade anônima deixa de ser um instituto destinado à preservação da sociedade e passa a ser compreendida como um instituto de proteção do acionista minoritário.

A análise do caso Cocelpa também demonstra que a dissolução parcial de sociedade anônima pode ser instituto adequado para lidar com o problema de abuso de poder de controle, tendo em vista que os remédios jurídicos existentes – a responsabilização do administrador, a anulação das deliberações e a suspensão dos direitos do acionista – são insuficientes para proteger o acionista minoritário. A lógica aplicada pelo Poder Judiciário no caso Cocelpa foi simples: uma vez que o ordenamento jurídico brasileiro é incapaz de oferecer uma tutela satisfatória ao acionista minoritário contra o abuso de poder de controle do majoritário, permitiu-se a sua livre saída da companhia. Ressalta-se, entretanto, que tal fundamentação não foi ventilada e debatida pelo STJ ao julgar o caso, razão pela qual o instituto da dissolução parcial de sociedade anônima deve ser revisitado e analisado também sob a ótica do abuso de poder de controle.

Ainda, tendo em vista que o caso Cocelpa tramita há 29 anos e ainda não teve um desfecho, vale questionar a efetividade da dissolução parcial de sociedade anônima. A análise do caso *in concreto* bem demonstra a inadequação dos métodos de apuração de haveres existentes – apuração do valor patrimonial real da sociedade e reembolso – e a dificuldade de efetivar de forma adequada a saída dos acionistas dissidentes. Não bastasse a dificuldade em realizar o cálculo de apuração, o transcorrer do tempo do processo mostra-se uma das maiores dificuldades na efetivação da saída do acionista dissidente, uma vez que gera grandes distorções no cálculo e, por conseguinte, no direito das partes. Tais circunstâncias comprometem muito a efetividade da dissolução parcial de sociedade anônima, razão pela qual o processo de cumprimento de sentença e de apuração de haveres deve ser repensado para conciliar o direito de crédito do acionista dissidente, a preservação da companhia e o tempo razoável do processo.

As considerações feitas no presente trabalho sobre o objetivo, a adequação e a efetividade da dissolução parcial no caso Cocelpa indicam a necessidade de aprofundamento da reflexão doutrinária sobre o tema, em debate com a jurisprudência e, eventualmente, com proposta de alteração legislativa.

Referências

ALBUQUERQUE, Bruno. Dissolução parcial na S.A. é constitucional, mas precisa de critérios. *Revista Consultor Jurídico*, 13 out. 2017. Disponível em: https://www.conjur.com.br/2017-out-13/bruno-caraciolo-dissolucao-parcial-sa-criterios. Acesso em: 11 ago. 2020.

BARBI FILHO, Celso. *Dissolução parcial de sociedades limitadas*. Belo Horizonte: Mandamentos Editora, 2004.

BLAIR, Margaret. Locking in Capital: What Corporate Law Achieved for Business Organizers in the Nineteenth Century. *UCLA Law Review*, v. 51, n. 2, p. 387-455, 2003.

BRASIL. 1ª Vara Cível de Araucária. Ação de Exibição de Documentos n. 0003668-63.2012.8.16.0025. Distribuída em 16.01.2012.

BRASIL. 1ª Vara de Falências e Recuperação Judicial de Curitiba. Ação de Dissolução Parcial de Sociedade n. 0000148-33.1991.8.16.0025. Distribuído em 25.11.1991.

BRASIL. 1ª Vara de Falências e Recuperação Judicial de Curitiba. Carta de Sentença n. 307/1996 (Posteriormente renomeada e renumerada para Cumprimento de Sentença n. 0000162-41.1996.8.16.0025). Distribuída em 05.06.1996.

BRASIL. 1ª Vara de Falências e Recuperação Judicial de Curitiba. Carta de Sentença n. 1615/2004. (Posteriormente renomeada e renumerada para Cumprimento de Sentença n. 0002285-31.2004.8.16.0025). Distribuída em 13.10.2004.

BRASIL. 1ª Vara de Falências e Recuperação Judicial de Curitiba. Processo de Recuperação Judicial n. 0005462-46.2017.8.16.0025. Distribuído em 01.06.2017.

BRASIL. 9ª Vara Cível da Comarca de Curitiba. Ação de Dissolução de Sociedade n. 203/1991 (número único 0000223-47.1991.8.16.0001). Distribuída em 11.02.1991.

BRASIL. 9ª Vara Cível da Comarca de Curitiba. Ação Anulatória de Assembleia Geral Extraordinária n. 0008338-17.2015.8.16.0001. Distribuída em 08.04.2015a.

BRASIL. 9ª Vara Cível da Comarca de Curitiba. Ação Anulatória de Assembleia Geral Extraordinária n. 0005528-69.2015.8.16.0001. Distribuída em 12 de março de 2015b.

BRASIL. 9ª Vara Cível da Comarca de Curitiba. Ação Anulatória de Assembleia Geral Extraordinária n. 0006147-62.2016.8.16.0001. Distribuída em 15.03.2016.

BRASIL. 15ª Vara de Cível de Curitiba. Inventário de Bens n. 328/1974. Distribuído em 30.01.1979.

BRASIL. 19ª Vara de Cível de Curitiba. Ação Anulatória de Assembleia Geral Extraordinária n. 0022996-17.2013.8.16.0001. Distribuída em 16.05.2013. Julgada em 30.07.2015.

BRASIL. Comissão de Valores Mobiliários. Processo Administrativo Sancionador n. 2012/1131. Dir. Rel. Luciana Dias. Julgado em 30.03.2005a.

BRASIL. Comissão de Valores Mobiliários. Processo Administrativo Sancionador n. 2001/4474. Dir. Rel. Marcelo Fernandez Trindade. Julgado em 30.03.2005b.

BRASIL. Comissão de Valores Mobiliários. Processo Administrativo Sancionador n. 11/96. Dir. Rel. Sérgio Welguelin. Julgado em 29.06.2005c.

BRASIL. Superior Tribunal de Justiça. Recurso Especial n. 38.160/SP. Terceira Turma. Relator: Waldemar Zveiter. Julgado em 9.11.1993a.

BRASIL. Superior Tribunal de Justiça. Agravo Regimental no Agravo de Instrumento n. 34.120-8/SP. Terceira Turma. Relator: Min. Dias Trindade. Julgado em 26.04.1993b.

BRASIL. Superior Tribunal de Justiça. Recurso Especial n. 22.814-5/SP. Quarta Turma. Relator: Min. Dias Trindade. Julgado em 29.11.1993c. *Revista do STJ*, ano 6, n. 56, abr. 1994.

BRASIL. Superior Tribunal de Justiça. Recurso Especial n. 419.174/SP. Terceira Turma. Relator: Min. Carlos Alberto Menezes Direito. Julgado em 15.08.2002.

BRASIL. Superior Tribunal de Justiça. Recurso Especial n. 111.294/PR. Quarta Turma. Relator: Min. Barros Monteiro (Rel. para acórdão Min. Cesar Asfor Rocha). Julgado em 19.09.2000.

BRASIL. Superior Tribunal de Justiça. Embargos de Divergência no Recurso Especial n. 111.294/PR. Segunda Seção. Relator: Min. Castro Filho. Julgado em 28.6.2006.

BRASIL. Superior Tribunal de Justiça. Recurso Especial n. 937.092/PR. Quarta Turma. Relator: Min. João Otávio de Noronha. Julgado em 12.02.2008a.

BRASIL. Superior Tribunal de Justiça. Embargos de Divergência no Recurso Especial n. 419.174/SP. Segunda Seção. Relator: Min. Aldir Passarinho Jr. Julgado em 28.05.2008b.

BRASIL. Superior Tribunal de Justiça. Agravo Regimental no Recurso Especial n. 1.285.695/PR. Terceira Turma. Relatora: Min. Nancy Andrighi. Julgado em 15.08.2013.

BRASIL. Supremo Tribunal Federal. Recurso Extraordinário n. 9.929/SP. Segunda Turma. Relator: Min. Flamínio de Rezende. Julgado em 4.01.1946.

BRASIL. Supremo Tribunal Federal. Recurso Extraordinário n. 19.874/BA. Segunda Turma. Relator: Min. Villas Boas. Julgado em 08.11.1957.

BRASIL. Supremo Tribunal Federal. Recurso Extraordinário n. 89.464/SP. Segunda Turma. Relator: Min. Cordeiro Guerra. Julgado em 12.12.1978.

BRASIL. Tribunal de Alçada do Paraná. Apelação Cível n. 78.835-6. Terceira Câmara Cível. Relator: Des. Lidio José Rotoli de Macedo. Julgada em 28.06.1995.

BRASIL. Tribunal de Justiça do Paraná. Apelação Cível n. 287.042-4. Décima Sexta Câmara Cível. Relator: Des. Carlos Mansur Arida. Julgada em 25.01.2006.

Brasil. Tribunal de Justiça do Paraná. Apelação Cível n. 443.258-8. Décima Sétima Câmara Cível. Relator: Des. Vicente Del Prete Misurelli. Julgada em 28.05.2008.

Brasil. Tribunal de Justiça do Paraná. Apelação Cível n. 565.979-8. Décima Sétima Câmara Cível. Relator: Des. Vicente Del Prete Misurelli. Julgada em 08.04.2009.

Brasil. Tribunal de Justiça do Paraná. Agravo de Instrumento n. 1.210.782-5 (número único 0013320-14.2014.8.16.0000). Décima Sétima Câmara Cível. Relator: Des. Fernando Paulino da Silva Wolff Filho. Julgado em 21.10.2015.

Brasil. Tribunal de Justiça do Estado do Paraná. Agravo de Instrumento n. 1733466-4 (número único 0031031-27.2017.8.16.0000). Décima Sétima Câmara Cível. Relator: Des. Fernando Paulino da Silva Wolff Filho. Julgado em 19.10.2017a.

Brasil. Tribunal de Justiça do Paraná. Agravo de Instrumento n. 1.735.389-0 (número único 0031707-72.2017.8.16.0000). Décima Sétima Câmara Cível. Relator: Des. Fernando Paulino da Silva Wolff Filho. Julgado em 24.10.2017b.

Brasil. Tribunal de Justiça do Paraná. Agravo de Instrumento n. 1.741.133-5 (número único 0034198-52.2017.8.16.0000). Sétima Câmara Cível. Relator: Des. Luiz Antônio Barry. Julgado em 17.04.2018.

Brasil. Tribunal de Justiça do Rio Grande do Sul. Apelação Cível n. 70071296446 (número único 033983808.2016.8.21.7000). Sexta Câmara Cível. Relator: Des. Luís Augusto Coelho Braga. Julgada em 290.06.2017.

BRASIL. Tribunal de Justiça de São Paulo. Apelação Cível n. 0003.174-0. Sexta Câmara Cível. Relator: Des. Ohamed Amaro. Julgada em 19.02.1998.

Brasil. Vara Cível da Comarca de Conde. Recuperação Judicial 0800411-61.2017.8.15.0441. Distribuída em 29.6.2017.

Bulhões Pedreira, José Luiz; Lamy Filho, Alfredo. Estrutura da companhia. *In*: Bulhões Pedreira, José Luiz; Lamy Filho, Alfredo (coord.). *Direito das companhias*. Rio de Janeiro: Forense, 2009.

Carvalhosa, Modesto. *Comentários à Lei das Sociedades Anônimas*. 5. ed. rev. e atual. São Paulo: Saraiva, 2011. v. 4.

Carvalhosa, Modesto. *Comentários à Lei das Sociedades Anônimas*. 4. ed. rev. e atual. São Paulo: Saraiva, 2008. v. 2.

Comparato, Fábio Konder; Salomão Filho, Calixto. *O poder de controle na sociedade anônima*. 5. ed. Rio de Janeiro: Forense, 2008.

Dari-Mattiacci, Giuseppe *et al.* The Emergence of the Corporate Form. *Journal of Law, Economics & Organization*, 2013.

Diário da Indústria e Comércio. *A vitória do imigrante em solo desconhecido*. 26 de outubro de 2012. Disponível em: https://www.diarioinduscom.com.br/a-vitoria-do-imigrante-em-solo-desconhecido/. Acesso em: 11 ago. 2020.

FONSECA, Priscila Maria Pereira Corrêa da. *Dissolução parcial, retirada e exclusão de sócio no novo Código Civil*. 2. ed. São Paulo: Atlas, 2003.

FRANCO, Vera Helena de Mello. Dissolução parcial e recesso nas sociedades por quotas de responsabilidade limitada, legitimidade e procedimento. Critério e momento de apuração de haveres. *Revista de Direito Mercantil*, São Paulo, n. 75, 1989.

GONÇALVES NETO, Alfredo de Assis. A dissolução parcial é adequada para as sociedades anônimas. Parte II. *Revista Consultor Jurídico*, 7 out. 2019. Disponível em: https://www.conjur.com.br/2019-out-07/direito-civil-atual-dissolucao-parcial-adequada-sociedades-anonimas-parte-ii. Acesso em: 11 ago. 2020.

HASMANN, Henry; KRAAKMAN, Reinier; SQUIRE, Richard. Law and the rise of the firm. *Harvard Law Review*, v. 119, n. 1333, 2006.

KRAAKMAN, Reinier; HASMANN, Henry. The Essential Role of Organizational Law. *Yale Journal*, v. 110, n. 387, 2000.

KRAAKMAN, Reinier *et al*. *A anatomia do direito societário*: uma abordagem comparada e funcional. Trad. Mariana Pargendler. 3. ed. São Paulo: Singular, 2018.

LUCON, Paulo Henrique; SILVA, João Paulo. Dissolução parcial de sociedade anônima fechada. *In*: YARSHELL, Flávio Luiz; PEREIRA, Guilherme (coord.). *Processo societário*. São Paulo: Quartier Latin, 2012.

NUNES, Márcio Tadeu Guimarães. *Dissolução parcial, exclusão de sócio e apuração de haveres nas sociedades limitadas*. São Paulo: Quartier Latin, 2015.

PARGENDLER, Mariana. Corporate Governance in Emerging Markets. *In*: GORDON, Jeffrey; RINGE, Wolf-Georg. *Oxford Handbook of Corporate Law and Governance*. Oxford: Oxford University Press, 2018.

PARGENDLER, Mariana. How Universal Is the Corporate Form? Reflections on the Dwindling of Corporate Attributes in Brazil. *Columbia Journal of Transnational Law*, v. 58, 2019. Disponível em: https://ssrn.com/abstract=3126838. Acesso em: 11 ago. 2020.

ROCK, Edward; WACHTER, Michael. Waiting for the Omelet to Set: Match Specific Assets and Minority Op-pression in the Close Corporation. *The Journal of Corporation Law*, v. 24, 1999.

PIMENTA, Eduardo Goulart. *Exclusão e retirada de sócios*. Belo Horizonte: Decálogo Livraria e Editora, 2004.

VIEIRA, Maíra de Melo. *Dissolução parcial de sociedade anônima*: construção e consolidação no direito brasileiro. São Paulo: Quartier Latin, 2014.

YARSHELL, Flávio Luiz; MATO, Felipe do Amaral. O procedimento especial de dissolução (parcial) de sociedades no projeto do CPC. *In*: YARSHELL, Flávio Luiz; PEREIRA, Guilherme (coord.). *Processo societário*. São Paulo: Quartier Latin, 2012.

ZILVETI, Ana Marta Cattani de Barros. Dissolução parcial de sociedade anônima – o caso Luiz Kirchner. *In*: FINKELSTEIN, Maria Eugênia Reis; PROENÇA, José Marcelo Martins (coord.). *Sociedades Anônimas (Série GVlaw)*. 2. ed. São Paulo: Saraiva, 2011.

PARTE 3
Direito e Desigualdades Sociais

Capítulo 6
Reescrita Feminista do *Habeas Corpus* N. 503.125/SP: Uma Análise da Adoção Informal e o Arrependimento Materno a partir de Perspectivas Feministas

TAÍS PENTEADO[1]

Introdução e comentários sobre o enquadramento teórico e a metodologia adotada

O presente capítulo apresenta uma reescrita feminista de uma decisão do Superior Tribunal de Justiça (STJ) que toca ao tema do arrependimento materno na entrega de filho à adoção "à brasileira" – a adoção informal, fora do procedimento legalmente previsto. Reescrevemos uma decisão da Terceira Turma do STJ que conferiu o *Habeas Corpus* n. 503.125/SP (STJ, 2019) para a manutenção da guarda de uma menor adotada a seu pai registral, com base no melhor interesse da criança. No litígio principal, a mãe biológica alega que a adoção se deu "à brasileira", em um momento de desespero, e, arrependida, pede a restituição da guarda da criança. As instâncias inferiores consideraram presente o *fumus boni iuris* de a adoção ter se dado de forma ilegal.

[1] Agradeço à professora Flavia Portella Püschel, por seu incentivo, seus gentis comentários e pelo interesse em publicar o capítulo. Agradeço também aos gentis comentários do professor Dimitri Dimoulis. Este capítulo foi produzido com apoio financeiro da Fapesp.

O trabalho adota como enquadramento teórico e perspectiva normativa a teoria feminista do direito, campo da filosofia e da teoria do direito que analisa as relações criadas pelo direito, seus conceitos e princípios, de forma tanto a descrever como o direito influencia o *status* da mulher como grupo na sociedade quanto a prescrever mudanças com potencial emancipatório.[2]

Antes de adentrarmos na reescrita, entretanto, é necessário tecer alguns comentários sobre os métodos aqui utilizados, os quais, ainda que plenamente aceitos no cenário internacional, desde os anos 1980, se encontram em fase de florescimento no Brasil. Nesta breve introdução, abordarei dois pontos distintos, mas inter-relacionados: em primeiro lugar, o significado e a legitimidade de elaborar um trabalho feminista em direito. Em segundo lugar, o significado e a importância de utilizar a reescrita como método.

No que se refere ao primeiro ponto, um trabalho pode ser feminista de diversas maneiras, por exemplo, na forma de análise do direito adotada. Também pode ser feminista pela escolha de um tema do direito de importância para as mulheres ou pela apresentação de resultados que impactem positivamente as mulheres, ainda que se utilize de métodos de pesquisa tradicionais.

Enxergo o presente trabalho como feminista pela forma de análise que adoto, que se trata, principalmente, de olhar para uma decisão judicial a partir da perspectiva da "questão da mulher", na sua forma original, "the woman question" (Bartlett, 1990, p. 830). Olhar para uma decisão judicial a partir da questão da mulher significa, simplesmente, refletir sobre as implicações de gênero que algum aspecto do direito supostamente neutro tem.

Assim, procuro olhar para o problema jurídico de forma contextualizada, assumindo a perspectiva da mulher afetada concretamente, em detrimento de concepções abstratas do direito (Bartlett, 1990, p. 850). No caso analisado, tento pensar o princípio da primazia do interesse do menor de maneira concreta, levando em consideração o impacto

[2] Uma descrição similar foi apresentada no artigo "Uma leitura crítica da ADPF 54 a partir de perspectivas feministas" (Penteado, 2016), resultado de pesquisa de iniciação científica que contou com apoio financeiro do CNPq.

concreto do princípio na vida de mulheres e até mesmo a conceptualização do princípio (MacKinnon, 1989, p. 244).

No caso da decisão aqui reescrita, questiono o impacto da chamada adoção à brasileira para a mulher diretamente envolvida no caso e para a mulher como grupo, levando em conta outros fatores, como raça e classe, que influenciam igualmente na construção das mulheres envolvidas nesse tipo de adoção como sujeito de direitos. Não adoto nenhuma corrente específica do feminismo, apenas me limito a olhar a partir da questão da mulher, de forma interseccional (Crenshaw, 1991, p. 1241-1299).

Uma parte da academia na área do direito questiona a legitimidade do uso da perspectiva feminista no direito por se tratar de trabalho político, sem valor propriamente jurídico, "enviesado". Essa crítica, entretanto, parte de uma assunção de que a teoria do direito em si deve ser neutra e, portanto, apartada da política e da moral. A partir dessa visão, a única forma legítima de olhar o direito seria o positivismo jurídico, que se limita a descrevê-lo como ele é, de forma "neutra". Sob esse prisma, todas as teorias do direito, como o jusnaturalismo, o realismo e o interpretativismo, teriam também a sua legitimidade questionada.

A teoria feminista do direito, assim como todas as teorias do direito supracitadas, lida com a controvérsia sobre a natureza deste, sua relação com a moral, a política e a justiça e, inclusive, o caráter questionável da neutralidade do positivismo jurídico. Em virtude disso, não pode ser excluída como forma legítima de entender o direito. Adeptos de uma concepção descritiva do direito podem criticar a teoria feminista do direito na perspectiva normativa e podem dizer que todas as conclusões de trabalhos feministas estão erradas. Entretanto, a teoria não pode ser criticada em sua legitimidade como forma de pensar o direito (Smith, 2010, p. 293).

Um trabalho feminista em direito pode limitar-se à crítica, mas a teoria feminista do direito não só permite, como valoriza também o esforço propositivo. Para isso, adoto outro método feminista, qual seja a reescrita de decisões. A reescrita feminista propõe um projeto de reimaginação de decisões, que envolve não só a aplicação de métodos feministas, mas a reflexão sobre outras questões do direito, como o papel do judiciário nas democracias, as formas adequadas e rigorosas de argumentação jurídica e a prática jurídica em geral (Endright, McCandless e O'Donoghue, 2017).

O trabalho de reescrita é um trabalho dogmático, que pode se dar em qualquer área do direito.[3] Ou seja, interpreta-se o direito de forma concreta, levando em consideração fatos da controvérsia discutida no caso que se relacionam à mulher. A dogmática levada a cabo aqui é interdisciplinar, na medida em que considera, na interpretação do direito, conhecimento produzido em outras áreas, como conceitos e críticas propostas por teóricas feministas de diversas áreas – por exemplo, a crítica à abstração e a visão crítica sobre a incoerência da romantização da maternidade e as práticas sociais reais que a desvalorizam. Apoio-me também em trabalhos empíricos no campo da psicologia social que problematizam de forma cuidadosa e qualitativa a "maternidade impedida" (Martins, 2018).

Enxergo diversas contribuições de trabalhos de reescrita, mas ressalto aqui um de particular relevância: em uma sociedade como a brasileira, na qual o judiciário tem tomado cada vez mais a frente em questões importantes, não basta apenas criticar decisões – ainda que a crítica seja extremamente válida para gerar reflexões. Devemos também nos preocupar em oferecer alternativas.

1. Reescrita Feminista

HABEAS CORPUS N. 503.125/SP (2019/0099418-9)

RELATOR: MINISTRO RICARDO VILLAS BÔAS CUEVA

IMPETRANTE: MARCOS ROBERTO CHARLES

IMPETRADO: TRIBUNAL DE JUSTIÇA DO ESTADO DE SÃO PAULO

PACIENTE: L. D.

2. Relatório[4]

Cuida-se de *Habeas Corpus*, com pedido de liminar, impetrado em favor da menor L. D. contra decisão de Desembargadora do Tribunal de Justiça do Estado de São Paulo, que indeferiu o pedido de efeito suspensivo ativo formulado no agravo de instrumento interposto por G. D., que determinou o imediato acolhimento institucional da menor.

[3] Por exemplo, direito tributário (Crawford e Infanti, 2018), direito constitucional (Stanchi *et al.*, 2016) e direito de família (Endright, McCandless e O'Donoghue, 2017).

[4] Como o processo tramita em segredo de justiça, retiramos todos os dados do relatório da decisão.

3. Processos Originários

Ação 1: ação de guarda ajuizada por [G. D. – pai registral] contra a ré [B. G. S. – mãe biológica], alegando que é o pai biológico da menor [L. D. – menor], que a mãe da criança abandonou-a aos seus cuidados, e por isso, como é o guardião de fato, formulou pedido de guarda da criança. Nos autos, o Ministério Público do Estado de São Paulo requereu a aplicação da medida de proteção consistente no acolhimento institucional da menor, alegando que a criança provavelmente foi entregue para o autor mediante acordo prévio entre a mãe biológica e o casal que está com a guarda da criança.

Ação 2: ação de busca e apreensão e cancelamento de registro civil da criança, ajuizada pela mãe biológica, em que se alega que o pai registral não é pai biológico da criança e que, como a menor era sua quarta filha e como, à época, encontrava-se separada de seu companheiro, ficou desesperada e, por meio de um amigo, entrou em contato com o casal [G – pai registral] e [R – esposa do pai registral], que pagou sua passagem aérea para que tivesse a criança em São Paulo. A mãe biológica alega estar arrependida de ter entregado a criança e pretende tê-la de volta.

Em decisão proferida pelo juízo singular, determinou-se o trâmite conjunto dos processos, em razão de sua conexão. Quanto ao mérito, foi determinado o acolhimento institucional da menor, conforme solicitado pelo Ministério Público. A decisão se deu nos seguintes termos:

> Embora a criança esteja sendo bem cuidada, há fortes indícios de que tenha ocorrido acordo prévio de entrega da criança travado entre as partes, inclusive a probabilidade de futura adoção fora dos trâmites legais por parte do casal que detém a posse da criança, eis que, em síntese, conforme relatado, [L.] vem sendo tolhida de seu direito à convivência familiar e comunitária, e a permanência da criança com o casal irá fortalecer um vínculo irreal e construído sob a ótica dos adultos, e não da criança. Que tal conduta afronta toda a sistemática de adoção, cujos requisitos eram de conhecimento do casal, que iniciou processo de habilitação à adoção no ano de 2017, com posterior desistência. O *fumus boni juris* e o *periculum in mora* estão caracterizados pelos fatos detalhadamente descritos nos autos. Não é o caso de permitir que a criança permaneça com o casal [G.] e [R.], porque se houve acordo extrajudicial para a entrega da criança, isso significa burla ao cadastro de adoção, e,

> eventual registro da criança na forma de adoção à brasileira configura crime, e sendo assim, é preciso analisar a situação com cautela, e evitar prejuízos para a infante. Todavia, não é o caso de entregar a criança para a mãe biológica, porque se houve acordo prévio dela com o casal [G.] e [R.], ambas as partes demonstram, numa análise superficial, que não podem ficar com a criança, e por ora, a solução, é o acolhimento institucional. Isso posto, determino **o imediato acolhimento institucional** da menor [L. D.], nascida em 05/11/2018, natural de [-SP], filha de [G. D.] e de [B. G. dos S.]. Expeça-se mandado de busca e apreensão, **cujo ato deverá ser devidamente acompanhado por membro(s) do Conselho Tutelar. Determino também a realização de exame de DNA para esclarecer a paternidade e maternidade da criança**. (fls. 139-140 e-STJ, grifos no original)

Contra essa decisão, o pai registral da menor interpôs agravo de instrumento, pedindo liminarmente que se conferisse efeito suspensivo à decisão agravada. Em sede de liminar, o pedido pela suspensão dos efeitos foi indeferido, nos seguintes termos:

> Trata-se de agravo de instrumento interposto por G. D., genitor registral de L. D. (nascida em 05.11.2018), contra decisão que, no processo de Guarda, unido aos processos de Medida de Proteção e de Busca e Apreensão visando a proteção da criança que se encontra em situação de risco, deferiu a medida liminar pleiteada pelo Ministério Público com determinação de acolhimento institucional (fls. 101/102 autos principais). Argumenta o agravante, em resumo, que a criança não está em situação de risco, mormente considerando que se encontra sob os cuidados de seu genitor, sendo fruto de caso extraconjugal, e vindo com ele residir tão somente porque a genitora da criança assim preferiu, uma vez que, logo após dar à luz, entregou a filha ao genitor e esposa, tomando rumo ignorado. Requer seja conferido efeito suspensivo à decisão agravada, concedendo-se tutela para desacolher a criança e, ao final, seja julgado procedente o presente agravo de instrumento.
>
> É o relatório. Ao menos nesta análise perfunctória, não se observam elementos capazes de embasar a reforma da decisão agravada. As questões trazidas pelo agravante não justificam a concessão do efeito suspensivo pretendido. Consta que a mãe biológica da criança ingressou com

> ação de busca e apreensão, uma vez que teria havido o registro da filha pelo ora agravante, mas que ele não é o pai da criança. Alegou que o agravante e a esposa a impedem de obter informações e contato com a filha. Por sua vez, o agravante afirma que a criança é sua filha, fruto de relação extraconjugal.
>
> Vislumbra-se que há fatos controversos envolvendo a matéria, inserindo, sem maiores dúvidas, a criança em situação de risco, merecendo a proteção do ECA. Desta forma, por ora o acolhimento institucional que veio a ser determinado pelo magistrado *a quo* se justifica para garantir os genuínos interesses da menor. Adequada, pois, a medida decretada, atendendo-se ao princípio do melhor interesse da criança. Não vislumbro que a decisão apresenta ilegalidade, irregularidade, teratologia ou nulidade insanável que se justifique ser modificada neste momento processual, devendo prevalecer o livre convencimento do juiz prolator da decisão guerreada. Isto posto, sem expressar entendimento exauriente acerca do mérito do recurso, INDEFIRO O EFEITO SUSPENSIVO. (fls. 473-475)

Em vista da decisão denegatória, o pai registral impetrou *habeas corpus*, com pedido de liminar, alegando que o acolhimento institucional da menor seria teratológico, ilegal e abusivo, visto que a retiraria do convívio familiar, com quem reside desde o seu nascimento. Afirma que não houve adoção à brasileira, que a menor vem sendo bem cuidada na casa do genitor, sem que haja indícios de violência física ou psicológica contra ela e que, portanto, o acolhimento institucional seria verdadeiro constrangimento ilegal imposto à menor.

O pedido liminar foi deferido pelo STJ em 9 de abril de 2019, e, em cumprimento da liminar deferida, a menor já foi entregue ao pai. Aguardava-se, naquele momento, a avaliação psicossocial da mãe biológica e a manifestação do pai registral quanto à realização do exame de DNA.

O Ministério Público Federal optou pela concessão da ordem, nos seguintes termos:

> *HABEAS CORPUS*. CRFB/1988, art. 105, I, "c". Criança recolhida em instituição de acolhimento. Suspeita de "adoção à brasileira". Existência de vínculo com suposto pai. Ausência de evidente risco à integridade

> física ou psíquica do infante. Manutenção com a família que a menor se encontrava desde o nascimento. Medida tomada em prol do melhor interesse da criança. Parecer pela concessão da ordem. (fl. 575 e-STJ)

No último dia 21 de maio de 2019, o Ministro Ricardo Villas Bôas Cueva proferiu decisão favorável ao impetrante, no que foi acompanhado de forma unânime pelos outros integrantes da Terceira Turma do STJ. Sua decisão restou assim ementada:

> *Habeas corpus.* Direito de família. Ação de busca e apreensão de menor cumulada com a anulação de registro civil e ação de guarda. Menor impúbere (6 meses de vida). Entrega pela mãe ao pai registral. Arrependimento posterior. Paternidade biológica contestada. Determinação. Acolhimento institucional. Medida teratológica. Melhor interesse do menor. Ordem concedida de ofício. 1. A potencial possibilidade de ocorrência de dano grave e irreparável aos direitos da criança, ora paciente, que foi recolhida em abrigo após 5 (cinco) meses de convívio com a família do pai registral, impõe afastar de plano o óbice formal da Súmula nº 691/STF. 2. O Estatuto da Criança e do Adolescente – ECA, ao preconizar a doutrina da proteção integral (art. 1º da Lei nº 8.069/1990), torna imperativa a observância do melhor interesse da criança. 3. A menor, atualmente com 6 (seis) meses de vida, foi deixada pela genitora sob os cuidados do pai registral e da esposa dele a partir do seu nascimento, de quem, desde então, ela vem recebendo os cuidados materiais indispensáveis às suas necessidades básicas, conforme avaliação realizada pelo serviço social judiciário. 4. Ressalvado o evidente risco à integridade física ou psíquica do infante, o que não é a hipótese dos autos, é inválida a determinação de acolhimento da criança que não se inclui em nenhuma das hipóteses do art. 98 do ECA, ainda que pairem dúvidas acerca da veracidade da paternidade declarada no seu registro de nascimento. 5. Ordem de *habeas corpus* concedida de ofício. Liminar confirmada.

O Ministro Villas Bôas Cueva fundamentou sua decisão no fato de a lide envolver interesses de menor. O interesse do menor atrai automaticamente a incidência do Estatuto da Criança e do Adolescente (ECA), cujas regras são regidas pela doutrina da proteção integral (art. 1º da Lei n. 8.069/1990) e pela observância do melhor interesse da criança.

No caso específico do acolhimento institucional, o art. 98 do ECA dispõe que as medidas de proteção à criança e ao adolescente são aplicáveis quando direitos reconhecidos na lei forem ameaçados ou violados por ação ou omissão do Estado, por falta, omissão ou abuso dos pais ou em razão de sua conduta.

Segundo o ministro, teria sido constatado pelo serviço social que a menor está recebendo os cuidados indispensáveis às suas necessidades básicas na residência do pai registral, o que afastaria as hipóteses de afastamento do lar. O melhor interesse da menor, nesse caso, seria garantido pela sua manutenção no lar do pai registral, ao menos enquanto se resolvesse a lide principal. Isso imporia, portanto, a decisão tomada de conceder a ordem de *habeas corpus*, confirmando a liminar deferida, para determinar que a menor permaneça sob a guarda do pai registral.

4. Voto Dissidente

Apesar do respeito pela decisão proferida – especialmente pela sua preocupação com a menor e com a atenção à jurisprudência já bem estabelecida pelo STJ –, o que deve ser feito no mais das vezes para a manutenção da integridade do sistema jurídico, eu discordo do resultado alcançado.

Em nenhum momento a decisão considerou o fato de que não se trata de adoção à brasileira normal, em que o desrespeito ao processo formal, por si só, não justifica a retirada da guarda, em consonância com o princípio da primazia do melhor interesse do menor. Nesse caso, há um aspecto que não pode ser deixado de lado: o arrependimento da mãe, que se manifesta em seu pedido de anulação de registro, busca e apreensão da menor e restituição da guarda imediata.

Vejamos.

A jurisprudência do STJ é firme no sentido de que, salvo em evidente risco à integridade física ou psíquica do menor, não é do seu melhor interesse o acolhimento institucional.[5] Isso para que a criança seja prote-

[5] HC 221.594/SC, rel. Min. Nancy Andrighi, Terceira Turma, julgado em 13.03.2012, *DJe* 21.03.2012; AgRg na MC 18.329, rel. Min. Paulo de Tarso Sanseverino, rel. p/ acórdão Min. Nancy Andrighi, Terceira Turma, julgado em 20.09.2011, *DJe* 28.11.2011; HC 294.729/SP, rel. Min. Sidnei Beneti, Terceira Turma, *DJe* 29.08.2014; HC 279.059/RS, rel. Min. Luis Felipe Salomão, Quarta Turma, *DJe* 28.02.2014; REsp 1.172.067/MG, rel. Min. Massami Uyeda, Terceira Turma, *DJe* 14.04.2010.

gida de sucessivas e abruptas alterações em seu lar, para que se garanta sua estabilidade emocional, bem como para que se evite o risco de trauma psicológico que uma experiência em orfanato pode acarretar.

A jurisprudência do STJ é sedimentada e fundamentada, mas devemos nos perguntar: ela faz sentido em todos os casos? Em princípio, parece fazer sentido que a criança não seja exposta a sucessivas mudanças; porém, no caso em tela, a situação é muito específica: trata-se de um *habeas corpus* impetrado por um homem sobre quem pairam dúvidas a respeito da legalidade da adoção, que litiga contra a mãe biológica que se arrependeu de ter entregado sua filha e pede a retomada imediata da guarda. Esse último fator é determinante, pois, apesar de o interesse da menor existir, este deve ser considerado também em conjunto com os interesses da mulher.

No Brasil, a adoção à brasileira constitui crime expresso nos arts. 242 e 297 do Código Penal. Trata-se, em linhas gerais, de uma adoção em que não se seguiram todos os trâmites necessários para que se efetue uma adoção legalizada.

Se olhada de forma descontextualizada, assumindo que uma pessoa escolheu dar o seu filho a outra pessoa no pleno exercício de sua autonomia, a adoção à brasileira é vista apenas como uma quebra de regras que tem como maior potencial lesivo o furo da fila de adoção legal. Ela é, inclusive, vista como causa nobre, em que um casal salva a vida de uma criança à beira do abandono, geralmente por uma mãe negligente.

Existe, entretanto, uma outra forma de se olhar para a adoção à brasileira. Olhando a adoção à brasileira de forma contextualizada, temos que ela envolve, na grande maioria das vezes, uma mulher vulnerável, que não tem condições de criar o filho sozinha. Esse é o caso, por exemplo, da mãe que aqui litiga para reaver a guarda da filha, que a entregou para a adoção em condições de pobreza e abandono.

No Brasil, a cada três dias uma mulher coloca o filho para adoção. Essa taxa pode parecer alta, mas, segundo dados do STJ, ela é muito concentrada entre mulheres de baixa renda, pretas ou pardas, provindas do Norte e Nordeste do Brasil, geralmente sem a companhia do pai do bebê. Isso se verifica pelo fato de que 83% das crianças que esperam a adoção são pretas ou pardas. A vulnerabilidade também se nota pelas principais motivações que as levam a optar pela adoção: gravidez após estupro sem acesso a aborto legal, ausência ou abandono do pai da criança, falta de suporte familiar e condições financeiras, gravidez não planejada e "outros casos de vulnerabilidade" (FOLHA DE S. PAULO, 2018).[6]

Essas mulheres, muitas vezes, não foram apresentadas a outras opções. Muitas não tiveram acesso à educação sexual e a métodos contraceptivos eficazes. Muitas engravidaram sem querer e nunca puderam fazer nada a respeito em virtude da proibição legal do aborto. Outras engravidaram por querer, mas se viram impossibilitadas de ter um filho em determinado momento – veja a mãe biológica B., que estava separada do seu companheiro quando engravidou da menor L. D., fato que pesou em sua "escolha" pela adoção. Ao levar a cabo uma gravidez, muitas mulheres não recebem apoio de seus companheiros ou do Estado. Sofrem abandonos e violências.

Quando o filho vem, muitas mulheres se confrontam com o desespero de não poderem cuidar de si mesmas e menos ainda de outro ser humano. Outras enxergam o filho como uma nova esperança. Em ambos os casos, o Estado mais uma vez falha. Algumas vezes, instituições supostamente voltadas à assistência social de mulheres e recém-nascidos incentivam a adoção, com base em preconceitos sobre o que poderia ser uma "boa mãe" (MARTINS, 2018, p. 31). As instituições que deveriam acolher não acolhem, mas julgam.

Não há auxílio nem apoio do Estado, da sociedade e, muitas vezes, do companheiro – isso se reflete no fato de o Brasil ser um país onde 5,5 milhões de crianças não têm nome no registro (CNJ, 2013).

Usando as palavras escolhidas a dedo pelo ECA, há omissão e abuso. A omissão do Estado é, muitas vezes, o que está por trás da adoção. Nesse contexto de desamparo, falar em autonomia e escolha torna-se complicado. Uma mulher em situação vulnerável, muitas vezes na gestação ou em estado de puerpério é totalmente livre para dar o seu filho para adoção (MARTINS, 2018, p. 32)? E se o pai registral tiver pagado uma passagem de avião para a mulher sair de sua casa em Manaus e ir a São Paulo ter o filho? Melhora ou piora a possibilidade de a mulher poder dizer sim ou não?

Uma forma de minimamente mitigar a ausência de autonomia e garantir uma escolha ao menos informada é por meio da imposição de

[6] Na matéria da *Folha de S.Paulo* (2018), os dados foram coletados em tribunais de justiça.

regras que guiam o processo de adoção legal. Essas regras não são mera formalidade; são uma forma de garantir que todos os participantes do processo de adoção encarem o processo de maneira minimamente livre e digna. Digo minimamente pois reitero: em uma sociedade na qual não é dada a uma mulher em situação de vulnerabilidade a escolha de uma maternidade digna, falar em autonomia já é, por si só, questionável.

Quanto ao processo de adoção, o ECA, ao qual essa corte se reporta em todos os casos de direito de família, dispõe:

> Art. 19-A. A gestante ou mãe que manifeste interesse em entregar o seu filho para adoção, antes ou logo após o nascimento, será encaminhada à Justiça da Infância e da Juventude.
>
> § 1º A gestante ou mãe será ouvida pela equipe interprofissional da Justiça da Infância e da Juventude, que apresentará relatório à autoridade judiciária, considerando inclusive os eventuais efeitos do estado gestacional e puerperal.

Nesse contexto, o ECA também prevê que a Justiça da Infância e da Juventude e seus auxiliares técnicos devem fornecer subsídios por escrito, mediante laudos, ou verbalmente, na audiência, e bem assim desenvolver trabalhos de aconselhamento, orientação, encaminhamento, prevenção e outros. Tudo isso para assegurar, novamente, que a mulher que entra e sai desse sistema possa ser considerada e cuidada. Isso de fato acontece? Não necessariamente; mas uma coisa é certa: esse cuidado do Estado com certeza inexiste na adoção à brasileira.

Muitas mulheres optam por não buscar as vias legais pois não sabem nem mesmo que a entrega de um filho para adoção não é equivalente a abandono de menor. Outras optam por vias informais pelo medo e sentimento de subalternidade e desconfiança da justiça (Martins, 2018, p. 105). No Brasil, a adoção de recém-nascidos com determinadas características não é fácil, e, em razão disso, a adoção à brasileira se torna uma opção procurada pelos casais que não desejam esperar na fila.

A própria estrutura da relação entre as partes – casal que pretende adotar e mãe que se vê na situação de não poder criar um filho – impõe um perfil necessário às partes no que se refere, ao menos, à situação econômica, o que no Brasil cruza com muitos outros fatores que influenciam na marginalização de uma mulher. O nível da informalidade na adoção é diretamente proporcional à vulnerabilidade da mulher.

Porque a assimetria de poder (aquisitivo, de informação, entre outros) entre as partes é inerente a esse tipo de relação, ao menos no Brasil, as regras para a adoção devem ser estritamente observadas. Essas regras têm o papel de mediar uma relação desigual, protegendo de alguma forma a parte mais fraca.

Podemos entender que a parte fraca na situação de adoção é a criança, mas as diversas desigualdades existentes no Brasil e a forma como a maternidade se estrutura nesse cenário impõem que se olhe a mulher que se encontra na situação da adoção também como alguém que precisa de apoio.

No contexto da informalidade, temos, de um lado, ainda mais do que na adoção legal, uma possibilidade muito limitada de livre-arbítrio para a mulher. De outro lado, tem-se, em geral, um casal que sabe que o que está fazendo é ilegal e se aproveita de uma falha no sistema – que tem impactos desproporcionais sobre a mulher grávida vulnerável – para adotar uma criança.

Dito isso, na situação em que uma mulher volta atrás desse tipo de adoção, sua vontade tem que ser levada em consideração. Como bem disse o juízo de primeiro grau, a manutenção da criança na casa do pai registral impõe um dano a ela e, a meu ver, impõe também um grave dano à mãe que reclama a guarda. A manutenção da criança na casa do pai registral perpetua o fortalecimento de um laço ainda incipiente – laço esse que só dificulta o processo de eventual retomada de guarda – com uma família que tirou a criança de sua mãe biológica de forma incompatível com o sistema jurídico, em grave prejuízo da mãe e filha. Perpetua também, de forma reflexa, um sistema ilegal que se apoia na vulnerabilidade de mulheres marginalizadas pelo Estado.

No Brasil, infelizmente, a adoção é vista como uma questão que envolve apenas a criança. É como se ela tivesse sido entregue por uma cegonha, sendo completamente relevado o fato de que a criança vem sempre de uma mulher e que, portanto, a adoção faz parte de um todo muito mais complexo que envolve direitos reprodutivos e a maternidade, muitas vezes, desamparada.

O princípio do melhor interesse do menor não pode ser aplicado de forma alheia a esse contexto. O próprio STJ tem um entendimento de que a aplicação do princípio deve ser casuística, atentando à situação concreta da criança. Eu proponho que a relação da criança com a mãe deve fazer parte do contexto "caso a caso" levado em consideração pelo STJ em sua aplicação.

Em vista disso, devem prevalecer a mãe e o seu arrependimento, ao menos em casos nos quais exista forte indício de adoção à brasileira, em que não há nenhum tipo de acompanhamento do Estado e de avaliação psicossocial da autora. Retomando as decisões dos juízos inferiores, que analisaram todas as particularidades do caso em apreço por estarem mais próximos dos fatos, concluiu-se pela presença de fortes indícios de adoção à brasileira.

O problema da prática da adoção irregular não é, portanto, o mero desrespeito às regras processuais ou aos casais que se encontram na fila de adoção – o que, no entendimento do STJ, deve ser sopesado com o interesse do menor –, mas o prejuízo e o abuso da mulher vulnerável. As regras processuais da adoção servem também para garantir alguma autonomia real à mulher vulnerável que deseja dar seu filho para adoção. Nesse sentido, entendo que esta decisão não privilegia a mãe em detrimento da criança, mas sim a criança em conjunto com a mãe.

Ante o exposto, concedo o *habeas corpus* de ofício, determinando a entrega imediata da menor para a mãe biológica. Apesar de, como disse o juizado de primeira instância, o fato de a mãe ter entregue a filha para adoção indicar que ela não tem condições para criá-la, ela está pedindo a criança de volta, e o desejo e o julgamento de sua própria situação devem ser levados em consideração. É imperativo que julgamentos sobre a mulher e sobre ideias sociais sobre a maternidade destacados da realidade cedam lugar ao respeito pela mulher. Uma mulher que entrega o filho para adoção em um momento de desespero não é uma mãe negligente. É uma mãe que se preocupa com o seu filho em uma situação adversa. A possibilidade de concessão do *habeas corpus* de ofício em casos como este se fundamenta na primazia do interesse do menor, que é o que está em jogo aqui.[7]

Referências

Appleby, Gabrielle; Dixon, Rosalind (ed.). *The Critical Judgments Project. Re-reading Monis v The Queen.* Alexandria (NSW): Federation Press, 2016.

[7] HC n. 487.812/CE, rel. Min. Paulo de Tarso Sanseverino, *DJe* 01.03.2019; HC 404.545/CE, rel. Min. Ricardo Villas Bôas Cueva, *DJe* 29.08.2017; HC 298.009/SP, rel. Min. Nancy Andrighi, *DJe* 4.9.2014; HC 294.729/SP, rel. Min. Sidnei Beneti, *DJe* 29.08.2014.

BARTLETT, Kate T. Feminist Legal Methods. *Harvard Law Review*, v. 103, p. 829-888, 1990.

CONSELHO NACIONAL DE JUSTIÇA (CNJ). *Censo Escolar 2013*. Disponível em: https://www.cnj.jus.br/programa-pai-presente-completa-cinco-anos-e-se-consolida-no-pais/. Acesso em: 12 ago. 2020.

CRAWFORD, Bridget; INFANTI, Anthony. *Feminist Judgments. Rewritten Tax Opinions*. Cambridge: CUP, 2018.

CRENSHAW, Kimberlé. Mapping the Margins: Intersectionality, Identity Politics, and Violence against Women of Color. *Stanford Law Review*, v. 43, n. 6, p. 1241-1299, jul. 1991.

DOUGLAS, Heather *et al.* (ed.). *Australian Feminist Judgments*. London: Hart, 2017.

ENDRIGHT, Máiréad; MCCANDLESS, Julie; O'DONOGHUE, Aoife (ed.). *Northern / Irish Feminist Judgments*: Judges' Troubles and the Gendered Politics of Identity. London: Hart, 2017.

FOLHA DE SÃO PAULO. Uma mulher vai à Justiça a cada três dias para entregar bebê a adoção. *Folha de S.Paulo*, 21. jun. 2018. Disponível em: https://www1.folha.uol.com.br/cotidiano/2018/06/uma-mulher-vai-a-justica-a-cada-tres-dias-para-entregar-bebe-a-adocao.shtml. Acesso em: 12 ago. 2020.

HODSON, Loveday; LAVERS, Troy (ed.). *Feminist Judgments in International Law*. London: Hart, 2019.

HUNTER, Rosemary *et al.* (ed.). *Feminist Judgments. From Theory to Praxis*. London: Hart, 2010.

MACDONALD, Elisabeth *et al.* (ed.). *Feminist Judgments of Aotearoa New Zealand. Te Rino*: A Two-Stranded Rope. London: Hart, 2017.

MACKINNON, Catharine A. *Toward a Feminist Theory Of The State*. Cambridge (Mass.): Harvard University Press, 1989.

MARTINS, Juliana. *Mulheres de maternidade interrompida*. São Paulo: Com-Arte, 2018.

PENTEADO, Taís. Uma leitura crítica da ADPF 54 a partir de perspectivas feministas. Artigo não publicado, elaborado no âmbito do programa de iniciação científica da FGV Direito SP. 2016. Disponível em: https://pibic.fgv.br/relatorios/uma-leitura-critica-da-adpf-54-partir-de-perspectivas-feministas. Acesso em: 12 ago. 2020.

SMITH, Patricia. Feminist Jurisprudence. *In*: PETTERSON, Dennis (ed.). *A Companion to Philosophy of Law and Legal Theory*. Wiley-Blackwell, 2010.

STANCHI, Kathryn *et al.* (ed.). *Feminist Judgments. Rewritten Opinions of the United States Supreme Court*. Cambridge: CUP, 2016.

SUPERIOR TRIBUNAL DE JUSTIÇA (STJ). *Habeas Corpus nº* 503.125/SP. Rel. Min Ricardo Villas Bôas Cueva. Terceira Turma. *DJe* 21.05.2019. Disponível em: https://ww2.stj.jus.br/processo/revista/inteiroteor/?num_registro=201900994189&dt_publicacao=29/05/2019. Acesso em: 12 ago. 2020.

Capítulo 7
Uma Análise Feminista do Abandono Afetivo no Superior Tribunal de Justiça[1]

FLAVIA PORTELLA PÜSCHEL

Introdução

Em 2005, o Superior Tribunal de Justiça (STJ) julgou seu primeiro caso do que se convencionou chamar de responsabilidade civil por abandono afetivo (BRASIL, 2005). Trata-se da responsabilidade pelos danos morais decorrentes da ausência do genitor e da falta de apoio psicológico e moral de sua parte durante o desenvolvimento dos filhos. Distingue-se da responsabilização pela falta de apoio material, e pode, por isso, ser imputada mesmo a genitores que tenham regularmente contribuído para o sustento da prole.

[1] Originalmente publicado como: A Feminist Analysis of Emotional Child Neglect Cases from the Brazilian Superior Court of Justice. *Revista Direito GV*, v. 16, n. 1, p. 1-21, 2020. A autora gostaria de agradecer a Camila de Jesus Mello Gonçalves e à Escola Paulista da Magistratura, pelo convite para apresentar palestra sobre o tema da análise feminista do abandono afetivo, origem deste artigo. Agradecimentos são devidos também a Catarina Helena Cortada Barbieri e aos pareceristas anônimos da *Revista Direito GV*, pela leitura cuidadosa e críticas que resultaram no aperfeiçoamento do trabalho, e a Ricardo Savignani Álvares Leite, por seu auxílio na formatação do texto. Finalmente, gostaria de registrar a importância que teve na minha volta ao trabalho acadêmico o fato de que Fernando Carvalho de Paula Côrtes assumiu o papel de principal cuidador de nossa filha durante seus primeiros anos de vida.

Trata-se de tema que suscitou grande controvérsia, tanto doutrinária[2] quanto jurisprudencial. No próprio STJ, a partir de 2005, formaram-se posições distintas, culminando com o julgamento de embargos de divergência sobre a questão em 2014.

Neste capítulo, serão analisadas as diferentes posições defendidas pelos ministros do STJ, a partir de uma perspectiva feminista do direito, isto é, por meio da aplicação de método de análise do direito que reflete:

> o status das mulheres como "*outsiders*", que precisam de meios para desafiar e gradualmente vencer convenções jurídicas dominantes e para desenvolver convenções alternativas, que melhor deem conta das experiências e necessidades das mulheres. (Bartlett, 1990, p. 831, tradução nossa)

O propósito das teorias feministas do direito, como a que empregamos aqui, é contribuir para que a força do direito seja usada na construção da *igualdade* de gênero, em vez de contribuir para a perpetuação de padrões de subordinação patriarcais (Chamallas, 2003, p. 22).[3]

Entre os diferentes métodos empregados na pesquisa feminista do direito, este trabalho filia-se à linha de investigação – ainda pouco explorada nas reflexões sobre direito privado no Brasil – que busca tornar explícitos vieses machistas implícitos em conceitos e *standards* aparentemente neutros[4] (Chamallas, 2003, p. 6).

Nesse contexto, viés indica não apenas práticas voltadas intencionalmente a prejudicar as mulheres, mas também aquelas cujos impactos ou efeitos negativos sobre as mulheres não são intencionais (Chamallas, 2003, p. 7).

[2] O debate doutrinário não é objeto deste trabalho, de modo que não trataremos das posições encontradas na literatura. Para um panorama das discussões, ver, entre outros: Hironaka (2006, p. 131-149), Madaleno (2006, p. 151-169), Moraes (2006, p. 171-20), Pereira (2015, p. 399-410) e Schreiber (2015, p. 32-49).

[3] Nesse sentido, um trabalho de análise crítica, como a análise feminista do direito, participa do projeto mais amplo de "refletir sobre os *efeitos da dogmática e das decisões jurisdicionais sobre a repartição de poder e de recursos sociais*", identificando espaços de arbítrio e propondo reformas institucionais (Rodriguez, 2012a, p. 12-13, grifos no original).

[4] Trata-se do método muitas vezes referido pela expressão "asking the woman question", na literatura de língua inglesa (Chamallas, 2003, p. 7; Bartlett, 1990, p. 837-849).

Entre tais práticas não intencionais incluem-se tratamento discriminatório em virtude de insensibilidade, falta de empatia, uso de estereótipos ou hostilidade às mulheres. Estão incluídas também práticas que tenham um efeito negativo desproporcional sobre as mulheres como grupo, sem justificativa legítima. Finalmente, a noção de viés engloba também a desvalorização de interesses, atividades, danos, etc., socialmente associados às mulheres (Chamallas e Wriggins, 2010, p. 24).

Como se percebe, nesta análise não nos alinhamos a nenhuma escola específica de pensamento feminista. Seguimos a proposta de Martha Chamallas no sentido de adotar, a partir das várias perspectivas feministas, uma série de critérios para identificar situações de injustiça baseada em gênero (Chamallas, 2013, p. 27).

Entre esses critérios destacam-se o tratamento diferenciado injustificado, a contribuição para o aumento ou a manutenção da diferença de poder entre homens e mulheres na sociedade e a desvalorização de atividades socialmente associadas às mulheres (Chamallas, 2013, p. 28-29).

Para identificar vieses machistas implícitos, não se pode limitar a análise à igualdade apenas formal, portanto. É preciso examinar os efeitos reais que o direito tem sobre as mulheres como grupo (Chamallas, 2003, p. 6).

Nesse processo, é preciso levar em conta que até conceitos jurídicos incontroversos podem ser prejudiciais às mulheres, uma vez que a estruturação dos institutos jurídicos de modo que reflitam o ponto de vista de quem tem poder tende, justamente, a ser invisível (Chamallas, 2003, p. 7-8).

Isso se explica na medida em que o direito pressupõe uma ideia de pessoa neutra sob a perspectiva de gênero, mas em um contexto no qual as normas são, de fato, criadas por homens, do ponto de vista masculino, com base nas experiências de vida masculinas, sem levar em conta, portanto, as experiências femininas a partir do olhar das próprias mulheres (MacKinnon, 1989, p. 88). Como afirma Catharine MacKinnon (1989, p. 88), o gênero é invisível no direito por não ser um fator relevante de distinção dos homens entre si.

Segundo Martha Chamallas (2003, p. 7-8, tradução nossa):

> *Standards* machistas derivam sua força do fato de serem aceitos de modo acrítico como universais por natureza. Desafiá-los é particular-

mente difícil uma vez que adquiram legitimidade como um modo "objetivo" de categorizar atividades e o trabalho das pessoas.

Consideramos que a análise feminista do direito pode ser vista como manifestação de uma compreensão crítica da racionalidade jurídica, segundo a qual "o papel da dogmática [jurídica] na justificação das decisões jurisdicionais em um Estado Democrático de Direito [...], ou seja, sua função, é a de traduzir para o direito o princípio político da igualdade perante a lei [...]" (Rodriguez, 2012a, p. 9).

Nesse sentido, a dogmática jurídica é um instrumento não apenas de decisão (e garantia de segurança jurídica), mas de *legitimação* das decisões, o qual opera por um processo contínuo de sistematização e ressistematização do direito, a partir da tradição anterior, para dar conta de novos conflitos sociais (Rodriguez, 2012b, p. 22-24).

Tal processo de desenvolvimento da dogmática jurídica consiste, fundamentalmente, em uma prática de disputa social pelo sentido das normas jurídicas, a qual se dá tanto dentro das instituições jurisdicionais quanto fora delas, por meio do debate doutrinário especializado e na esfera pública em geral (Rodriguez, 2012a, p. 10-11).[5]

Diante disso, percebe-se que eventuais vieses de gênero entram na responsabilidade civil – e demais institutos jurídicos – por meio do próprio processo de seu desenvolvimento conceitual (Chamallas, 2013, p. 205).

Testaremos essa hipótese no caso do desenvolvimento da responsabilidade civil por abandono afetivo no STJ. Trata-se de caso interessante para este trabalho por três razões. A primeira delas é que existe claramente uma divisão por gênero quando se trata de genitores que abandonam os filhos: na grande maioria dos casos, quem abandona é o pai, ficando a criança, normalmente, aos cuidados da mãe. Dados divulgados pelo Retrato das Desigualdades de Gênero e Raça (IPEA, s.d.) com base na Pesquisa Nacional por Amostra de Domicílios (PNAD), do Instituto Brasileiro de Geografia e Estatística (IBGE), mostram uma grande diferença entre o número de domicílios com mães solteiras e com pais solteiros. Em 2015, as famílias compostas por mulheres com filhos representavam 16,3% do total de famílias brasileiras, enquanto as famílias

[5] Avançando para um nível mais abstrato de análise, essa visão da dogmática jurídica relaciona-se ao caráter argumentativo do Direito, como defendido por Ronald Dworkin (1986) e Neil MacCormick (2005).

compostas por homens e filhos representavam apenas 2,2%. Ainda que não seja possível afirmar a partir desses dados que a razão da ausência do pai seja sempre o abandono (e não a viuvez, por exemplo), pode-se concluir que, qualquer que seja a razão da ausência do pai, é mais comum haver mulheres do que homens cuidando dos filhos sem a presença do outro genitor. Outro indício da dimensão do abandono paterno no Brasil é o número de crianças sem o nome do pai no registro de nascimento. Com base no censo escolar de 2011, realizado pelo Instituto Nacional de Estudos e Pesquisas Educacionais Anísio Teixeira (Inep), o Conselho Nacional de Justiça (CNJ) estimava em mais de 5 milhões o número de estudantes nessa situação (CNJ, 2015, p. 10).

A segunda razão é que não existe lei expressa sobre responsabilidade civil por abandono afetivo, de modo que as regras para o seu reconhecimento como dano indenizável foram criadas judicialmente, isto é, já no âmbito e por meio do debate jurídico-dogmático. Esse fato nos dá uma perspectiva privilegiada sobre como vieses cognitivos determinam o desenvolvimento de conceitos jurídicos (no caso, o conceito de dano indenizável).

Finalmente, as regras gerais da responsabilidade civil são aparentemente neutras, isto é, não levam expressamente em conta o gênero de nenhum dos envolvidos, situação em que vieses machistas tendem a tornar-se invisíveis.

Nos casos de abandono afetivo, a invisibilização da discriminação de gênero ocorre também porque as ações de responsabilidade civil envolvem pais e suas filhas ou filhos, de modo que muitas vezes tanto autor quanto réu são homens. Para enxergar a questão de gênero envolvida no conflito, é preciso ter em mente que a relação entre autor e réu nesse tipo de ação de responsabilidade civil nasce no âmbito de relações familiares[6] das quais participa também a mulher-mãe.[7]

[6] Trata-se aqui de famílias formadas a partir de casais heteroafetivos. A jurisprudência do STJ não inclui casos de abandono afetivo em famílias formadas a partir de casais homoafetivos e não temos dados sobre a ocorrência de abandono afetivo conforme a orientação sexual dos pais.

[7] O foco na família é relativamente recente na história da teoria feminista do direito, tendo ganhado relevância apenas a partir da década de 1990, com a terceira geração da teoria feminista do direito (Chamallas, 2013, p. 364). Martha Albertson Feinman (1993, p. 403, n. 33), autora norte-americana referência para a discussão sobre maternidade e família, refere que as próprias feministas desvalorizavam a família como objeto de estudo.

A família heteroafetiva no Brasil ainda é fortemente marcada pela atribuição de papéis com base em gênero, e à mulher cabe primordialmente o papel de cuidadora, tanto de filhos quanto de idosos e doentes, bem como a realização dos trabalhos domésticos. Além disso, o percentual de mulheres que exercem trabalho remunerado ainda é menor que o dos homens, havendo disparidade de remuneração em favor destes. Por fim, não se pode esquecer de que a maior parte das famílias em que a mulher cria os filhos sozinha vive abaixo da linha de pobreza.[8]

Em sua obra recente sobre as mudanças nas famílias brasileiras, na qual analisa o período que vai de 1976 a 2012, Nathalie Reis Itaboraí (2017, p. 214) aponta que dados revelam "uma tendência de mudança contínua, que ocorre em todas as classes [sociais], em direção a uma posição relativa melhor das mulheres em relação a seus companheiros". Ainda assim, a assimetria de poder entre homens e mulheres persiste. Segundo a mesma autora, certas dimensões da estratificação de gênero, especialmente as expectativas culturais sobre o caráter feminino das atribuições domésticas e de cuidados, são muito resistentes a mudanças e agem como limite para os processos de emancipação feminina (Itaboraí, 2017, p. 342).[9]

[8] Segundo dados da Pesquisa Nacional por Amostra de Domicílios Contínua 2017 (PNAD Contínua), do IBGE, naquele ano o número de horas semanais que as mulheres dedicavam aos trabalhos domésticos era aproximadamente o dobro do dos homens (Renaux, 2018a). Com relação à disparidade de remuneração, segundo dados da PNAD Contínua relativos ao quarto trimestre de 2018, as mulheres ganham em média 20,5% menos que os homens. Além de ganharem um valor menor por hora trabalhada, as mulheres trabalham menos horas, o que está relacionado ao tempo que dedicam às tarefas domésticas e cuidados com pessoas (Paradella, 2019). De acordo com a Síntese de Indicadores Sociais do IBGE, divulgada em 2018, 56,9% dos moradores de domicílios onde vivem mulheres sem cônjuges e com filhos de até 14 anos vivem abaixo da linha de pobreza, com renda de até R$ 406,00 mensais. Em comparação, para moradores de domicílios onde vivem casais com filhos, o percentual é de 30,4% (Renaux, 2018b).

[9] Os obstáculos são especialmente graves para mulheres de classes sociais baixas, as quais, além de terem menos oportunidades de trabalho, tendem a ter maior carga de trabalho doméstico e menos alternativas para externalizar as tarefas domésticas (Itaboraí, 2017, p. 342). Além da classe social, os dados da Síntese de Indicadores Sociais do IBGE, divulgada em 2018, indicam que raça é também um componente importante na definição do impacto das atribuições domésticas e de cuidados. Assim é que 64,4% dos moradores de domicílios onde vivem mulheres sem cônjuges e com filhos de até 14 anos vivem abaixo da linha da pobreza, quando a mulher é preta ou parda. Em comparação, o percentual para domicílios onde vivem mulheres brancas sem cônjuges e com filhos de até 14 anos é de 41,5%.

Fica evidente, portanto, que a carga de trabalhos domésticos e de cuidados com filhos tem grande impacto sobre a situação econômica das mulheres e, consequentemente, sobre as possibilidades de se atingir a igualdade de gênero prevista constitucionalmente. A situação é especialmente grave no caso de mulheres que cuidam de filhos sozinhas, como é o caso das famílias envolvidas nas ações de responsabilidade civil por abandono afetivo.

A relação relevante para nossa análise não é, portanto, simplesmente aquela entre o réu, homem-pai, e sua filha ou filho, mas, sobretudo, a relação entre homem-pai e mulher-mãe, construída a partir das relações familiares, a qual tem influência sobre a decisão dos ministros, apesar de a mulher-mãe não integrar o processo judicial.

Começaremos a análise com a descrição dos casos e das decisões do tribunal, desde a primeira vez em que a questão se apresentou até a decisão dos embargos de divergência. Em seguida, faremos a análise das diferentes posições defendidas pelos ministros, tendo em vista seu viés machista, seguida das conclusões acerca da hipótese levantada.

Antes disso, no entanto, é preciso fazer alguns esclarecimentos. A análise feminista do direito já foi criticada por defender normas que favorecem as mulheres pelo simples fato de favorecerem as mulheres (Schwartz, 2001, p. 201). Não é essa a proposta deste texto, independentemente de ser a crítica cabível ou não. O que nos interessa são as normas que tratam as mulheres de modo desfavorável sem justificativa adequada, contrariando, portanto, o princípio constitucional da igualdade entre mulheres e homens (art. 5º, I, da Constituição Federal [CF]) e a proibição de discriminação (art. 3º, IV, da CF).

Em segundo lugar, é preciso deixar claro desde logo que este trabalho não faz nenhuma afirmação quantitativa, isto é, sobre a prevalência de vieses de gênero na jurisprudência ou no direito privado em geral.[10] Nosso objetivo é demonstrar que a discriminação das mulheres por

Como se disse, o percentual geral é de 56,9% dos moradores de domicílios onde vivem mulheres sem cônjuges e com filhos de até 14 anos e de 30,4% para moradores de domicílios onde vivem casais com filhos (Renaux, 2018b).

[10] É preciso dizer, no entanto, que, uma vez que o direito seja criado por homens, do ponto de vista masculino sobre as experiências masculinas, sem levar em conta as experiências femininas do ponto de vista feminino (MacKinnon, 1989, p. 88), a tendência é que a presença de vieses de gênero não seja pontual, mas pervasiva e sistêmica.

meio do desenvolvimento enviesado de conceitos jurídico-dogmáticos é uma realidade observável no direito brasileiro.

1. As decisões do STJ

O primeiro caso de responsabilidade civil por abandono afetivo a ser julgado pelo STJ foi o Recurso Especial (REsp) n. 757.411 (Brasil, 2005). Trata-se de ação de responsabilidade civil proposta por um filho contra seu pai, pleiteando reparação por danos morais em virtude de que, desde o divórcio dos pais e do nascimento da filha do pai com sua segunda mulher, este passou a evitar o contato com o filho, deixando de prover-lhe assistência psíquica e moral, ainda que tenha cumprido sua obrigação de prestar alimentos. O filho alega não ter tido oportunidade de conhecer e conviver com a meia-irmã, ter sido ignorado em suas tentativas de aproximação e não ter podido contar com a presença do pai em momentos importantes de sua vida, o que lhe teria causado extremo sofrimento e humilhação (Brasil, 2005, p. 2).

O pai, por sua vez, alega que a demanda seria consequência do inconformismo da ex-mulher e mãe do autor da ação, pelo fato de haver proposto uma ação revisional de alimentos com o objetivo de reduzir a verba alimentar. Além disso, alega que foram as atitudes da ex-mulher – telefonemas insultuosos e instruções para que o filho agredisse a meia-irmã – a causa de seu afastamento, pois "tornaram a situação doméstica durante o convívio quinzenal insuportável" (Brasil, 2005, p. 2).

Além disso, o pai alega ter viajado muito, tanto pelo Brasil quanto para o exterior, o que também comprometeu a regularidade de seus encontros, mas que ofereceu incentivo ao filho por contato telefônico (Brasil, 2005, p. 2-3).

A ação foi julgada improcedente em primeira instância. Interposta apelação, o Tribunal de Alçada do Estado de Minas Gerais deu provimento ao recurso, condenando o pai a pagar indenização por danos morais no valor de R$ 44.000,00. Diante disso, o pai interpôs o recurso especial (Brasil, 2005, p. 3-4).

A Quarta Turma do STJ deu provimento ao recurso, por maioria, negando a reparação, em 29 de novembro de 2005. Ficou vencido o Ministro Barros Monteiro, que não conhecia do recurso (Brasil, 2005, p. 1).

A Quarta Turma do STJ julgou outro caso de responsabilidade civil por abandono afetivo em 2009. Trata-se do REsp n. 514.350 (Brasil,

2009a). Entre o primeiro e o segundo julgamentos, houve grande alteração na composição da Quarta Turma, com a substituição de três ministros. Apenas o Ministro Aldir Passarinho Jr. participou dos dois julgamentos, tendo sido relator do acórdão de 2009. Apesar da alteração em sua composição, a Quarta Turma manteve seu entendimento anterior, dessa vez por unanimidade,[11] com os mesmos fundamentos da decisão de 2005 (Brasil, 2009a, p. 10).

Em 2012, houve o primeiro julgamento da questão pela Terceira Turma do STJ, no REsp n. 1.159.242 (Brasil, 2012). Tratava-se de ação de responsabilidade civil proposta por uma filha contra seu pai, com o fim de obter reparação por danos materiais e morais decorrentes de abandono tanto material quanto moral durante sua infância e juventude. A ação foi julgada improcedente em primeira instância. A filha interpôs apelação, à qual deu provimento o Tribunal de Justiça de São Paulo (TJSP), sendo fixado valor de R$ 415.000,00 a título de reparação por danos morais. Inconformado, o pai interpôs recurso especial, alegando que não abandonou a filha e que, ainda que o tivesse feito, tal fato não constituiria ilícito civil, sendo a única sanção possível a perda do poder familiar. Além disso, fez referência à jurisprudência da Quarta Turma, no sentido da impossibilidade da compensação por abandono afetivo (Brasil, 2012, p. 3-4).

A Terceira Turma decidiu, por maioria, dar provimento parcial ao recurso, reconhecendo o direito à reparação por abandono afetivo, mas diminuindo o valor da condenação para R$ 200.000,00. Foi vencido o Ministro Massami Uyeda, que dava provimento ao recurso (Brasil, 2012, p. 14, 49).

Diante do provimento apenas parcial de seu recurso especial, o pai opôs embargos de divergência (Brasil, 2014) com base na diferença de entendimento sobre a reparabilidade dos danos por abandono afetivo nas Terceira e Quarta Turmas do STJ. Foram citadas como paradigmas as decisões dos REsps n. 514.350 e n. 757.411, mencionadas anteriormente (Brasil, 2014, p. 4).

Em 2014, a Segunda Seção do STJ decidiu, por maioria, não conhecer dos embargos de divergência. Foram vencidos na preliminar os Minis-

[11] Apenas o relator, Ministro Aldir Passarinho Jr., consignou seu voto, tendo sido acompanhado pelos demais.

tros Marco Buzzi (Relator),[12] Nancy Andrighi, Sidnei Beneti e Paulo de Tarso Sanseverino (Brasil, 2014, p. 8-40). Prevaleceu o entendimento de que não havia divergência entre as turmas porque a decisão da Terceira Turma representava apenas uma exceção à regra de irreparabilidade definida pela Quarta Turma.

Em suma, o resultado dos debates no STJ foi o estabelecimento da *irreparabilidade* dos danos morais por abandono afetivo como regra e a possibilidade de sua reparação como *exceção*.[13]

2. Viés machista na argumentação

Vários dos argumentos apresentados nas decisões dos quatro primeiros casos de responsabilidade civil por abandono afetivo no STJ apresentam um viés machista, mesmo em votos favoráveis à reparação desse tipo de dano.

Vamos organizar a análise pelo teor dos argumentos, indicando os acórdãos em que aparecem.

2.1. A reparação é desnecessária

Uma primeira razão invocada para negar a reparação dos danos morais por abandono afetivo é ser ela desnecessária, uma vez que todas as finalidades que poderiam justificá-la já seriam cumpridas por outros institutos (Brasil, 2005, p. 9). Tais funções seriam: a punição, a dissuasão e a reparação (Brasil, 2005, p. 7-9).

Com relação à punição e à dissuasão, afirma o Ministro Fernando Gonçalves:

> No caso de abandono ou do descumprimento injustificado do dever de sustento, **guarda e educação** dos filhos [...] a legislação prevê como

[12] O relator, Ministro Marco Buzzi, chegou a votar em relação ao mérito, reconhecendo a reparabilidade dos danos morais decorrentes de abandono afetivo (Brasil, 2014, p. 8-40).

[13] No entanto, essa solução apresenta problemas. Conforme Püschel e Aquino (2019, p. 198), "os argumentos trazidos pela 3ª Turma para admitir a responsabilidade civil por abandono afetivo em determinadas circunstâncias não estabelecem uma exceção à regra defendida pela 4ª Turma, mas referem-se a regra diversa. Considerar a decisão da 3ª Turma como exceção à regra estabelecida anteriormente pela 4ª Turma seria admitir uma contradição lógica". Além disso, ao não julgar o mérito dos embargos de divergência, a Segunda Seção do STJ deixou de estabelecer os requisitos para o reconhecimento da exceção proclamada (Püschel e Aquino, 2019, p. 201).

> punição a perda do poder familiar [...] tanto no Estatuto da Criança e do Adolescente, art. 24, quanto no Código Civil, art. 1638, inciso II. Assim, o ordenamento jurídico, com a determinação da perda do poder familiar, a mais grave pena civil a ser imputada a um pai, já se encarrega da função punitiva e, principalmente, dissuasória, mostrando eficientemente aos indivíduos que o Direito e a sociedade não se compadecem com a conduta do abandono, com o que cai por terra a justificativa mais pungente dos que defendem a indenização pelo abandono moral. (Brasil, 2005, p. 7-8, grifos no original)

Com relação ao objetivo de reparação material, este tampouco justificaria a responsabilização, uma vez que tal finalidade é cumprida pelo pagamento de pensão alimentícia (Brasil, 2005, p. 9).

Com esse argumento, faz-se uma total inversão da sanção de perda do poder familiar, a qual é fundamentalmente um meio de proteção do menor, e não uma punição para o pai faltoso (Dias, 2011, p. 434; Lobo, 2018, p. 309).

Como poderia a perda do poder familiar ser considerada uma punição pelo não cumprimento dos poderes-deveres paternos se o que tal sanção estabelece é *justamente* a perda de tais poderes-deveres? Teríamos uma conduta punida com o seu equivalente: o afastamento do pai seria punido com o afastamento do pai, o que não faz sentido, nem sequer do ponto de vista lógico.[14]

Além disso, é difícil imaginar que a confirmação como legítimo daquilo que um sujeito já desejava (o afastamento em relação ao filho) pode ter efeito dissuasório. A dissuasão depende de que as pessoas temam a aplicação da sanção e deixem, por isso, de praticar o ato ilícito (Püschel, 2011, p. 169). Evidentemente, não é possível acreditar que um pai que pretende abandonar seu filho tenha medo da sanção de perda do poder familiar. Essa é "a mais grave pena civil a ser imputada a um pai" (Brasil, 2005, p. 8) apenas quando o pai *não* queira abrir mão de seus deveres em relação ao filho.

Finalmente, no que se refere à reparação material, a pensão não tem caráter reparatório, mas *alimentar*, e decorre, nesse caso, da relação de filiação, e não da prática de um ato ilícito (Dias, 2011, p. 513).

[14] Nesse sentido, manifesta-se o Ministro Sidnei Beneti (BRASIL, 2012, p. 34-35).

Nesse caso, o argumento pode ser considerado machista na medida em que, ao recusar sanção jurídica ao pai faltoso, protege os homens que abandonam a prole, reforçando a diferença de poder entre homens e mulheres já observada na sociedade, ao sobrecarregar a mulher-mãe com os cuidados dos filhos. Além disso, minimiza a importância do cuidado com a prole, desvalorizando uma atividade socialmente considerada feminina.

2.2. Aplicação exclusiva do direito de família

Relacionada ao argumento anterior, há a noção de que as regras de responsabilidade civil não se aplicam às relações familiares, defendida pelos Ministros Aldir Passarinho Jr. e Cesar Asfor Rocha. Esse último a justifica afirmando que "o Direito de Família tem princípios próprios que não podem receber influências de outros princípios que são atinentes exclusivamente ou – no mínimo – mais fortemente a outras ramificações do Direito" (Brasil, 2005, p. 14).

Uma versão atenuada desse mesmo argumento é defendida pelo Ministro Paulo de Tarso Sanseverino, em voto no qual se manifesta favoravelmente à reparação por dano moral em matéria de família, mas apenas em casos excepcionalíssimos e extremos "de efetivo excesso nas relações familiares" (Brasil, 2012, p. 41). Razão para isso seria que:

> Pela própria natureza delicada dos relacionamentos familiares, a responsabilidade civil no Direito de Família não pode ser equiparada à responsabilidade civil extracontratual em geral, sob pena de se exigir, no trato familiar diário, uma cautela incompatível com as relações que se firmam no âmbito da família, além de se conduzir a uma indesejável patrimonialização das relações pessoais, justamente em seu viés mais íntimo. (Brasil, 2012, p. 41)

A família pode ser um ambiente de proteção para alguns e de sofrimento para outros. Excluir as relações familiares das sanções pela prática de ilícitos equivale, portanto, a preservar as diferenças de poder existentes nas relações familiares, prejudicando seus membros mais vulneráveis.

Os dados sobre violência doméstica mostram a hierarquia nas relações familiares e não deixam dúvidas de que a exclusão das sanções por ilícitos praticados no âmbito familiar tem efeitos distintos conforme o gênero, prejudicando especialmente as mulheres em comparação aos homens. O *Mapa da Violência 2015: Homicídio de mulheres*, por exemplo, indica que mulheres estão mais sujeitas a sofrer violência em seu próprio domicílio, enquanto homens sofrem mais violência na rua e que agressões contra mulheres são mais frequentemente praticadas por pessoas conhecidas da vítima, enquanto homens são mais frequentemente agredidos por desconhecidos (Waiselfisz, 2015, p. 74).[15]

A casa e a família não constituem um ambiente de igualdade entre homens e mulheres, de modo que excluir as sanções da responsabilidade civil das relações familiares tem o efeito de desfavorecer o grupo das mulheres, contribuindo para a preservação da desigualdade.

2.3. A reparação atende aos interesses do companheiro preterido

Conforme esse argumento, atribuir responsabilidade ao genitor que abandonou o filho poderia servir como modo de satisfazer interesses do outro genitor, tanto pessoais quanto econômicos.

Segundo o Ministro Fernando Gonçalves:

> É preciso levar em conta que, muitas vezes, aquele que fica com a guarda isolada da criança transfere a ela os sentimentos de ódio e vingança nutridos contra o ex-companheiro, sem olvidar ainda a questão de que a indenização pode não atender exatamente o sofrimento do menor, mas também a ambição financeira daquele que foi preterido no relacionamento amoroso. (Brasil, 2005, p. 8)

Apesar da linguagem aparentemente neutra, é possível perceber o efeito de estereótipos de gênero nesse argumento. O ministro refere-se ao fato de ser comum o genitor "que fica com a guarda isolada da criança" transferir sentimentos de ódio e vingança contra o ex-companheiro e procurar satisfazer ambições financeiras suas, às custas do ex-companheiro.

O ministro não considera a possibilidade de que os sentimentos de ódio e vingança, assim como as ambições financeiras, sejam recíprocos ou partam do genitor que abandona o filho.

[15] No mesmo sentido conclui o estudo global do *United Nations Office on Drugs and Crime* (UNODC), de 2011, o que mostra tratar-se de situação bem documentada e, ademais, não restrita ao Brasil (UNODC, 2011, p. 58).

Considerando que, como dito, em geral são os pais que abandonam e as mães que ficam com a guarda, torna-se claro que o ministro se refere às mulheres-mães: *elas* é que tenderiam a transferir sentimentos de ódio e vingança aos filhos, além de terem o objetivo escuso de locupletar-se às custas do homem-pai.

Se levarmos em conta os conhecidos subterfúgios empregados por muitos homens-pais para diminuir o valor da pensão alimentícia ou excluir o filho indesejado de sua sucessão,[16] parece razoável supor que sentimentos de ódio e vingança, assim como a cobiça, tendem a ser, no mínimo, tão frequentes entre os genitores que abandonam quanto entre aqueles que ficam com a guarda isolada da criança, de modo que o argumento faz uma distinção arbitrária entre os genitores que abandonam e aqueles que ficam com os filhos, em desfavor desses últimos, os quais – como já se disse – são majoritariamente as mulheres-mães.

Quanto ao suposto objetivo de enriquecer às custas dos ex-companheiros, como mencionamos anteriormente, os dados sobre pobreza nos domicílios onde vivem uma mulher e filhos de até 14 anos apontam no sentido de que separações tendem a ter um impacto financeiro negativo desproporcional sobre as mulheres-mães em comparação com os homens-pais. Essa situação é reforçada pelo argumento em análise, formulado sem referência a nenhum aspecto específico dos casos julgados, nem consideração dos dados sobre a população, ou seja, com base apenas nos preconceitos dos julgadores.

2.4. É preciso preservar a possibilidade de reconstrução do relacionamento

Segundo esse argumento, a condenação do pai em ação de responsabilidade civil deve ser evitada, pois comprometeria a possibilidade de reconciliação entre pai e filho. Nas palavras do Ministro Fernando Gonçalves:

> Quem sabe admitindo a indenização por abandono moral não estaremos enterrando em definitivo a possibilidade de um pai, seja no pre-

[16] O caso julgado pela Terceira Turma em 2012 é, justamente, exemplo desse tipo de situação. No acórdão consta notícia de que o pai teria adquirido bens imóveis por simulação, em nome dos outros filhos (Brasil, 2012, p. 37-38). Trata-se de questão julgada pelo TJSP (Brasil, 2009b), o qual confirmou sentença declaratória de nulidade dos negócios jurídicos simulados em detrimento da filha indesejada.

> sente, seja perto da velhice, buscar o amparo do amor dos filhos [...]. Por certo um litígio entre as partes reduziria drasticamente a esperança do filho de se ver acolhido, ainda que tardiamente, pelo amor paterno. (Brasil, 2005, p. 9)

A proteção da família e o objetivo conciliatório ligado a essa ideia são argumentos encontrados em outras situações de discriminação contra a mulher.[17] Mais uma vez, é preciso ter em conta que a preservação da família significa nesse contexto a preservação da hierarquia de gênero nas relações familiares. Interessante no caso do Ministro Fernando Gonçalves é que a proteção parece ter em vista diretamente o interesse do pai, que porventura queira buscar o amparo do filho.

Uma variante desse argumento aparece no voto do Ministro Massami Uyeda, para quem o reconhecimento da responsabilidade por abandono afetivo pelo tribunal causaria o fim da tranquilidade, estabelecendo a "cizânia dentro da família" (Brasil, 2012, p. 16).

2.5. Impossibilidade de obrigar a amar

Segundo argumento defendido pelo Ministro Fernando Gonçalves, não pode haver responsabilidade por abandono afetivo porque o Direito não tem como obrigar alguém a amar (Brasil, 2005, p. 10).

Ao qualificar a questão nos termos da inexistência de um dever jurídico de amar, esse argumento reduz os deveres da paternidade ao provimento das necessidades materiais do filho, em sentido contrário à expressa previsão legal (art. 1.634, I, do Código Civil [CC]) e ao entendimento doutrinário dominante (Dias, 2011, p. 425; Lobo, 2018, p. 313).[18]

[17] Como exemplo pode-se citar a prática identificada no tratamento de casos de violência contra a mulher nos Juizados Especiais Criminais (Jecrim), em que "A percepção do juiz sobre o que é a família e sobre a importância do seu papel social" é que orientava as decisões, com as "formas esperadas no desempenho por homens e mulheres do script familiar" substituindo "a mulher como sujeito de direitos", situação essa muito criticada pelos movimentos feministas (Debert e Beraldo de Oliveira, 2007, p. 331-332). Segundo Marcella Beraldo de Oliveira (2008, p. 46), no Jecrim o foco estava "na realização da 'conciliação' rápida, preservando a família e suas hierarquias, reificando a relação de violência".

[18] A solução a essa questão dada pela Terceira Turma, com o reconhecimento de um dever de cuidado, ao contrário, concilia-se com a compreensão mais ampla dos deveres paternos, possibilitando a inclusão do dever de dirigir a criação e educação dos filhos, previsto no art. 1.634, I, do CC (Brasil, 2012).

Relaciona-se ao argumento da impossibilidade de obrigar a amar o repúdio à patrimonialização dos afetos, que se encontra no voto do Ministro Cesar Asfor Rocha (Brasil, 2005, p. 14).

Note-se, no entanto, que tal objeção poderia ser feita à responsabilidade por danos morais em geral, já que estes resultam da lesão a bens imateriais e – por definição – não têm valor pecuniário.[19] A questão geral foi superada pela previsão constitucional (art. 5º, V e X, da CF) e legal (art. 186 do CC) expressa da reparabilidade dos danos morais, de modo que faltou ao ministro fundamentar o tratamento diferenciado que dá a esse caso, sem o que temos uma diferenciação injustificada, a qual favorece os homens, na prática.

2.6. Abandono como fato da vida

Há ainda o argumento apresentado pelo Ministro Massami Uyeda, no sentido de que o abandono afetivo e suas consequências são fatos da vida (BRASIL, 2012, p. 16) e, como tais, não indenizáveis.

Segundo o ministro, qualquer filho pode sentir-se preterido em relação aos irmãos, situação que também poderia ocorrer entre cônjuges e nas relações familiares em geral, já que ninguém é perfeito (Brasil, 2012, p. 16). A vida, afirma o ministro, "é feita de perdas e ganhos, talvez até mais de perdas do que de ganhos", e – com a expressividade das manifestações orais – conclui: "Se abrirmos essa tese aqui, olha, como diria o pessoal, sai de baixo. Este Tribunal irá cuidar de mágoas" (Brasil, 2012, p. 25).

Aqui se tem, portanto, a desvalorização explícita do dano sofrido nas relações familiares. Tendo em vista a assimetria de poder dentro da família, isso equivale a privilegiar seus membros mais fortes em detrimento dos mais vulneráveis. Reforça-se a posição privilegiada do homem-pai em relação não apenas a filhas e filhos, mas também em relação à mulher-mãe.

Uma versão mitigada desse argumento é defendida pelo Ministro Paulo de Tarso Sanseverino em voto favorável à reparação por abandono afetivo apenas em situações excepcionalíssimas. Segundo o ministro, as

[19] De fato, trata-se de objeção que já se fez em relação à reparabilidade dos danos morais em geral (Melo da Silva, 1983, p. 360-367).

frustrações ocorridas no âmbito familiar contribuem para o crescimento do indivíduo,[20] sendo, em parte, próprias da vida e inevitáveis (Brasil, 2012, p. 41).

2.7. Corresponsabilidade materna

Finalmente, temos o argumento de que o valor da reparação deve ser reduzido proporcionalmente à contribuição do pai para o abandono afetivo do filho. O pressuposto é que a mãe seria corresponsável pelo abandono praticado pelo pai ao adotar conduta agressiva em relação a este. Não se cogita a possibilidade de o pai reagir à agressividade da parceira de outro modo que não pelo abandono (por exemplo, pedindo judicialmente a guarda do filho) ou de a agressividade da mãe ser provocada pelo próprio pai faltoso.[21]

O argumento da corresponsabilidade materna é especialmente interessante para nossa análise por duas razões. Em primeiro lugar, porque foi defendido pelos Ministros Sidnei Beneti e Paulo de Tarso Sanseverino em votos *favoráveis* à reparação dos danos decorrentes de abandono afetivo, ainda que apenas em casos excepcionais (Brasil, 2012, p. 36-37; 44). Isso mostra que o viés machista está na constituição da própria tese vencedora no STJ. Em segundo lugar, porque contraria norma legal expressa. Ainda que se considere que a mãe tenha contribuído para a prática do ilícito ao comportar-se de modo agressivo em relação ao pai, impedindo ou dificultando o acesso e a convivência com a criança, e que deveria, por isso, ser corresponsável pelos danos decorrentes do aban-

[20] Ainda que as adversidades sejam uma oportunidade para o crescimento do indivíduo, parece-nos que sua superação deve ser considerada mérito de quem as enfrentou, e não justificativa para a conduta de quem as causou.

[21] Em voto no qual reduz o valor da reparação com base na corresponsabilidade da mãe, o Ministro Sidnei Beneti o faz "em que pese a compreensão humana para com a situação da genitora, que, segundo os autos, teve, por oito anos, relacionamento pré-conjugal com o requerido, ora Recorrente, que veio a deixá-la grávida pouco antes do nascimento da filha autora, a qual só veio a ter a paternidade reconhecida por sentença judicial após longa resistência do genitor em duradouro processo" (Brasil, 2012, p. 37). Note-se também que, ao reduzir o valor da condenação à *metade* do valor concedido pela instância anterior, o Ministro Sidnei Beneti considera que a mãe contribuiu para o abandono *na mesma medida* que o pai (Brasil, 2012, p. 38).

dono paterno, a responsabilidade dos genitores seria solidária, em virtude do art. 942 do CC.[22]

Isso significa que a vítima do ilícito pode escolher contra quem propõe a ação de responsabilidade e que cada um dos corresponsáveis pode ser compelido a pagar a totalidade da indenização (art. 275 do CC), ficando com o direito de agir em regresso contra os demais corresponsáveis (art. 283 do CC).

Conforme texto legal expresso, o pai deveria, portanto, ser condenado a pagar a *totalidade* da reparação, podendo – se quisesse – cobrar da mãe de seu filho a parcela desse pagamento que correspondesse à participação dela na prática do ilícito.

Apesar disso, o Ministro Sidnei Beneti conclui ser "excessivo o valor fixado, porque não observada a proporcionalidade de ação e omissão do genitor, ora Recorrente, na causação do sofrimento moral à filha, ora Recorrida" (Brasil, 2012, p. 37). A regra de solidariedade não foi nem sequer considerada nesse caso.

À mulher-mãe é atribuída não apenas a sobrecarga de criar o filho sem a presença paterna, como ainda a responsabilidade civil pelas consequências negativas do abandono paterno. Como indicam os dados sobre pobreza no Brasil, o fato de ser mãe solteira, por si só, já representa uma desvantagem social considerável. A ideia da corresponsabilidade materna pelo abandono reforça a assimetria de poder entre os homens-pais e as mulheres-mães, não apenas na dimensão das condições materiais de vida, mas também na dimensão simbólica. Tendo em conta que o aspecto cultural da extratificação de gênero é dos mais persistentes, trata-se de questão de grande relevância para a conquista da igualdade entre homens e mulheres.

3. A existência de alternativas argumentativas

O viés machista desses argumentos torna-se mais evidente na medida em que é possível desenvolver argumentos jurídico-dogmáticos razoáveis que não impliquem o uso de estereótipos de gênero nem a desvalorização de interesses ou campos da experiência humana considerados femininos ou efeitos prejudiciais comparativamente maiores às mulheres.

[22] "Art. 942. Os bens do responsável pela ofensa ou violação do direito de outrem ficam sujeitos à reparação do dano causado; e, *se a ofensa tiver mais de um autor, todos responderão solidariamente pela reparação*" (grifo nosso).

No caso dos acórdãos do STJ sobre abandono afetivo em análise, tais posições alternativas foram, de fato, defendidas em ambas as turmas e desde a primeira decisão sobre o tema.

Na Quarta Turma, já em 2005, o Ministro Barros Monteiro, em voto vencido, manifestava-se no sentido de que a sanção de perda do poder familiar não exclui a responsabilização do genitor por dano moral (Brasil, 2005, p. 13).

Na Terceira Turma, temos o voto da Ministra Nancy Andrighi, que rebate expressamente o argumento da singularidade do direito de família ao afirmar que inexistem restrições legais à aplicação das regras de responsabilidade civil às relações familiares. Pelo contrário, afirma a ministra, os textos legais que tratam da responsabilidade civil o fazem de maneira "ampla e irrestrita, de onde é possível se inferir que regulam, inclusive, as relações nascidas dentro de um núcleo familiar, em suas diversas formas" (Brasil, 2012, p. 5-6).

A ministra responde também expressamente ao argumento de que a sanção de perda do poder familiar seria suficiente nesses casos, afirmando que a aplicação de tal sanção não pode excluir a reparação, "porque tem como objetivo primário resguardar a integridade do menor, ofertando-lhe, por outros meios, a criação e educação negada pelos genitores, e nunca compensar os prejuízos advindos do malcuidado recebido pelos filhos" (STJ, 2012, p. 6).

A Ministra Nancy Andrighi – assim como o Ministro Barros Monteiro antes dela (Brasil, 2005, p. 13) – estrutura seu argumento a partir dos elementos gerais da responsabilidade civil: ilicitude, culpa, dano e nexo causal (STJ, 2012, p. 6-14).

O aspecto mais polêmico da imputação por abandono afetivo é a ilicitude, isto é, a ocorrência de violação de dever jurídico. Quanto a isso, a Ministra Nancy Andrighi lembra que a relação entre pais e filhos não é apenas afetiva, mas também legal, e que:

> entre os deveres inerentes ao poder familiar, destacam-se o dever de convívio, de cuidado, de criação e educação dos filhos, vetores que, por óbvio, envolvem a necessária transmissão de atenção e o acompanhamento do desenvolvimento sociopsicológico da criança. (STJ, 2012, p. 7)

Assim, continua a ministra,

> ganha o debate contornos mais técnicos, **pois não se discute mais a mensuração do intangível – o amor – mas, sim, a verificação do cumprimento, descumprimento, ou parcial cumprimento, de uma obrigação legal: cuidar**. (STJ, 2012, p. 10, grifos no original)

Vê-se que a ministra responde ao argumento da impossibilidade de obrigar ao amor ao identificar o elemento da ilicitude na violação do dever jurídico de cuidado, concluindo a esse respeito que "amar é faculdade, cuidar é dever" (STJ, 2012, p. 11).

Conclusões

A análise do debate sobre a responsabilidade civil por abandono afetivo no STJ permite concluir que tanto na Terceira quanto na Quarta Turmas e durante todo o período em que se desenvolveu – do primeiro caso até o julgamento dos embargos de divergência sobre a questão – este envolveu argumentos com viés machista.

Vieses machistas estão presentes tanto em votos desfavoráveis quanto em votos favoráveis à reparação. Os vieses machistas se mostram pela desconsideração da tradição jurídico-dogmática e da doutrina especializada, bem como pela desconsideração do caráter ambivalente das relações familiares e suas estruturas hierárquicas, passando pela desvalorização expressa de interesses e experiências de vida femininas, pelo uso de estereótipos femininos negativos e por problemas de lógica argumentativa e interpretação sistemática do Direito, chegando até a desconsideração de norma legal expressa. O que se percebe é que o STJ não foi capaz de levar em conta o ponto de vista feminino e as circunstâncias concretas em que o abandono afetivo acontece hoje no Brasil, tampouco suas consequências para as mulheres-mães em famílias monoparentais.

O resultado é que o STJ desenvolveu o conceito de dano indenizável em um sentido que, apesar de aparentemente neutro, é fundado em razões discriminatórias e tem efeitos desproporcionalmente mais graves para as mulheres.

Evidentemente, não queremos dizer que a responsabilidade civil por abandono afetivo seja a solução para o problema da sobrecarga que o trabalho doméstico e de cuidado tem sobre as mulheres-mães em famílias monoparentais. Parece-nos que a responsabilidade civil não deve ser elemento central de uma política de igualdade de gênero, pelas próprias limitações do instituto.

A reparação civil depende de processo judicial, caro, demorado e de sucesso incerto. Além disso, para que a reparação ocorra de fato, é preciso que o pai tenha condições financeiras de pagá-la.

Levando em conta o fato de que o abandono leva à pobreza de grande parte dessas famílias, especialmente as chefiadas por mulheres negras, fica claro que se trata de alternativa disponível apenas para uma minoria de filhas, filhos e mães.

A emancipação das mulheres-mães que criam seus filhos em situação de abandono paterno depende de avanços em outros campos, especialmente de políticas públicas de apoio ao cuidado com crianças, idosos e doentes, de apoio ao trabalho feminino e de seguridade social (Itaboraí, 2017, p. 342).

Ainda assim, não se pode admitir que o desenvolvimento jurisprudencial da responsabilidade civil – ou de qualquer outro instituto jurídico – ocorra em sentido contrário à busca pela igualdade de gênero. As decisões do STJ, ao se basearem em argumentos com viés machista, reforçam a hierarquia de gênero existente e prejudicam a realização do objetivo constitucional de igualdade.

Nossa análise recomenda, portanto, uma investigação mais ampla sobre os vieses embutidos nos institutos jurídicos de direito privado, com objetivo de apresentar o problema de modo explícito para a reflexão democrática.

Os vieses de gênero implícitos em decisões judiciais levantam também a questão fundamental da permeabilidade dos tribunais às vozes femininas e, com isso, a questão da relação entre a dogmática jurídica e a estrutura institucional dos próprios tribunais e do sistema de justiça como um todo, desde a formação de bacharéis nas faculdades de Direito, passando pela estrutura do processo judicial e administrativo, até a estrutura de acesso, promoção, etc. nos órgãos jurisdicionais.

O fato de que no próprio STJ houve manifestações dissonantes, por outro lado, permite concluir este capítulo de modo otimista em relação ao potencial de a dogmática jurídica exercer um papel de promoção da igualdade, em vez de apenas reforçar a hierarquia entre os sexos, ainda muito presente na sociedade brasileira.

Referências

BARTLETT, Katharine T. Feminist Legal Methods. *Harvard Law Review*, v. 103, n. 4, p. 829-888, 1990.

BERALDO DE OLIVEIRA, Marcella. Da Delegacia de Defesa da Mulher ao Juizado Especial Criminal: significados da violência de gênero no fluxo processual. *In*: DEBERT, Guita Grin *et al. Gênero, família e gerações*: Juizado Especial Criminal e Tribunal do Júri. Campinas: Núcleo de Estudos de Gênero – Pagu/Unicamp, 2008. p. 15-49.

BRASIL. Superior Tribunal de Justiça. Recurso Especial n. 757.411. Quarta Turma. Relator: Min. Fernando Gonçalves. Julgado em 29.11.2005. Disponível em: https://ww2.stj.jus.br/processo/revista/documento/mediado/?componente=ITA&sequencial=595269&num_registro=200500854643&data=20060327&formato=HTML. Acesso em: 29 set. 2017.

BRASIL. Superior Tribunal de Justiça. Recurso Especial n. 514.350. Quarta Turma. Relator: Min. Aldir Passarinho Junior. Julgado em 28.04.2009a. Disponível em: https://ww2.stj.jus.br/processo/revista/documento/mediado/?componente=ITA&sequencial=877545&num_registro=200300209553&data=20090525&formato=HTML. Acesso em: 29 set. 2017.

BRASIL. Tribunal de Justiça do Estado de São Paulo. Apelação n. 3417874/2-00. Nona Câmara de Direito Privado. Relatora: Graciella Salzman. Julgado em 27.03.2009b. Disponível em: https://esaj.tjsp.jus.br/cjsg/getArquivo.do?conversationId=&cdAcordao=3595761&cdForo=0&uuidCaptcha=sajcaptcha_c75df96573144810b3cddaa0a02c7c30&vlCaptcha=pKj&novoVlCaptcha=. Acesso em: 1º nov. 2018.

BRASIL. Superior Tribunal de Justiça. Recurso Especial n. 1.159.242. Terceira Turma. Relatora: Min. Nancy Andrighi. Julgado em 24.04.2012. Disponível em: https://ww2.stj.jus.br/processo/revista/documento/mediado/?componente=ITA&sequencial=1067604&num_registro=200901937019&data=20120510&formato=HTML. Acesso em: 29 set. 2017.

BRASIL. Superior Tribunal de Justiça, Embargos de Divergência em REsp n. 1.159.242. Segunda Seção. Relator: Min. Marco Buzzi. Julgado em 09.04.2014. Disponível em: https://ww2.stj.jus.br/processo/revista/documento/mediado/?componente=ITA&sequencial=1313315&num_registro=201201079216&data=20140523&formato=HTML. Acesso em: 29 set. 2017.

CHAMALLAS, Martha. *Introduction to Feminist Legal Theory*. 2. ed. New York: Aspen Publishers, 2003.

CHAMALLAS, Martha. *Introduction to Feminist Legal Theory*. 3. ed. New York: Wolters Kluwer, 2013.

CHAMALLAS, Martha; WRIGGINS, Jennifer B. *The Measure of Injury*: Race, Gender, and Tort Law. New York: New York University Press, 2010.

CNJ. *Pai presente e certidões*. 2. ed. 2015. Disponível em: http://www.cnj.jus.br/files/conteudo/destaques/arquivo/2015/04/b550153d316d6948b61dfbf7c07f13ea.pdf. Acesso em: 13 nov. 2018.

Debert, Guita Grin; Beraldo de Oliveira, Marcella. Os modelos conciliatórios de solução de conflitos e a "violência doméstica". *Cadernos Pagu*, v. 29, p. 305--337, 2007.

Dias, Maria Berenice. *Manual de direito das famílias*. 8. ed. São Paulo: Revista dos Tribunais, 2011.

Dworkin, Ronald. *Law's Empire*. Cambridge: Harvard University Press, 1986.

Feinman, Martha Albertson. Our Sacred Institution: The Ideal of the Family in American Law and Society. *Utah Law Review*, n. 2, p. 387-406, 1993.

Hironaka, Giselda Maria Fernandes Novaes. Pressuposto, elementos e limites do dever de indenizar por abandono afetivo. *In*: Pereira, Tânia da Silva; Pereira, Rodrigo da Cunha. *A ética da convivência familiar e sua efetividade no cotidiano dos tribunais*. Rio de Janeiro: Forense, 2006. p. 131-149.

Instituto de Pesquisa Econômica e Aplicada (IPEA). *Retrato das desigualdades de gênero e raça*. Disponível em: http://www.ipea.gov.br/retrato/indicadores_chefia_familia.html. Acesso em: 12 nov. 2018.

Itaboraí, Nathalie Reis. *Mudanças nas famílias brasileiras (1976-2012)*: uma perspectiva de classe e gênero. Rio de Janeiro: Garamond, 2017.

Lobo, Paulo. *Direito civil*: famílias. 8. ed. São Paulo: Saraiva, 2018. v. 5.

MacKinnon, Catharine. Feminism in Legal Education. *Legal Education Review*, v. 85, p. 85-95, 1989.

MacCormick, Neil. *Rhetoric and the Rule of Law*. Oxford: Oxford University Press, 2005.

Madaleno, Rolf. O preço do afeto. *In*: Pereira, Tânia da Silva; Pereira, Rodrigo da Cunha. *A ética da convivência familiar e sua efetividade no cotidiano dos tribunais*. Rio de Janeiro: Forense, 2006. p. 151-169.

Melo da Silva, Wilson. *O dano moral e sua reparação*. 3. ed. Rio de Janeiro: Forense, 1983.

Moraes, Maria Celina Bodin de. Danos morais em família? Conjugalidade, parentalidade e responsabilidade civil. *In*: Pereira, Tânia da Silva; Pereira, Rodrigo da Cunha. *A ética da convivência familiar e sua efetividade no cotidiano dos tribunais*. Rio de Janeiro: Forense, 2006. p. 171-201.

Paradella, Rodrigo. Diferença cai em sete anos, mas mulheres ainda ganham 20,5% menos que homens. *Agência IBGE Notícias*, 2019. Disponível em: https://agenciadenoticias.ibge.gov.br/agencia-noticias/2012-agencia-de-noticias/noticias/23924-diferenca-cai-em-sete-anos-mas-mulheres-ainda-ganham-20-5-menos-que-homens. Acesso em: 17 set. 2019.

PEREIRA, Rodrigo da Cunha. Responsabilidade civil pelo abandono afetivo. *In*: MADALENO, Rolf; BARBOSA, Eduardo. *Responsabilidade civil no direito de família*. São Paulo: Atlas, 2015. p. 399-410.

PÜSCHEL, Flavia Portella. Responsabilidade. *In*: RODRIGUEZ, José Rodrigo. *Fragmentos para um dicionário crítico de direito e desenvolvimento*. São Paulo: Saraiva, 2011. p. 167-182.

PÜSCHEL, Flavia Portella. A Feminist Analysis of Emotional Child Neglect Cases from the Brazilian Superior Court of Justice. *Revista Direito GV*, v. 16, n. 1, p. 1-21, 2020.

PÜSCHEL, Flavia Portella; AQUINO, Theófilo Miguel de. Segurança jurídica e coerência: uma reflexão sobre a uniformização de jurisprudência a partir da responsabilidade por abandono afetivo no STJ. *Revista da Faculdade de Direito UFPR*, v. 64, n. 2, p. 183-204, 2019.

RENAUX, Pedro. Mulheres continuam a cuidar mais de pessoas e afazeres domésticos que homens. *Agência IBGE Notícias*, 2018a. Disponível em: https://agenciadenoticias.ibge.gov.br/agencia-noticias/2012-agencia-de-noticias/noticias/20912-mulheres-continuam-a-cuidar-mais-de-pessoas-e-afazeres-domesticos-que-homens. Acesso em: 17 set. 2019.

RENAUX, Pedro. Pobreza aumenta e atinge 54,8 milhões de pessoas em 2017. *Agência IBGE Notícias*, 2018b. Disponível em: https://agenciadenoticias.ibge.gov.br/agencia-noticias/2012-age.../23299-pobreza-aumenta-e-atinge-54-8-milhoes-de-pessoas-em-2017. Acesso em: 18 set. 2019.

RODRIGUEZ, José Rodrigo. Prefácio. *In*: RODRIGUEZ, José Rodrigo; PÜSCHEL, Flavia Portella; MACHADO, Marta Rodriguez de Assis. *Dogmática é conflito*: uma visão crítica da racionalidade jurídica. São Paulo: Saraiva, 2012a. p. 9-15.

RODRIGUEZ, José Rodrigo. Dogmática é conflito: a racionalidade jurídica entre sistema e problema. *In*: RODRIGUEZ, José Rodrigo; PÜSCHEL, Flavia Portella; MACHADO, Marta Rodriguez de Assis. *Dogmática é conflito*: uma visão crítica da racionalidade jurídica. São Paulo: Saraiva, 2012b. p. 21-32.

SCHREIBER, Anderson. Responsabilidade civil e direito de família: a proposta da reparação não pecuniária. *In*: MADALENO, Rolf; BARBOSA, Eduardo. *Responsabilidade civil no direito de família*. São Paulo: Atlas, 2015. p. 32-49.

SCHWARTZ, Gary T. Feminist Approaches to Tort Law. *Thoretical Inquiries in Law*, v. 2, n. 175, p. 177-209, 2001.

UNITED NATIONS OFFICE ON DRUGS AND CRIMES (UNODC). *Global Study on Homicide*. Viena: UNODC, 2011. Disponível em: http://www.unodc.org/documents/data-and-analysis/statistics/Homicide/Globa_study_on_homicide_2011_web.pdf. Acesso em: 3 dez. 2018.

WAISELFISZ, Julio Jacobo. *Mapa da violência 2015*: Homicídio de mulheres no Brasil. Brasília, 2015. Disponível em: http://www.mapadaviolencia.org.br/pdf2015/MapaViolencia_2015_mulheres.pdf. Acesso em: 19 nov. 2018.